KB006028

# 과학
# 글쓰기
# 전략

**김종록**

- 경상북도 금릉 출생
- 경북대학교 국어교육과 졸업
- 경북대학교 대학원 국어국문학과 졸업(문학박사)
- 캘리포니아주립대(UC Irvine), 옥스퍼드대(Oxford Univ.) 객원교수
- 현재 한동대학교 글로벌리더십학부 교수
- kjr@handong.edu

**이관희**

- 충청북도 청주 출생
- 연세대학교 화학과 졸업
- 캘리포니아주립대(UC Irvine) 대학원 화학과 졸업(이학박사)
- 하버드대(Havard Univ.) 객원교수
- 전 한동대학교 생명과학부 교수
- khlee@handong.edu

과학 글쓰기 전략 개정판

초 판 발행 2011년 2월 28일
개정판 발행 2015년 2월 28일
개정판 2쇄 발행 2020년 8월 28일

지 은 이 김종록 · 이관희
펴 낸 이 박찬익
책임편집 김지은

펴 낸 곳 ㈜박이정
주 소 경기도 하남시 조정대로45 미사센텀비즈 7층 F749호
전 화 031) 792-1193, 1195 / 팩스 02) 928-4683
홈페이지 www.pjbook.com
이 메 일 pijbook@naver.com
등 록 2014년 8월 22일 제2020-000029호

ISBN 979-11-86402-03-0 03700

* 책값은 뒤표지에 있습니다.

이공계열 학생들을 위한 실용 글쓰기 개정판

# 과학 글쓰기 전략

김종록 · 이관희

(주)박이정

# 머리말

한동대에 이공계 글쓰기 강좌를 개설하여 강의를 해 온 지 7년이 되었다. 이 강좌를 개설한 목적은 이공계 학생들이 전공을 공부하면서 접하게 되는 논문, 실험보고서, 실험노트, 연구계획서, 자기소개서와 같은 여러 종류의 실용적인 글을 직접 읽어 보게 하고, 또 이와 같은 글을 잘 쓸 수 있도록 도움을 주는 데 있었다.

그런데 이 과목을 가르치면서 알게 된 사실은 이공계열 학생들이 글쓰기에 대해 오해를 많이 하고 있다는 것이었다. 즉, 이공계열 학생들이 쓰는 논문과 실험노트, 연구계획서 등은 매우 실용적인 글이어서 시나 소설 등의 문학적 글쓰기와는 매우 성격이 다른데도 불구하고 지레 겁을 먹고 '나는 글을 못 쓴다'라는 선입견을 가지고 있다는 사실이다.

이러한 선입견을 해소시키고 자신감을 회복시키기 위해서 과학 글쓰기와 문학 글쓰기가 매우 다르다는 것을 인식시키고 이 책에 나와 있는 내용을 통해서 여러 종류의 글을 직접 써보게 했는데 의외로 빨리 학생들이 잘 적응해 가는 모습을 볼 수 있었다.

과학 글쓰기는 조금 과장해서 말하자면 문학 글쓰기와는 전혀 다르다. 문학 글쓰기가 상상력에 바탕을 둔 글이라면, 과학 글쓰기는 실험하고 연구한 결과를 있는 그대로, 그리고 객관적으로 잘 정리한 글이기 때문에 누구든지 쉽게 배울 수 있는 기술(skill)에 가까운 글이다. 따라서 과학 글쓰기의 원리를 익히고 몇 번만 연습하면 쉽게 쓸 수 있는 글이 바로 과학 글쓰기라 할 수 있다.

이 책의 제1부에서는 과학 글쓰기를 잘하는 데 필요한 기본 요소에 대해 설명해 놓았으며, 제2부에서는 과학 논문을 작성하는 기본 원리와 형식, 그리고 전략 등에 대해 자세히 정리해 두었다. 제3부에서는 실험노트, 실험 보고서,

기획서 및 제안서, 연구결과 보고서, 학위논문, 이력서 및 자기소개서, 과학 에세이, 과학 비평문 등을 쓰는 법과 그래픽 활용법, 자료인용법, 구두발표법에 대해 자세히 서술해 두었다. 그리고 제4부에서는 과학 글쓰기와 책임 문제를 살펴봄으로써 연구 및 글쓰기 분야에 있어서 꼭 지켜 가야 할 글쓰기 윤리에 대해 언급해 두었다.

이 책을 쓰기 위해 국내외에서 출간된 기술적 글쓰기(Technical Writing)와 관련된 논저를 많이 참고했는데, 좋은 논저를 써 주신 분들께 깊이 감사드린다. 이와 같은 좋은 지침서가 없었다면 이 책을 쓸 수 없었을 것이다. 2008년에는 한동대 누리사업단에서 이 원고의 집필과 관련하여 연구비를 지원 받았는데 이것 또한 많은 도움이 되었음을 밝혀 두면서 사업단에 감사의 말씀을 드리는 바이다.

막상 책으로 엮고 나니 아쉬움이 앞선다. 원고를 좀 더 다듬었더라면 좋았겠다는 생각이 머리를 떠나지 않는다. 그러나 앞으로 잘못된 것은 고치고 부족한 부분은 보충해 나갈 것을 약속드린다. 한 술에 배가 부를 수 없을 것이다. 여러모로 부족하지만 이제 이 책이 겨우 걸음마를 시작했다. 잘 자라갈 수 있도록 도움 말씀을 주시기를 독자 여러분께 간곡히 부탁드린다.

표현이 어색한 부분을 고치고 과학 비평문 쓰기를 보충하여 개정판을 내놓는다.

2015년 2월 25일

# 차 례

# Contents

## PART · 2
## 과학 논문 쓰기의 기본 원리

# 차 례

## PART · 3
여러 가지 과학 글쓰기

Contents

# 차례

Contents

PART · 4

과학 글쓰기와 책임

# PART 1

# 과학 글쓰기의 기본 요소

chapter 01

# 과학 글쓰기가 중요한 이유

## 1.1 과학 기술자들의 삶과 글쓰기

전통적으로 한국의 대학에서는 이공계 학생들의 글쓰기 교육에 대해 관심을 기울이지 않았다. 사실 20세기 중반까지 한국사회에서 이공계 학문을 전공하는 학생들에게 글쓰기란 그리 중요하지 않았는데, 이는 1980년대 초반까지 한국의 과학이나 공학은 그 수준이 낮아 다른 나라의 기술(도면, 작업 지시서 등)을 들여와 상품을 생산하고 이렇게 생산한 물건을 팔기만 하면 기업 운영이 가능했었기 때문이다.

하지만 2015년 현재의 한국 기술력은 선진국과 비교해도 손색이 없을 정도로 발전하였고 한국은 세계 첨단의 기술을 갖춘 여러 기업을 가진 경제 강국이 되었다. 물론 과학과 공학 기술 수준도 매우 높아져 반도체를 비롯한 일부 분야에서는 이제 세계를 선도해 나가고 있다.

이런 과학과 기술 선진국에 들어선 한국사회의 이공계 학생들에게 가장 요구되는 능력은 무엇일까? 물론 여러 가지 능력이 필요하겠지만 그 중에서도 현시점에서 이공계생들에게 가장 필요한 것은 **의사소통 능력**(communication skill)이 아닐까 한다.

의사소통 능력에는 말하기, 듣기, 읽기, 쓰기 능력이 있는데, 읽기를 제외하고는 이들 분야에 대해 체계적인 훈련을 받을 기회가 한국의 이공계 학생들에게 별로 주어지지 않았다. 초등학교 때부터 의사소통 능력을 향상시키는 데 필요한 훈련을 체계적으로 하는 것이 매우 중요함에도 불구하고, 우리나라 교육계는 이를 외면해 왔다. 즉, 입시 성적과 암기 위주의 교육현실에 부딪쳐서 의사소통 능력의 신장에 필요한 교육을 할 겨를이 없었다.

특히 글쓰기 능력에 대한 교육은 지금도 거의 이루어지지 않고 있는 것이 사실이다. 그러나 글쓰기의 중요성을 인식한 몇몇 대학에서 논술을 입시요소 가운데 하나로 도입하고 있다. 하지만 고등학교의 교육 현실이 이를 잘 뒷받침해 주지 못하고 있어서 글쓰기 교육은 계속해서 표류하고 있다고 해도 과언이 아니다.

이와 달리 미국이나 유럽의 선진국의 경우에는 어떠한가? 미국의 공교육이 문제점이 많다고 비판을 받고 있기는 하지만 그들의 교육 체계에서 나름대로 배울 것이 참으로 많이 있는데, 그 가운데 하나가 글쓰기 교육이다. 미국은 초등학교 때부터 어느 교과목이든지 학습한 내용을 에세이 형태로 써 내도록 하고 있기 때문에, 학생들이 글을 통해 자기 자신의 의견을 나타내고 다른 사람들과 의사소통을 하는 데 매우 익숙하다.

그러나 우리나라의 교육 현실은 어떠한가? 특히 고등학생들은 입시에 쫓겨 밤 12시까지 이리저리 학원으로 내몰리다 보니, 글쓰기에 대한 교육의 기회는 일주일에 단 1시간도 주어지지 않고 있다.

하지만 이와 같이 현실이 척박하다고 해서 계속 소통 능력을 향상시키기 위한 교육을 포기할 수는 없는 일이다. 그러나 2000년대 전반기에 들어서면서부터 각 대학들이 글쓰기 능력을 갖추는 것이 중요하다는 사실을 깨닫고 이에 대한 체계적인 교육을 실시하기 위해 노력하고 있는 것은 다행스러운 점이 아닐 수 없다.

한국의 이공계의 경우, 과학과 공학에 대한 전문지식을 열심히 쌓아야 하겠지만 이보다 더 중요한 것은 이 전문지식을 소통할 수 있는 능력이다. 왜냐하면 자기가 아무리 전문지식을 많이 가지고 있다 하더라도 이것을 남에게 효과적으로 전달할 능력이 없다면 그 전문지식을 활용하고 발전시키는 데 한계가 있을 수밖에 없기 때문이다.

예컨대, 어떤 과학자가 연구비를 받기 위해서 연구 과제 제안서를 작성한다고 가정해 보자. 이 과학자는 본인의 연구 과제가 그 분야의 과학 발전과 국가적 이익에 매우 중요하다는 것을 글(연구 제안서)로 표현하여 연구비를 신청해야 한다. 물론 구두평가를 받는 경우도 있는데 이것은 1차 서류평가 이후에 이루어지기 때문에 서류평가에서 탈락하게 되면 구두평가의 기회조차 주어지지 않는다. 따라서 어떻게든 제안서를 잘 써야 하고, 또 잘 쓰기 위해서는 제안서의 일정 서식에 맞게 잘 작성을 해야 할 뿐만 아니라, 평가위원들을 설득하기 위한 알찬 내용과 논리를 제안서 안에 담아야 한다.

또 기업체에 취업한 직원의 경우를 생각해 보자. 한국의 많은 기업들은 현재 세계 여러 나라의 대기업들과 기술 개발 경쟁을 끊임없이 해 오고 있으며, 이와 같은 급박한 상황에서 새로운 기술을 개발하고 신제품을 판매하기 위해 최선을 다하고 있다. 따라서 신제품을 개발고자 하는 어떤 기업의 개인과 팀(team)은 신제품을 개발하기 위한 제안서(proposal)를 작성하여 상부기관에 제출한 뒤 기술 개발을 해도 좋다는 허락을 받아야 하는데, 이때 가장 중요한 것이 자기보다 상위 부서에 있는 고위직 사람들을 잘 설득하는 것이다. 고위직 사람들을 잘 설득하기 위해서는 제품 분석, 시장 분석, 기술 개발 가능성, 개발 기술의 상용화 가능성, 기존 문제점의 개선 여부, 회사에 미치는 긍정적인 영향들을 고려하여 제안서를 작성하여야 한다. 다시 말하면 제안서를 통하여 상부의 조직에 속해 있는 사람들과 의사소통을 효과적으로 해야 한다는 것이다. 아무리 아이디어가 좋아도 제안서를 통해 고위직에 있는 분들을 잘 설득하지 못하면 그 제안서는 채택이 되지 않을 것이고,

그렇게 되면 개발하고자 하는 기술은 빛을 못 볼 수밖에 없다.

## 1.2 과학 글쓰기와 공학교육인증제

미국 등 선진국에서는 오래 전부터 글쓰기의 중요성을 인식하고 글쓰기의 교육을 강화해 왔다. 대부분의 공과대학에서 과학 글쓰기(Technical Writing)를 '공학교육인증제'의 필수과목으로 인정하고 있다. 실제로 미국의 명문 공과대학인 MIT에서 가장 인기가 있는 강좌가 바로 'Technical Writing'이라고 한다. 그리고 MIT는 이공계 학생들에게 필요한 글쓰기 교재를 개발했는데, 이 책 속에는 논문 쓰기, 보고서 쓰기, 제안서 쓰기 등 다양한 글쓰기에 관한 내용이 실려 있다.

MIT에서만 글쓰기가 강조되고 있는 것은 아니다. 미국의 공학교육협의회(American Society for Engineering Education)에서 현직에 있는 공학자 4,057명을 상대로 산업에 종사하는 기술자에게 가장 필요한 과목이 무엇인지를 설문조사를 실시한 바가 있는데, [표1]에서와 같이 놀랍게도 Technical Writing(2위), Public Speaking(4위), Creative Thinking(5위), Speed Reading(8위), Talking with People(9위) 등이 상위를 차지하고 있다. 이로써 미국의 이공계에서는 전공과 관련된 과목보다는 오히려 창조적으로 생각하고 이를 소통시키는 기술을 더 중요하게 생각하고 있음을 알 수 있다.

[표1] 산업체에서 기술자들에게 가장 필요한 과목

| 순위 | 과목(주제) | 순위 | 과목(주제) |
|---|---|---|---|
| 1 | Management Practices | 20 | Applications Programming |
| 2 | **Technical Writing** | 21 | Psychology |
| 3 | Probability and Statistics | 22 | Reliability |
| 4 | **Public Speaking** | 23 | Vector Analysis |

| 5 | **Creative Thinking** | 24 | Electronic Systems Engineering |
|---|---|---|---|
| 6 | Working with Individuals | 25 | Laplace Transforms |
| 7 | Working with Groups | 26 | Solid-state Physics |
| 8 | **Speed Reading** | 27 | Electromechanical Energy Transformation |
| 9 | **Talking with People** | 28 | Matrix algebra |
| 10 | Business Practices (Marketing, finance, economics) | 29 | Computer Systems Engineering |
| 11 | Survey of Computer uses | 30 | Operations Research |
| 12 | Heat Transfer | 31 | Law Practices(patents, contracts) |
| 13 | Instrumentation and Measurement | 32 | Information and Control Systems |
| 14 | Data processing | 33 | Numerical analysis |
| 15 | Systems programming | 34 | Physics analysis |
| 16 | Economics | 35 | Thermodynamics |
| 17 | Ordinary differential equations | 36 | Electromagnetics |
| 18 | Logic | 37 | Human engineering |
| 19 | Economic Analysis | 38 | Materials engineering |

[출처] William H. Middendorf, "Academic Programs and Industrial Needs," Engineering Education

또한 245명의 우수한 기술자와 837명의 성공한 사업가들에게 "글쓰기가 얼마나 중요한가?"라는 설문조사를 실시한 바 있는데, [표2]에서와 같이

[표2] 기술자와 사업가들의 답변

|  | Distinguished Engineers | Experienced Business people |
|---|---|---|
| Critically important | 45% | 30% |
| Very important | 51% | 44% |
| Somewhat important | 4% | 23% |
| Minimally important | 0% | 3% |

[출처] : Richard M. Davis, "Technical Writing: Who Needs It?" Engineering Education

기술자들의 96%, 사업가의 74%가 글쓰기가 "매우 중요하다" 또는 "중요하다"고 답하였다.

이것은 결국 고위직에 있는 기술자들과 사업가들이 글쓰기를 매우 중요하게 생각하고 있고, 또 근무 시간의 상당 부분을 글쓰기에 사용하고 있다는 것을 알 수 있다. 그럼에도 불구하고 한국에서는 아직까지 글쓰기에 대한 중요성을 크게 인식하지 못하고 있는 것은 매우 안타까운 현실이 아닐 수 없다.

chapter 02

# 과학 글쓰기의 일반 전략

## 2.1 문제 제기와 목적(Purpose)

과학 글쓰기(Technical Writing)는 단지 과학적 정보를 단순히 전달만 하는 수단이 아니다. 과학 글쓰기는 과학적 정보를 전달하기도 하지만, 과학계가 가지고 있는 많은 문제를 제기하고 또 그 문제를 해결하기 위한 대안을 제시하기도 한다. 아마도 후자가 과학적 글쓰기의 본질일 것이다.

따라서 과학 글쓰기를 잘하기 위해서는 먼저 이 글을 통해서 해결해야 할 문제점이 무엇인가를 확인해야 한다. 때에 따라서는 해결해야 하는 문제가 매우 복잡할 수가 있는데 이런 경우에는 글을 쓰기 전에 먼저 다양한 문제점들을 분류(分類)하고 분석(分析)하는 과정을 통해 어떤 문제가 시급하게 해결되어야 할 사항인가를 파악해야 한다. 이렇게 되면 글 쓰는 이가 무엇부터 해야 하는지가 비교적 명확해진다.

둘째, 글을 쓰기 전에 고려해야 할 또 다른 하나는 글을 쓰는 목적을 명확하게 파악하는 것이다. 쓰고자 하는 글의 목적이 단순히 지식을 전달(傳達)하는 것인지, 아니면 기획서나 연구계획서와 같이 글을 읽는 사람들을 설득(說得)

해야 하는 것인지, 그리고 실험을 통해 발견한 과학적 사실을 바탕으로 논증(論證)을 해야 하는 것인지를 명확하게 파악한 뒤에 그 목적에 맞게 글을 써야 한다는 것이다.

## 2.2 문제 해결(Problem solving)

앞에서도 지적했듯이 소통(疏通)이라는 것은 단지 정보를 전달하는 것만을 의미하지는 않는다. 같은 글을 읽어도 그것을 다르게 받아들이는 경우가 의외로 많은데, 이는 글을 읽는 사람의 지적 수준이 다르고 또 경험세계가 다르기 때문이다. 따라서 글을 통해 의사소통을 잘하려면 독자의 지적 수준과 사회적 배경 상황을 잘 고려하여 글을 쓰는 것이 매우 중요하다.

예를 들면, 어느 기업체의 직원이 신제품을 개발하기 위해 기획서를 작성한다고 하자. 이 직원의 상사인 부장(部長)은 직원과 함께 오랫동안 일해 왔고, 또 직원을 매우 신뢰하는 사람이어서 직원의 의견에 쉽게 동의했다. 그러나 그 기업체의 이사(理事)는 다른 기업체에서 유사한 상품을 개발하려다 실패한 것을 기억하고 신제품 개발에 대해 반대 의견을 냈다. 이런 상황이라면 상담 직원은 어떻게 해야 할 것인가? 먼저, 자신의 제안이 회사의 발전과 이익에 도움이 된다는 것을 객관적 증거자료를 써서 이사를 설득해야 한다. 다시 말하면 이 직원에게는 당장 이사를 설득할 수 있는 우수한 소통 능력이 필요하다는 것이다.

이와 같은 일은 학문의 세계에서도 흔히 발생한다. 앞의 예에서 직원과 이사가 문제를 바라보는 시각과 해결 방안이 다르듯이, 혼돈스럽고 불확실한 세계를 밝혀가는 과학자들도 그 문제를 바라보는 시각과 해결 방안이 서로 다를 수 있다. 따라서 현재의 과학 세계에서 학자들 간의 견해가 일치하지 않는 문제에 대한 해결책을 찾아서, 그것을 글을 통해 다른 과학자들에게 효과적으로 전달해야 하는데, 이것이 바로 과학 글쓰기의 핵심이라 할 수 있다. 다시 말하면, 실험과 관찰을 통해 새로 발견한 사실이나 문제점에 대한 해결책을 설명적 논증(論證)의 과정을 통해 다른 과학자들에게 효율적으로 전달하는 것이 과학적 글쓰기의 본질이라는 것이다.

## 2.3 독자 분석(Audience Analysis)

어떻게 하면 상대에게 가장 효율적으로 정보를 전달하고 또 상대를 설득할 수 있을까? 이를 위해서는 독자를 분석하는 것이 매우 중요한데, 이는 이 글을 읽을 사람이 누구인가에 따라 글을 쓰는 양식(style)과 글의 내용 수준이 달라질 수 있기 때문이다.

일반적인 글들은 다양한 배경을 가진 사람들이 읽지만 과학적인 글들은 대부분 과학을 전공하는 전문가들이 읽기 때문에 독자층이 비교적 좁은 편이다. 그래서 과학적인 글을 읽을 독자들을 미리 파악하고 나면, 그 글에 포함되어야 할 내용과 글을 써 나갈 방향을 정하는 것이 비교적 수월해진다. 다양한 독자가 있겠지만 여기서는 세 부류로 나누어 서술하고자 한다.

첫 번째 부류는 관리자 집단이다. 일반적으로 관리자들은 과제를 평가하고 결정하는 사람들이다. 따라서 이 집단에 속한 사람들은 인문사회 분야의 배경을 가진 관리자들도 있지만, 이들 중 상당수는 과학자 또는 이공학 분야의 배경을 가진 사람들도 있다. 이들은 대부분 세세한 내용보다는 큰 그림 또는 초록, 서론, 요약 등을 주로 읽게 되므로 이 부분에 중점을 두고 글을 써야 할 것이다. 관리자의 15%만이 글 전체를 읽는 것으로 알려져 있다.

또한 관리자들은 그 기획서가 자신이 속한 공동체에 어떠한 이익을 줄 수 있는지에 대해 관심을 많이 가지고 있다. 예를 들면, 기업체의 관리자들은 기획서가 자신이 속한 회사에 얼마만큼의 경제적 이익을 가져 올 수 있는가에 관심이 많기 때문에 결론 부분에 높은 비중을 두고 기획서를 읽게 된다.

두 번째 부류의 독자는 비전문가 집단이다. 이들은 과학에 대해 잘 모르는 사람들이기 때문에 이들을 대상으로 과학적인 글을 쓰는 것은 매우 어렵다. 이들은 과학과 공학에 대한 전문지식이 별로 없기 때문에 글 전체를 골고루 읽는 부류의 사람들이다. 과학을 전공하고 연구하는 사람들은 일반적으로 자신들의 과학적 사고방식과 지식, 그리고 과학적인 용어들에 매우 익숙해 있기 때문에 글을 통한 의사소통이 그만큼 쉽다고 할 수 있다. 하지만 비전문가 집단의 독자들은 과학 용어나 과학자들의 사고방식을 이해하기 어렵기 때문에 글을 쓰는 사람과 읽는 사람 사이에 온전하게 소통이 이루어지기가 매우 어렵다.

따라서 이런 경우에는 글 쓰는 사람이 독자의 입장이 되어 보는 것이 매우 중요하다. 독자들은 글의 소재에 대한 전반적인 내용을 잘 모르기 때문에 글의 서두(序頭)에 그 글의 내용을 개괄적으로 소개하면 독자들이 글을 읽고 이해하는 데 큰 도움이 된다.

또 다른 한 방법은 글을 이해하는 데 필요한 기본적인 정보나 지식을 글의 이곳저곳에 소개해서 독자들이 마음 편하게 글을 읽을 수 있도록 유도하는 것이다. 예컨대, 어려운 전문용어나 단어들을 글 속에서 사용해야 할 경우에는 이들 용어나 단어의 뜻을 알려 주면서 글을 써 나간다든지, 그림이나 사진, 그래프 등을 사용한다든지, 독자들이 상상할 수 있는 정도의 비유를 사용한다든지 하면 의외로 좋은 효과를 거둘 수 있다.

세 번째 부류는 과학과 공학을 전공하는 전문가 집단이다. 어찌 보면 이 부류의 독자들은 과학 용어와 과학적 표현법을 늘 사용하는 부류의 독자들이기 때문에, 과학자들이 가장 마음 편하게 글을 쓸 수 있는 독자들이다. 하지만 이 경우에도 아래와 같은 몇 가지 기본 원칙을 지키면서 글을 쓰는 것이 바람직하다.

- 전문 용어를 사용하라.
- 각 학문의 전통적인 형식을 사용하라.
- 주장이나 요점을 명확하게 표현하라.
- 그림, 사진, 도표, 수식 등을 활용하여 자료를 소개하라.
- 과학적인 논리를 사용하라.
- 실험 부분이 있을 때에는 자세하고 명확하게 써라.
- 지나친 주장은 피하라(과학에는 100% 정확한 것이 없다).

요컨대, 글을 읽을 독자들이 누구인지, 그리고 그들이 가지고 있는 특성은 무엇인지, 독자들이 알고 싶어 하는 것은 무엇인지를 먼저 파악하고 난 다음에 글을 쓰는 것이 매우 중요하다는 것이다.

## 2.4 논리 개요도(Flow Chart of Argument) 작성

독자 분석을 마치고 나면 글의 논리 개요도(論理 槪要圖)를 작성해 보는 것이 매우 중요하다. 논리 개요도는 글의 전반적인 내용을 다듬는 데 도움을 주는 것이기 때문에 여러 번의 수정을 통해 완성되는 것이 바람직하다. 논리 개요도를 작성하는 과정을 통해 글을 쓰면 글의 전반적인 틀을 잡을 수 있는 장점이 있을 뿐 아니라 글 전체의 내용과 방향을 바르게 설정할 수 있기 때문에, 글을 본격적으로 쓰기 전에 이 개요도를 먼저 작성하면 완성도가 높고 짜임새가 반듯한 글을 쓸 수 있다. 개요도를 작성하는 데 특별한 조건이 있는 것은 아니지만 아래와 같은 점에 유의하도록 하자.

- 첫째, 글을 소재나 내용에 따라 여러 부분으로 나눈다.

논제들을 잘게 분리하고 이들을 정리한다. 글에서 주장하는 주제를 독자들에게 잘 전달하기 위해서는 다양한 논제가 이용될 것이다. 이 논제들을 내용상 동일한 것끼리 모으고 이 논제들을 논리전개의 순서에 따라 정리한다.

- 둘째, 글의 범위와 수준을 정하라.

저자가 주장하는 논점을 독자들에게 효과적으로 전달하기 위해서는 다양한 논제가 제기될 것이다. 물론 이 논제들은 내용에 있어서 깊이와 그 폭이 매우 다양할 것이며, 그 양도 방대할 것이다. 따라서 어느 정도 범위의 논제를 글 속에 담을 것인지, 그리고 앞에서 분석한 독자들을 대상으로 어느 정도 수준에서 글을 전개해 나갈지를 결정해야 한다. 그리고 이에 따라 적절한 논제를 선택하고 논리에 맞춰 배열한다.

- 셋째, 주위의 동료들에게 자신의 생각을 나누고, 그들로부터 의견을 듣는다.

동료들의 의견을 들을 때 주의해야 할 점은 상대의 의견을 편견 없이 듣는 태도를 갖는 것이다. 자신의 논점과 논리만을 강변하려 하지 말아야 한다. 타인의 의견 가운데 타당한 의견이 있으면 적극적으로 수용해야 한다.

요컨대, 논리 개요도가 전체 글의 흐름을 나타내 준다는 면에서 보면, 논리 개요도는 전체 글의 논리적 흐름을 결정짓는 중요한 요소가 되기 때문에 저자의 의도가 독자들에게 가장 효율적으로 전달될 수 있도록 구성해야 한다. 논리 개요도를 작성할 때는 아래의 내용을 구체적으로 고려하는 것이 바람직하다.

- 제기된 문제에 대한 적절한 해결책 또는 대안을 연계시킨다.
- 독자들의 이해를 돕기 위한 기초 자료를 적절하게 배열한다.
- 해결책 또는 대안을 보완할 수 있는 중요한 증거 자료 또는 기존에 알려진 자료와 연계가 되도록 한다.

- 모든 입증 자료는 저자의 주장 또는 결론을 뒷받침할 수 있어야 한다.
- 증거자료를 글의 논리적 흐름에 따라 정연하게 배열한다.

## 2.5 자료 수집(Collecting Information)

위에서 정해진 논제에 따라 그 글 속에 넣을 자료를 수집하는 것이 다음 단계이다. 각 논제별로 수많은 자료를 수집할 수 있다. 최근에는 컴퓨터와 인터넷의 발달로 인해 쉽게 많은 정보를 수집할 수는 있으나 이것을 통해서는 양질의 자료를 얻기는 어렵다. 가장 좋은 방법은 전문 서적이나 학술논문 등을 통해서 수집하는 것이다. 수집한 자료는 논제별로 분류하되 컴퓨터 파일로 관리하는 것이 나중에 자료를 수정하고 분류하는 데 편리하다.

## 2.6 자료의 정리와 버림(Sorting and Elimination of information)

위에서 분류한 논제별로 자료를 정리한 후 저자가 미리 정해놓은 논지를 전개해 가는 데 꼭 필요한 자료를 추출한다. 불필요한 자료는 별도로 분리하여 보관한다. 왜냐하면 수정과 교정 과정에서 이들 자료가 또 필요할 수도 있기 때문이다.

## 2.7 초안 작성(First Draft)

미리 작성한 논리 개요도와 논제 별로 수집한 자료를 바탕으로 초안(草案)을 작성한다. 초안은 글을 쓰는 사람마다 다르기 때문에 자신의 특성에 맞게 초안을 작성하면 된다. 이때 word processing(한글 또는 MS word)을 사용하는 것이 나중에 글을 수정하는 데 편리하다. 초안을 작성할 때 중요한 점은 초안을 너무 완벽하게 쓰려고 하지 말아야 한다는 것이다. 어차피 초안은 여러 과정을 거쳐 수정과 보완이 되어야 하기 때문에 처음부터 완벽한 초안을 쓰려고 시간을 낭비할 필요가 없다. 하지만 아래의 기본 원칙들을 따르면 빠른 시간 내에 좋은 초안을 작성할 수 있을 것이다.

- 항상 글의 목적과 주제를 상기하라.
- 다시 말하면 형태나 구조보다는 내용에 충실하도록 하라. 심지어 구두점이나 오타 등에도 신경 쓰지 말고 개요를 작성하라.
- 항상 논리 개요도를 작성하고 이에 맞추어 작성하라.
  어떤 사람은 처음부터 시작하기를 선호하고 어떤 사람은 생각나는 대로 정리해 나가기를 원하는 등 사람마다 다양한 초안 작성 방법이 있으므로 본인이 가장 편한 방법대로 작성하면 된다.
- 생각나는 대로 수시로 정리하라. 그러나 논지(論旨)를 잃지 마라.
- 가까운 친구나 동료, 가족들에게 자신이 쓰고 있는 글(또는 논문)에 대해 말하고 그들로부터 다양한 의견을 듣도록 노력하라.
  특히 내용이 정리되는 대로 자주 동료들에게 설명하고 의견을 듣는다.
- 한 논제나 주제는 한 번에 끝까지 작성하라.
  중간에 쉬는 시간이 있거나 하루 이틀의 공백이 생기게 되면 자신의 논조를 잃기 쉬우므로 가능한 한 논제는 한 번에 모두 작성하는 것이 바람직하다.
- 반드시 글의 처음부터 쓰기 시작할 필요는 없다.
  자신의 생각이 정리되는 대로 또는 확실한 부분부터 써 나가라. 필요하면 결론부터 쓰기 시작하는 것도 논지를 잃지 않고 쓸 수 있는 방법 중의 하나이다.
- 수시로 생각하고 수정하라. 컴퓨터를 사용할 때는 인쇄를 해서 수정하는 것이 효율적이다.

- 처음부터 완벽한 글을 기대하지 마라.

  일반적으로 한 번에 완벽한 초고를 쓰기를 원하는데, 이런 태도는 글쓰기를 시작조차 하지 못하게 하는 수가 있다. 초안은 단지 초안에 불과하다. 이 초안은 여러 번의 수정과 교정 단계를 거칠 것이다. 그러므로 지나치게 걱정하거나 두려워하지 말고 생각나는 대로 쓰기 시작하는 것이 가장 바람직한 방법이다.
- 초고는 가능한 대로 컴퓨터를 사용하여 작성하라.

  컴퓨터를 사용하면 수정과 교정이 편리하고 전체적인 개요도에 맞추어 작성이 가능할 뿐만 아니라 문법적인 오류나 맞춤법을 확인하는 것도 매우 편리하다.
- 실험 방법이나 재료 등에 관한 글은 쓰기가 비교적 쉬운 편이므로 시간이 나는 대로 작성해 두라. 특히, 컴퓨터 파일로 정리해 두면 문서를 작성할 때 필요한 부분을 복사해서 사용할 수 있어서 매우 편리하다.

  실험 방법 작성을 작성할 때는 다른 연구자들이 같은 실험을 반복할 수 있도록 정확하고 명확하게, 그리고 구체적으로 작성해야 한다.
- 초록(abstract)은 가장 마지막에 작성하는 것이 바람직하다.

  초록은 전체 글의 내용을 다시 정리하는 역할을 하므로 모든 글을 다 쓴 후에 작성하는 것이 효율적이다.
- 독자의 수준에 적합한 초안을 쓰도록 노력하라.

## 2.8 검토 및 교정(Testing and Revising)

초안은 여러 번 교정 과정을 거쳐 최종안이 된다. 이 최종안을 독자의 입장에서 다듬는 것을 퇴고(推敲)라고 한다. 이것은 글의 완성도를 높이기 위해 매우 중요하다. 퇴고는 스스로 자기가 쓰려고 마음먹은 뜻이 잘 표현되어 있는지를 살펴보는 것으로 본인 스스로 초고를 평가 및 비평하기도 하고 주변의 동료들에게 읽도록 해서 조언(助言)을 듣기도 한다. 동료들에게 조언을 들을 때 중요한 것은 그 지적에 대해 기분 나빠하거나 너무 자신을 변호하려 하지 말고, 있는 그대로의 비평을 받아들이는 태도를 갖는 것이 필요하다.

검토 및 교정은 한 번에 몇 시간씩 앉아서 교정하는 것보다는 잠시 머리를 식힌 후 다시 검토하는 것이 물론 더 효율적이다. 그리고 자신의 글을 큰 소리로 읽어 보는 것도 좋은 방법이다.

교정을 하는 방식이 사람마다 조금씩 다를 수 있으나, 전체적인 내용이 잘 나타나 있는가를 보는 내용면, 글의 구조가 반듯한가를 보는 구성면, 맞춤법과 띄어쓰기, 문체 등을 살펴보는 표현면 등으로 나누어 교정을 하면 빠른 시간 내에 교정을 할 수 있을 뿐 아니라 주관적인 편견에서 벗어날 수 있다.

### 2.8.1 내용면

내용면에서는 다음과 같은 사항을 자문자답(自問自答)해 보는 것이 필요하다.

- 첫째, 세세한 교정보다는 전체적인 내용 교정을 우선시하라.

세세한 내용 교정은 전체 교정 이후에 수행하는 것이 효율적이다. 즉, 전체 글이 내용적으로 이치에 맞는가, 앞뒤의 논리가 맞는가를 확인해 보는 것이다. 즉, 글 전체의 맥락이 자신이 원하는 방향으로 되어 있는지 살펴본다.

- 둘째, 본인이 쓰려고 한 중요한 내용이 글에 모두 다 포함되어 있는가?

글쓴이 자신이 주장하고자 하는 내용이 모두 포함되어 있는지 확인하고, 혹시 부족하면 추가하라. 그러나 쓸데없는 내용은 과감히 삭제하라. 큰 그림만 고려하다 보면 세부적인 내용을 빠뜨리는 경우가 있는데, 세부 내용은 결국 주된 요지를 지원해 주는 역할을 하므로 논리 개요도에 나와 있는 세부 내용들 가운데 빠진 부분이 없는지 확인해 보는 것이 좋다. 특히 글을 쓰기 전에 자신이 메모했던 요점과 초고의 내용이 일치하는지를 반드시 하나하나 검토하라.

- 셋째, 그림, 그래프 등 그래픽(시각자료)에 포함되어 있는 내용이 글의 내용과 일치하는지 확인하라.

글의 내용과 그림, 그래프 등이 서로 일치하지 않으면 내용을 수정하거나 보충하고, 또 불필요한 경우에는 과감히 삭제하는 것도 좋다. 그림이나 도표 등의 시각자료는 글로 표현하기 힘든 핵심 정보를 간결하게 나타내는 데 목적이 있으므로, 그 목적에 맞게 사용되고 있는지를 확인하는 것이 중요하다.

- 넷째, 논조나 어구들이 공격적이거나 독자들을 필요 이상으로 자극할 내용은 들어있지 않는가?

글의 내용을 독자에게 강요해서는 안 되며, 이성적 관점에서 논리 정연하게 설명하고 주장하는 글의 형태가 되어야 한다.

### 2.8.2 구성면

구성면에서는 다음과 같은 사항을 살펴보자.

- 첫째, 글의 구성이 과학 글쓰기 양식에 맞게 쓰여 있는가?

과학 글쓰기는 일반적으로 서론, 재료 및 방법, 결과, 토의 등으로 구성되어 있는 이른바 IMRAD 형식(format)에 따라 글이 구성되어 있는지 점검해 보고, 각 구성의 제목에 부합되게 그 내용이 잘 정리되어 있는지, 그리고 논리 전개상 문제가 없는지 살펴본다.

- 둘째, 문단(paragraph)이 하나의 소주제문을 중심으로 잘 나누어져 있는가?

하나의 문단은 한 개의 소주제와 이를 뒷받침하는 문장으로 구성되어야 한다. 혹시 문단의 소주제가 여러 개가 아닌지, 뒷받침 문장들이 제대로 소주제문을 뒷받침하고 있는지 확인한다. 한 개의 문단은 5개 내외의 문장으로 구성하되, 너무 장황하지 않은 것이 바람직하다.

- 셋째, 문단과 문단의 연결이 긴밀하고 자연스럽게 되어 있는가?

문단은 동의어, 지시어, 접속어 등에 의해서 연결되는 것이 상례인데, 이들 요소를 적절히 사용해서 각 문단이 긴밀하게 연결되어 있는지를 점검한다.

- 넷째, 문장과 문장이 자연스럽게 논리적으로 연결되어 있는가?

문장은 가능한 한 간단명료한 내용의 글이 되도록 검토하라. 한 문장은 3줄 내외로 작성하도록 한다. 너무 긴 문장은 독자들을 혼란에 빠뜨리게 하고, 내용 전달이 어려워질 수 있다. 특히, 한 개의 문장으로 이루어진 문단은 반드시 피하라. 그리고 앞뒤 문장이 자연스럽고 논리적으로 연결이 되도록 문장을 구성한다. 연관성이 있는 문장은 가능한 한 병렬 구조로 배열하여 독자들이 쉽게 이해할 수 있도록 유도하라.

### 2.8.3 표현면

표현면에서는 아래와 같은 사항을 중심으로 검토와 교정을 하면 된다.

- 첫째, 글이 쉽게 쓰여 있는가?

독자들은 글을 읽으면서 쉽게 이해할 수 있는 책을 선호한다. 내용이 너무 어려우면 쉽게 흥미를 잃어버리고 결국 글 읽기를 포기하게 되므로 이해하기 힘든 부분은 교정하도록 해야 한다.

- 둘째, 문법적인 오류나 오타가 없는지 확인하고 혹시 있으면 반드시 교정하라.

비문법적인 문장(ungrammatical sentences)이 없는지, 한글맞춤법에 맞게 되어 있는지 확인해 본다.

- 셋째, 명확한 용어를 사용하고 있는지 확인하라.

과학 글쓰기에 적합한 전문적인 용어를 사용하고 있는지를 확인하라. 그렇지 않은 경우 독자들이 저자의 전문성에 의구심을 가질 수 있다. 특히 은어나 속어 혹은 너무 어려운 한자어나 외래어의 사용을 절대 금하라.

- 넷째, 적절한 문체(文體)를 사용하고 있는가?

과학 글쓰기는 설명적 논증의 문체를 취하는 것이 일반적이다. 따라서 글의 내용을 독자에게 강요하거나 해서는 안 되며, 이성적 관점에서 논리 정연하게 설명하는 글의 형태가 되어야 한다.

- 다섯째, 적절한 문장부호를 사용하라.

문장의 흐름이 바뀔 때는 " ,(쉼표)"를 사용하고, 남의 글을 인용할 때는 "따옴표"를 적절히 활용하라. 접속사로 연결되지 않은 두 분장을 연결할 때, " ; (semi colon)"을 사용하라. 또는 여러 개의 내용을 나열할 때에도 " ; "을 사용한다. 뒷 문장이 앞 문장을 지원하는 문장인 경우에 " : (colon)"을 사용한다. 본문의 내용과 큰 연관이 없는 내용이 어떤 특정 내용을 강조하거나 부연 설명하기 위해 " - (dash)"를 사용한다. 부가 설명을 위해서 "( ): (괄호)"를 사용하기도 한다.

어떤 페이지이든 그 페이지의 처음과 끝에 한 줄(orphan line)을 홀로 남기지 마라. 문장을 조절하여 한 줄을 다음 쪽으로 넘기든지 아니면 이전 쪽에 문단 내용이 다 들어갈 수 있도록 배열하라.

끝으로 최종안이 완성될 때까지 교정 단계에 있는 모든 파일을 버리지 말고 간직하고 있어야 한다. 교정 단계에서 초안에 있던 내용이 다시 필요한 경우도 있고 당시에 세웠던 논리가 필요할 수도 있으므로, 가능한 한 모든 파일을 버리지 말고 별도의 파일로 관리하는 것이 바람직하다.

컴퓨터를 사용하여 원고를 작성하는 경우에는 원고를 인쇄해서 교정하는 과정도 필요하다. 또한 파일에 이상이 발생하는 경우를 대비하여 반드시 백업파일(backup file)을 만들어 별도로 보관하면 좋다. 그리고 컴퓨터에 내장 되어 있는 문법이나 오타 확인 프로그램은 아직 오류를 100퍼센트 잘 걸러내지는 못하기 때문에 이런 프로그램을 너무 의지해서는 안 된다.

chapter 03

# 과학 글쓰기의 문장 표현 전략

## 3.1 글의 갈래에 따른 과학 글쓰기의 특성

과학 글쓰기는 문학 글쓰기와 매우 다르다. 과학 글쓰기가 실험하고 관찰한 것을 있는 그대로 설명함으로써 독자를 이해시키기 위한 글이라면, 문학 글쓰기는 작가가 상상하고 가상한 내용을 온갖 수사법을 써서 예술적으로 표현함으로써 독자에게 감동을 주기 위한 글이라 할 수 있다. 이를 표로 나타내면 다음과 같다.

| | 과학 글쓰기 | 문학 글쓰기 |
|---|---|---|
| 글의 양식 | 설명, 논증 | 묘사, 서사 |
| 표현 방식 | 명시적, 구체적, 객관적, 직설적 | 함축적, 추상적, 주관적, 비유적 |
| 궁극적 목적 | 이해 | 감동 |

■ **설명적 논증(Expository Proof)**

과학 글쓰기는 설명과 논증 양식의 글이다. 즉, 실험하고 관찰한 것을 사실 그대로 설명하는 글이며, 이를 바탕으로 자신의 실험 및 관찰 결과가 타당성이 있음을 주장하는 글이다. 따라서 과학 글쓰기는 설명적 논증 양식을 취하는 경우가 대부분이다.

이와 달리 문학 글쓰기는 묘사(描寫)와 서사(敍事) 양식의 글이라 할 수 있는데, 이는 문학 자체가 현실이 가지고 있는 중대한 의미를 작가가 언어적 상징과 비유 등을 통해 예술적으로 승화시키는 기능을 지니고 있기 때문이다.

### ■ 객관적 이해(Objective Understanding)

과학 글쓰기는 실험하고 관찰한 사실을 명시적이고 구체적으로 그리고 객관적이고 직설적으로 표현해야 한다. 즉, 비유와 상징 등의 문학적 기법을 사용하지 말아야 하며, 추상적이고 주관적인 표현을 해서는 안 된다. 왜냐하면 함축적 언어의 사용은 실험하고 관찰한 내용에 대한 해석상의 오해를 낳을 수 있기 때문이다. 과학 글쓰기는 독자를 이성적으로 이해시키는 데 목적이 있으며, 결코 독자를 감성적으로 감동시키는 데 있지 않다.

## 3.2 과학 글쓰기의 조건

### ■ 논리성(Logical)

과학 논문은 과학적인 논리성을 갖추어야 독자(일반적으로 과학자)들을 합리적으로 설득할 수 있다. 초록과 서론, 그리고 실험 방법을 선택함에 있어서의 논리성은 매우 중요하다. 특히 초록(抄錄, abstract)은 전체 논문의 내용을 150~200 단어로 줄여서 독자들에게 효과적으로 전달해야 하기 때문에 짜임새 있는 논리성을 지니는 것이 더욱 중요하다. 서론도 넓게 시작하여 내용의 폭을 축소하면서 주제에 접근해야 하고 주제 연구의 중요성을 독자들에게 인식시켜야 하기 때문에, 독자들을 논리적으로 이끌어 가면서 글을 빨리 이해하는 데 필요한 기초 지식을 제공해야 한다.

■ 객관성(Objective)

연구방법, 데이터(data) 분석 및 결과 해석 등이 객관적이어야 한다. 특히 실험 방법은 다른 과학자들이 같은 실험을 반복할 수 있도록 객관적이고 구체적이어야 한다. 또한 자료를 분석하는 데 있어서도 개인적인 의견보다는 객관적인 과학적 지식과 자료에 근거하여야 한다. 과학은 객관적인 자료와 정보를 토대로 발전 성장하여 왔다. 따라서 논문 저자는 집필자의 편견이나 아집, 감정 등에 사로잡혀서는 안 된다. 한편 주어를 내세울 경우에는, 사람보다 실험 내용이 더 중요하기 때문에 3인칭 주어를 사용한다.

■ 독창성(Original)

연구 내용이나 결과가 새로운 것이어야 한다. 따라서 연구를 시작하기 전에 이 논제와 동일한 연구가 이미 수행되었는지 반드시 논문 검색을 통해 확인해야 한다. 과학적 논문은 새로운 이론이나 사실에 입각하여야 하고, 새로운 실험 방법이나 응용기술을 다루어야 한다.

■ 신빙성(Credible)

연구 논문은 다른 과학자들과 연구 내용을 공유하는 것이 중요하기 때문에 재현 가능성(reproducibility)을 바탕으로 한 신빙성이 있어야 한다. 특히 실험 방법과 자료, 실험결과(results)에 있어서 신빙성이 있어야 한다. 과학자가 논문의 핵심적인 기초에서 자료(data)에 대한 신빙성을 잃으면 과학자의 생명인 과학자로서의 신뢰성을 잃게 되는 결과를 낳게 된다.

■ 설득력(Persuasive)

다른 과학자들을 설득할 수 있어야 한다. 다른 사람을 설득하기 위해서는 무엇보다 논문 문장을 간결하고 명확하고 논리적으로 써야 한다.

## 3.3 과학 글쓰기의 특징

■ 정확성(Accuracy)

논문의 내용은 과학적인 내용을 다루는 것이므로 정확해야 한다.

자료의 정확성이란 실험에 사용되는 실험 재료와 장비, 통계자료, 인명이나 지명, 참고자료의 이름과 출처, 논문에 사용되는 학술용어 등이 정확해야 한다는 것이다. 정확하지 않은 자료를 바탕으로 쓰인 보고서나 논문은 그 가치를 인정받을 수 없을 뿐더러 이 보고서와 논문을 참고해서 연구를 수행하거나 글을 쓴 사람들에게 심각한 악영향을 줄 수 있다. 정확하지 않은 용어를 사용하여 설명하거나 논증을 하게 되면, 설명과 논증 그 자체가 잘못될 가능성이 매우 많고, 선행 논저를 정확하게 인용하지 않으면 결국 그 필자에게 큰 결례가 될 수밖에 없다.

■ 형식성(Format)

과학 기술 논문은 IMRADS 형식(format)을 따르는 것이 일반적이다. IMRADS 양식이란 Introduction(서론)-Materials and Methods(연구 재료와 방법)-Results(연구 및 실험 결과)-Discussion(토의)-Conclusion(결론)의 줄임말인데, '결론'이 '토의'에 포함되어 서술되기도 한다.

또한 과학 글쓰기의 갈래에는 학술 전문지에 게재되는 학술 논문(Articles), 실험 보고서(Reports), 학위논문(Theses), 단신(Letters), 해설논문

(Reviews) 등이 있는데, 어떤 글이든 이들이 갖추어야 하는 일정한 양식이 있다.

### ■ 설득력(說得力, Persuasive power)

과학적인 글, 특히 과학 에세이나 과학 비평문이 설득력 있는 글이 되게 하려면 이야기 형태를 취하면 된다. 이야기 형태의 글은 독자들로 하여금 내용을 쉽게 이해하고 집중하여 읽을 수 있게 도와주는 기능을 한다. 따라서 이야기 형태로 만들려면 적절한 전략이 필요한데, 먼저 전체적인 이야기 구조의 틀을 짜고, 각 세부 영역마다 작은 이야기 틀을 짜서 넣은 것이 필요하다.

### ■ 간결성(Simplicity)

과학적인 글은 많은 과학정보를 주어진 공간에서 효율적으로 전달해야 하므로 필요한 내용을 간결하게 정리해야 한다. 간결한 문장을 쓰기 위해서는 다음과 같은 몇 가지 조건을 갖추어야 한다.

• 첫째, 문장의 길이가 너무 길어서는 안 된다.

즉, 이것은 만연체가 되어서는 안 된다는 말이며, 동시에 과학적인 글은 문장의 길이가 아무리 길어도 3줄을 넘지 않아야 한다는 뜻이다. 글자 수로는 대략 120자 내외여야 단숨에 읽어 낼 수 있다. 그러나 이것은 모든 문장의 길이가 이와 같아야 한다는 것은 아니며, 1줄짜리에서 3줄 짜리가 적당히 섞여 있으면 글을 읽는 이들이 리듬감을 느끼면서 읽어갈 수 있다. 물론, 글의 내용에 따라서는 문장의 길이가 약간 더 길어질 수도 있다는 점이 충분히 고려되어야 한다.

• 둘째, 너무 장황한 설명을 피해야 한다.

설명이나 주장이 장황하다는 것은 그만큼 생각이 정리되어 있지 않다는 것을 의미한다. 따라서 이것을 피하기 위해서는 글을 쓰기 전에 그 글에 들어갈 요소를 정리한 다음, 어떤 순서로 글을 써 갈지를 미리 정해 두는 것이 필요하다. 그리고 장황한 설명보다는 도표나 그래프를 이용하면 훨씬 더 깔끔하게 설명할 수 있다는 점도 기억해 둘 만하다.

• 셋째, 서술어가 짧고 분명해야 한다.

즉, '… -라고 하지 않을 수 없다, … -임이 분명하다고 할 수 있지 않을까 한다, … -가 아니라고 할 수는 없지 않을까?" 등과 같이 지나치게 서술어를 길고 복잡하게 만들면 문장의 의미를 파악하기가 매우 어려워진다.

• 넷째, 너무 복잡한 내포문 혹은 접속문을 만들지 말아야 한다.

내포문(內包文)은 명사절, 관형절, 부사절, 인용절 등을 한 문장 속에 포함하는 문장이며, 접속문(接續文)은 '-고, -며 ; -거나, -든지 ; -면, -거든 ; -는데, -으니' 등의 접속어미를 써서 문장을 길게 잇는 것을 말하는데, 이렇게 하면 문장의 구조가 복잡해지고, 문장이 만연체가 되기 때문에 결국에는 독자들이 전체 문장의 의미를 파악하기가 매우 어려워진다.

과학적 글쓰기는 실험하고 연구한 결과를 전달하고, 또 새로 찾아낸 과학적 사실을 논리적으로 써 나가는 글이지, 글 읽는 이를 정서적으로 감동시키거나 도덕적으로 교훈하고자 하는 목적의 글이 아니기 때문에 문장이 짧고 깔끔해야 하며, 따라서 의미가 분명하게 전달되는 그런 문장이어야 한다.

### ■ 문법성(Grammaticality)

문장이 한국어 문법에 맞아야 하며, 동시에 한글맞춤법 규정을 지켜야 한다.

문장이 한국어의 문법에 맞게 되려면 '주어의 선택, 시제법, 사동법, 피동법, 부정법, 종결법, 조건 및 가정법' 등의 여러 조건을 충족시켜야 한다. 그리고 한글맞춤법은 1933년에 조선어학회에서 제정했는데, 이를 1988년 국립국어원에서 현실에 맞게 개정하였다. 이 한글맞춤법 규정은 '한글맞춤법, 표준어 규정, 국어의 로마자표기법, 외래어표기법' 등을 포괄하는 개념이다. 이들에 대해서는 다음 절에서 살펴보기로 한다.

## 3.4 과학 문장 쓰기의 핵심 요소

### 3.4.1 단어를 선택하는 방법

#### ■ 문맥에 알맞은 정확한 단어를 선택하라

과학 글쓰기의 기본은 문맥에 알맞은 정확한 의미를 지닌 단어를 선택하는 데 있다. 문맥에 알맞은 단어를 쓰지 않으면 비문이 되거나 글쓴이가 전달하고자 하는 의도를 제대로 전달할 수가 없다. 1999년에 편찬된 『표준국어대사전』에 의하면 국어에는 약 50만 개의 어휘가 있으며, 이 가운데 약 53퍼센트가 한자어(漢字語)라고 한다. 특히, 한자어를 사용할 때는 그 한자어가 가지고 있는 의미를 정확히 알고 쓰는 것이 매우 중요하다. 한자어에 대한 어휘력을 기르려면 독서를 많이 하고, 국어사전을 통해 한자어 단어 공부를 꾸준히 해야 한다.

(1) ㄱ. 혈액응고 **기작**은 혈관벽에 혈소판이 점착, 응집하여 혈소판 혈전을 형성한 후, 혈액응고계가 활성화하여 혈소판 응집괴를 중심으로 수많은 인자들의 다단계반응을 거쳐 fibrin 혈전이 형성되는 것으로 알려져 있다.

ㄴ. 재래가축유전자원의 중요성에 대한 인식이 전환되면서 1990년대 원종 수집과 **축군** 증식을 위한 연구 및 관리체계가 마련되었다.

ㄷ. 가열처리한 마늘도 3% 수준으로 **급이**할 경우 체내 지질량이 감소되었다는 보고가 있다.

ㄹ. 원심분리가 끝난 후 **상등액**을 취하여 사용시까지 -20℃에 냉동 보관하였다.

ㅁ. 각 추출물의 전자 **공여능**은 농도 의존적 경향을 나타냈으며, 열수 추출물에서 가장 높은 전자 **공여능**을 보였으며, 에탄올 추출물의 경우도 비교적 높은 전자 **공여능**을 나타냈다.

(1)에 쓰인 '기작, 축군, 급이, 상등액'은 『표준국어대사전』에 표제어로 실려 있지 않은 단어이며, 대부분의 과학 논문에 이들이 '한글'로만 표기가 되어 있어서 그 의미를 알아내기가 매우 어렵다. 따라서 이와 같은 단어를 굳이 새로 만들어서 사용해야 하는 경우에는 '기작(機作), 축군(畜群), 급이(給餌), 상등액(上等液)' 등과 같이 한글과 한자를 함께 써야 그 의미를 쉽게 파악할 수 있을 것이다.

(1ㄱ)의 '기작'은 '혈액이 응고하여 fibrin이라는 혈전이 만들어지는 작용이나 원인'의 의미를 지니고 있기 때문에 국어사전에 등재가 되어 있는 보편적 단어인 '기제(機制, mechanism)'로 바꾸어 쓸 수 있으며, (1ㄴ)의 '축군'은 '가축을 모아서 기름'의 의미를 지니기 때문에 '원종을 수집하고 이들을 함께 길러서 증식을 하기 위한' 정도로 문장을 풀어서 쓰면 위와 같이 굳이 어려운 한자어를 새로 만들어 사용하지 않아도 된다.

그리고 (1ㄷ)의 '급이하다'는 '공급하다, 먹이다, 사육하다'는 의미를 지니기 때문에 '먹이를 공급할'로, (1ㄹ)의 '상등액'은 '맨 윗부분의 액체' 정도로 풀어 쓸 수 있을 것이다. (1ㅁ)의 '공여능'은 좀 더 일반적인 용어인 '공여능력(供與能力)'으로 바꾸어 쓸 수 있다.

물론 학문적 필요에 따라서는 새로운 용어를 만들어 쓸 필요가 있을 수 있겠지만, 그런 경우에는 가능한 한 쉽게 그 의미를 파악할 수 있도록 보다 쉬운 한자어나 고유어를 써서 용어를 만들어야 할 것이다.

그리고 국어사전에 등재가 되어 있기는 하지만, 현대국어에서 사어화(死語化)되어서 거의 사용되지 않고 있는 어휘는 가능한 한 과학 논문에서 사용하지 않는 것이 좋다.

(2) ㄱ. 말의 피부병변으로부터 곰팡이와 세균을 배양하여 **동정한** 결과 곰팡이의 발육은 관찰할 수 없었으나 분리된 세균은 sagar plate 상에서 배양된 집락의 형태, 그람 염색 양상, 생화학적 특성 검사를 통해 1차 동정한 후 미생물 자동 동정기기(BIOLOG)를 이용하여 **동정한** 결과 Staphylococcus intermedius로 확인되었다.

ㄴ. 천잠(Antheraea yamamai) 및 작잠(Antheraea pernyi)은 부화 후 1령부터 5령까지 상법에 따라 사육하였으며 사료는 야생의 신한 참나무잎(Quercus acutissima)를 사용하였다.

ㄷ. 공시된 4종의 곤충 혈림프액 채취는 4종의 곤충에 대해 다같이 예냉시킨 에펜돌프회사의 1.5ml 튜브에 혈림프액의 흑화(黑化:melannosis)를 방지하기 위해 소량의 phenylthiourea 분말을 첨가하여 5령 유충의 꼬리발 또는 배발을 해부용 가위로 상처를 내어 채혈하였다.

ㄹ. 마쇄된 조직은 15,000rpm에서 15분간 2~3회 저온 원심 분리하여 상등액을 취하여 1.5ml 에펜돌프튜브에 분주한 후 -20℃에 사용시까지 냉동 보관하였다.

ㅁ. 본 연구는 한방초콩환의 고지방식이를 섭취한 흰쥐의 간조직 지방제거 효과를 관찰하기 위하여 **서목태**(Rhynchosia nulubilis)를 식초에 15일간 절인 후, 5종의 한약재(감초, 산조인, 백출,

황기, 산수유)를 첨가하여 한방초콩환을 제조하였다.

(2)에 사용된 '동정하다, 집락, 상법, 예냉시키다, 마쇄하다, 분주하다' 등은 『표준』에 등재되어 있기는 하지만, 이들은 매우 특수한 경우를 제외하고는 거의 사용되지 않는다. (2ㄱ)의 '동정(同定)'의 사전적 의미는 '생물의 분류학상의 소속이나 명칭을 바르게 정하는 일'을 뜻이지만, 위의 문장에서는 '관찰하고 확인하다'라는 정도의 의미로 아주 다르게 사용되었다.

(2ㄴ)의 '상법(常法)'은 '일반적인 방법'이라는 뜻이며, (2ㄷ)의 '예냉(豫冷)시키다'는 '미리 얼리다', (2ㄹ)의 '마쇄(磨碎)하다'는 '갈아 부수다', '분주(分株)하다'는 '나누어 담다'라는 말로 바꾸어 쓸 수 있기 때문에, 굳이 위와 같은 어렵고 거의 사어화(死語化)된 한자어를 사용하지 않아도 된다. 더구나 '상법(常法)'은 동음이의어인 '상법(商法)'이 더 널리 쓰이고 있고, '분주(分株)하다'는 '분주(奔走)하다'가 더 널리 쓰이고 있기 때문에 자칫 혼란이 야기될 가능성이 있다는 점을 감안할 때, 위와 같이 뜻을 풀어서 쓰든지 혹은 동일한 의미를 지닌 더 보편적인 단어를 써야 위와 같은 혼란을 방지할 수 있을 것이다.

(2ㅁ)의 '서목태'는 일명 '녹곽(鹿藿), 여두(穭豆), 쥐눈이콩' 등으로 불리는데, 가장 널리 쓰이는 용어로는 '여우콩'이 있다. 따라서 특별히 '한자어'를 써야 할 이유가 없는 경우에는 '고유어'를 쓰는 것이 바람직하다고 할 수 있다.

영어로 된 전문 학술용어의 경우에는 (2ㄱ)의 'Staphylococcus intermedius로 확인되었다'나 (2ㄷ)의 '소량의 phenylthiourea 분말을'처럼 '영어' 그대로 쓰고 있을 뿐, (2ㄹ)의 '1.5 ml 에펜돌프튜브에'처럼 외래어 표기법에 따라서 '한글'로 표기하는 경우는 매우 드물 뿐더러, 자연과학계 전문용어를 '한글'로 된 용어로 번역해서 쓰는 경우는 거의 없는데, 가능한 한 외래어 표기법에 따라 '한글'로 표기하고 또 적절한 한글 용어로 번역해서 쓰려고 노력해야 한다.

그 외에 두 언어로 병기(竝記)를 하는 경우가 간혹 있기는 한데, 이때도 (2ㄷ)의 '흑화(黑化:*melannosis*)'처럼 한자와 영어를 괄호에 넣어서 병기해 주는 경우는 극히 드물고, (2ㄴ)의 '천잠(*Antheraea yamamai*), 작잠(*Antheraea pernyi*)'처럼 한글과 영어를 병기하고 있는 경우가 대부분이다. '한글'과 '한자', 혹은 '한글'과 '영어'로 병기를 하면 내용 전달이 훨씬 쉬워진다는 점을 기억할 필요가 있다.

또한, 국어 조어법에 맞지 않는 단어를 쓰지 말고, 단어의 용법을 제대로 알고 사용해야 한다.

(3) ㄱ. 이에 본 연구에서는 허혈성신장조직손상에서 Hsp70의 발현이 관련되어 있다면, Hsp70의 결핍에 따라 산화적 조직손상은 더욱 확실히 나타날 것이라 **가설하였다**.

ㄴ. Lectin은 당단백질과 **특이적으로** 결합하는 물질로써, 혈액과 **특이적으로** 반응하는 성질을 가지고 있다.

ㄷ. 천연 항균물질에는 전통적으로 사용해 온 소금, 식초 등 일반 식품소재 외에도 동물, 식물, 미생물 등에서 유래한 것들이 많이 있으나, 식품에 적용하기 위해서는 **관능적**인 측면에서 해결되어야 할 문제가 남아있다.

ㄹ. 노인에서 **유래**한 섬유아세포의 증식속도가 신생아 **유래**의 세포에 비해서 느릴 가능성이 있다.

ㅁ. 또한 **노후된** 동물들에서의 규칙적인 운동수행은 apoptosis의 가능성을 줄임으로써 근손실을 방해하여 잠재적으로 근육 감소증의 시작을 지연시키고 진행을 약화시킨다고 보고되어 있다.

(3ㄱ)의 '가설'의 경우에는 동음어가 여럿 있는데, '가설(架設)'은 '전기줄이

나 전화선, 교량 따위를 공중에 건너질러 설치함'의 의미를 지니고 있고, '가설(假說, hypothesis)'은 '어떤 사실을 설명하거나 어떤 이론체계를 연역하기 위하여 설정한 가설'의 의미를 지니고 있는 바, (3ㄱ)의 '가설'이 후자의 의미로 쓰였다면, '가설하다'의 형태로는 쓰일 수 없기 때문에 '~라 가설을 세웠다'로 바꿔 써야 한다.

(3ㄴ)의 '특이(特異)'는 '보통 것이나 보통 상태에 비하여 두드러지게 다름'의 의미를 지니고 있고, 주로 '특이하다, 특이+명사' 형태로 쓰일 뿐, '특이+적(접사)'의 형태로는 전혀 쓰일 수 없기 때문에 (3ㄴ)의 '특이적으로'는 '특이하게' 정도로 바꿔 쓸 수 있을 것이다.

(3ㄷ)의 '관능'도 마찬가지이다. '관능(官能)'은 '생물이 생명을 영위하는 모든 기관의 기능, 오관 및 감각기관의 작용, 육체적 쾌감, 특히 성적인 감각을 자극하는 작용'이라는 뜻을 지니고 있으며, '관능'에 접사 '-적'이 붙어 '관능적'이 되면 '성적인 감각을 자극하는, 또 그런 것'의 의미만을 지니게 되어서 (3ㄷ)의 문맥에는 전혀 부합이 되지 않는다. 따라서 (3ㄷ)의 '관능적'은 '오관(五官) 및 감각기관에 의해서 느끼는 맛'의 의미를 지녀야 하기 때문에, '관능적'을 '관능기능적'으로 바꾸면 자연스러운 문장이 된다.

'유래(由來)'는 '사물이나 일이 생겨남 또는 그 사물이나 일이 생겨난 바'라는 의미를 지니지만, (3ㄹ)에서는 '(노인에게서) 채취한, (신생아에게서) 채취한'이라는 의미를 지닌 단어가 쓰여야 하기 때문에 '유래'라는 단어를 사용하는 것은 적절하지 않다.

(3ㅁ)의 '노후(老朽)되다'는 '노후된 수리시설, 노후된 농토' 등과 같이 '무생물' 주어를 필수적으로 요구하는 동사임에도 불구하고, 생물이 '동물'과 호응을 시킴으로써 비문이 되었다. 따라서 '노후되다' 대신 '동물이나 사람의 나이가 많아지면서 정신적 혹은 육체적으로 약해지다'라는 의미를 나타내는 '노화(老化)되다'로 바꾸면 적절한 문장이 된다.

### ■ 용어를 일관성 있게 사용하되, 대용어를 써서 글에 리듬감을 주라

과학 글쓰기에 사용되는 용어를 일관성 있게 사용하지 않으면, 그 단어들의 의미와 단어들 사이의 관계를 파악하는 데 많은 시간이 걸리게 되어 읽힘성(readability)를 매우 떨어뜨리게 된다. 그리고 동일한 용어를 그대로 반복해서 사용하면 글이 매우 단조로와지기 때문에, 대용어(代用語)나 동일한 의미를 지닌 다른 용어를 써서 리듬감을 주면 글이 한결 세련되게 된다.

> (4) 21세기에는 우리나라도 물 부족 국가로 분류되어 있다. 이러한 시점에서 새로운 **음용수**로 각광을 받고 있는 것이 **해양심층수**(deep sea water)이다. **해양심층수**는(→이 물은) 빙하가 녹아 해류를 따라 흐르는 물로서 태양 광선이 도달하지 않은 수심 200m 이상 깊이의 무균상태의 미네랄이 풍부한 물이며, 현재 각국에서 **생수**로 많이 개발하고 있다. **해양심층수**는 NaCl을 제거하여 **먹는물**로 활용할 수 있을 뿐만 아니라, 식품산업 및 의약 분야 등 많은 분야에서 그 응용분야가 점차 확대되고 있다.
>
> 최근 미국과 일본을 중심으로 친환경 자원으로서 **해양심층수**에 대한 관심이 집중되면서 **심층수**를(→이것을) 이용한 대체 에너지 개발, 수자원, 식품산업, 의약과 화장품 산업 등에 활용하기 위한 연구가 활발하게 진행되고 있다. 현재 국내의 **해양 심층수**(→심해수) 개발 기술은 미국과 일본에 비해 초기단계에 머무르고 있는데, 이는 아직 **해양심층수**의 확보가 그만큼 어렵기 때문이기도 하다. **해양심층수**의 개발을 위하여 강원도 고성군에 **해양심층수** 공동센터를 구축하여 **해양심층수**에(→이에) 대한 향후 연구개발이 가능하도록 추진 중이며, 한국해양연구원을 중심으로 연구기관에서도 **해양심층수**를(→심층수를) 활용하기 위한 연구가 활발하게 수행되고 있다.

(4)에서는 '음용수'가 '생수, 먹는물' 등으로 쓰이고 있는데, 이렇게 한 단락 내에서 동일한 의미를 나타내는 데 세 가지가 쓰이면 개념상에 혼란이 올

수 있기 때문에 이 가운데 한 가지를 골라서 사용하는 것이 좋다. 그리고 (4)에는 '해양심층수'라는 단어가 많이 쓰이고 있는데, 이와 같이 동일한 단어가 반복적으로 써야 할 경우에는 '해양심층수, 심층수, 심해수, 이 물, 이것, 이' 등을 적당히 섞어 쓰면 문장 간의 결속력(結束力, cohesion)이 높아질 뿐만 아니라, 문장에 리듬감이 생겨서 글 전체가 단조로워지는 것을 막을 수 있다.

즉, 위와 같이 용어를 일관되게 쓰되 대용표현을 적당히 사용하면 자칫 지루해지기 쉬운 글에 활력을 불어넣을 수 있는 장점이 있다. 그러나 동일한 개념을 너무 다양한 단어로 바꿔 쓰게 되면 도리어 독자들에게 혼란을 줄 수도 있기 때문에 특히 주의해야 한다.

### ■ 해당 전문 분야에 통용되는 용어를 사용하되, 가능한 한 일상적으로 자주 쓰이는 쉬운 단어를 쓰도록 하라

과학 논문에 사용되는 용어는 그 학술분야에서 통용(通用)되는 것을 써야 하기 때문에 일반인들이 이해하는 것은 어려울 수밖에 없다. 그러나 전문 용어라 하더라도 너무 지나치게 어려운 '한자어'나 '서구 외래어'보다는 순수 한글로 된 용어 또는 간결한 일상용어를 쓰면 그 분야의 전문가들뿐만 아니라 일반인들도 그 글을 쉽게 이해할 수 있을 것이다. 이렇게 하면 특정 분야의 전문가 집단과 인접 학문분야 집단, 그리고 일반인들 사이의 소통이 원활하게 되고, 결과적으로는 과학의 대중화도 보다 앞당길 수 있다.

(5) **천잠**(→참나무산누에나방의 애벌레) 및 **작잠**(→산누에)은 부화 후 1령부터 5령까지 **상법**(→일반적인 방법)에 따라 **사육하였으며**(→길렀으며) 사료는 야생의 신선한 참나무잎(Quercus acutissima)를 사용하였다. 사육온도는 1~3령기는 온도 23~26℃, 습도 80~90% R.H., 4~5령은 20~23℃,

습도 75~80% R.H. 하에서 사육하였고 **광주기는**(→햇빛을 쬐는 주기는) 계절의 자연 광주기에 준하였다. 옥색긴꼬리 산누에나방의 사육은 Ryu 등의 방법에 **준하였으며**(→따랐으며) 사육용 사료는 참나무잎을 사용하였다.

(5)에서 '천잠(天蠶)'은 '참나무산누에나방의 애벌레'를 가리키고, '작잠(柞蠶)'은 '산누에'를 가리키는 말이다. 이 외에 '가잠(家蠶)'이 있는데 이는 '집누에'를 가리키는 말이다. 그리고 '상법(常法)'은 '일반적인 방법' 혹은 '보통의 방법'이라는 의미이며, '사육(飼育)하다'는 '가축이나 짐승을 먹여서 기르다'라는 의미를 지니기 때문에, '누에'의 경우에는 '치다, 기르다' 등과 함께 써야 호응관계가 맞다. '광주기(光周期)'는 '햇빛을 쬐는 주기'로, '준(遵)하다'는 '-에 따르다'로 바꿔 쓰면 보다 쉽고 정확한 표현이 된다.

(6) 공시된 4종의 곤충 혈림프액 채취는 4종의 곤충에 대해 다같이 **예냉시킨**(→미리 얼린) 에펜돌프회사의 1.5ml 튜브에 혈림프액의 흑화(黑化, melannosis)를 방지하기 위해 소량의 phenylthiourea 분말을 첨가하여 5령 유충의 꼬리발 또는 배발을 해부용 가위로 상처를 내어 채혈하였으며 채혈 후 혈구 및 기타 **고형**(→고체) 불순물을 제거하기 위해 15,000rpm에서 15분 간 저온 원심분리하였다. 원심분리가 끝난 후 **상등액**(→윗부분의 액체)을 취하여 사용시까지 -20°C에 냉동 보관하였다. 또한 4종의 곤충의 피부, 지방체, 중장 및 실샘조직 채취는 5령 중기의 **유충을**(→애벌레를) 해부하여 해당 조직을 취한 후 차가운 PBS(Phosphate Buffered Saline, pH7.5) 용액에서 혈액 및 불순문 제거를 위해 **수회**(→몇 차례) 씻은 후 Whatman filter paper No.1로 수분을 제거한 후 조직별 공히 5배액(v/w)의 PBS 용액을 첨가, 유리 균질기로 조직을 **마쇄하였다**(→갈아부수었다). **마쇄된**(→갈아부순) 조직은 15,000rpm에서 15분간 2~3회 저온 원심 분리하여 상등액을 취하여 1.5ml 에펜돌프튜브에 **분주한**(→나누어 담은) 후 -20°C에 사용시까지 냉동 보관하였다.

(6)의 '예냉(豫冷)시키다'는 '미리 얼리다'는 뜻인데 국어사전에 실려있지 않는 단어이다. '고형(固形)'은 '어떤 물체 따위의 질이 단단하고 굳은 일정한 형체'라는 의미인데, 이것을 '고체(固體) 모양'라는 일반적 용어로 바꾸어 쓰면 '액체(液體)'와 '기체(氣體)' 등의 관련어가 연상이 되기 때문에 훨씬 이해하기 쉬운 문장이 된다. '유충(幼蟲)'은 '알에서 나온 후 아직 다 자라지 아니한 벌레'라는 뜻으로 '애벌레'라는 고유어로 바꾸면 표현이 쉬워진다. '마쇄(磨碎)하다'는 '갈아서 부수다'라는 의미이며, '분주(分株)하다'는 '포기 나누기를 하다'라는 뜻인데, 여기서는 '나누어 담다'라는 의미로 사용하고 있다.

이와 같이 어려운 전문 용어를 가능한 한 쉬운 단어로 바꾸면 문장이 훨씬 쉬워져서 글쓰는 이는 그만큼 효과적으로 표현의도를 잘 전달할 수 있게 된다.

### 3.4.2 좋은 문장을 쓰는 방법

#### ■ 문장의 필수성분을 함부로 생략하거나 잘못 쓰지 마라

문장을 이루는 성분(sentential components)에는 주어, 서술어, 목적어, 보어, 관형어, 부사어, 독립어 등이 있는데, 이 가운데 주어, 서술어, 목적어, 보어는 필수성분이다. 필수성분이란 특정한 형식의 문장을 만들려면 반드시 있어야 하는 성분이다.

그러나 필수성분도 생략이 될 수 있다. 그러나 '생략'을 하는 데는 전제가 있는데, 그것은 바로 복원 가능성(復元 可能性)이 있어야 한다는 것이다. 즉, 생략된 주어가 원래 형태대로 유추가 되어야 하고 또 그대로 복원이 될 수 있어야 한다는 것이다.

• 첫째, 주어를 함부로 생략하거나 잘못 쓴 경우

주어(subject)는 문장의 '주체'가 되는 말로, '누가 어찌한다(동사문), 무엇이 어떠하다(형용사문), 무엇이 무엇이다(지정사문)'에서 '누가, 무엇이'에 해당되는 성분이며, 국어 문장에서는 주어가 흔히 생략된다.

주어는 입말(spoken language)의 경우에는 복원 가능성이 높기 때문에 거의 생략된다고 해도 과언이 아니다. 그러나 글말(written language)의 경에는 주어의 복원 가능성이 매우 낮기 때문에 생략하는 데 많은 주의가 뒤따른다.

(7) 생물한방의 경우에는 경북의 광범위한 지역에 다양한 생물자원이 존재하나 **영세성을 면치 못하고 있으므로** 산업의 첨단화가 절대적으로 요청되고 있다. 이와 달리 메카트로닉스의 경우에는 구미시에 첨단전자 정보기기 클러스터가 있기는 하지만 국내 기술력이 매우 모자라는 상황이어서 제조 장비의 외국 의존도가 높은 실정이다.

(7)에서는 '면하지 못하다'의 주어가 없어서 '무엇이' 영세성을 면하지 못하고 있는지 전혀 알 수가 없게 표현이 되어 있을 뿐만 아니라 문장도 현재 상태로는 주어가 없기 때문에 비문(ungrammatical sentence)이다. 따라서 '산업체들이' 정도의 주어를 넣어주면 문장의 의미가 좀 더 분명해질 뿐만 아니라 문장도 문법적인 문장이 될 수 있다.

(8) ㄱ. 이러한 콜레스테롤의 축적이나 이용을 위해서는 콜레스테롤을 합성 또는 흡수한 조직으로부터 필요로 하는 조직까지 **운반되어야** 하는데, 트리글리세라이드(tryglyceride)와 함께 혈장에서 지단백(lipoprotein) 형태로 **존재하면서 이동되고 대사된다.**

ㄴ. 선진국에서는 감염률이 낮은 반면 개발도상국이나 후진국에서는 높은 감염률을 보이고 지역적 또는 인종간의 차이를 보여

경제수준이나 위생 및 환경상태에 의하여 **좌우되는** 것으로 알려져 있다.

ㄷ. 국내에서 시판되고 있는 미역은 제조 형태에 따라 건미역과 염장미역으로 나뉜다. **건미역의 경우** 미역을 일광 건조하여 장기간 보관이 용이하도록 처리한 제품으로 아무런 가공공정을 거치지 않고 자연 상태에서 건조한 것이며, **염장미역의 경우** 세척하여 소금을 제거한 후 열풍 건조하여 장기 보관이 용이하게 만든 것이다.

ㄹ. 층층나무속 식물의 **특성으로는** 교목, 관목, 또는 초본과 같은 **아관목으로** 잎은 낙엽 또는 상록성으로 마주나거나 어긋나며, 꽃은 양성, 단성, 방사상칭으로 화상이 대롱모양을 이루고, 씨방은 1~4실, 각실에 1개의 밑씨가 있다.

(8ㄱ)은 '주어'가 없는 문장으로서 비문이다. 이 문제를 해결하기 위해서는 먼저 '운반되다'의 주어인 '콜레스테롤이'를 보충해야 하고, '존재하고 이동되고 대사되-'의 주어인 '콜레스테롤이'를 넣어 주어야 한다. (8ㄱ)은 현재대로라면 '콜레스테롤을 운반되다'라고가 되어서 '주체'가 대상이 되어 있기 때문에 이 자체가 비문이고, 또 '존재하고 이동되고 대사되-'의 주체가 무엇인지 알 수 없어서 역시 의미전달이 명확하게 잘 되지 않는다. (8ㄴ)도 마찬가지이다. '좌우되다'의 주어가 무리하게 생략되어서 문장의 의미파악이 어려운데, '감염률이'라는 주어를 넣어주면 이 문제가 해결된다.

(8ㄷ)은 주어가 '건미역에 해당되는 경우'와 '염장미역에 해당되는 경우'와 같이 '부사구'로 표현되어 있는데, 이렇게 됨으로써 이들의 서술에 해당되는 '것이며, 것이다'와 이 부사구가 호응이 잘 되지 않아 의미전달이 불분명하게 되어 있다. 따라서 (8ㄷ)은 '건미역'과 '염장미역'을 대조적으로 설명하는 문장이기 때문에, [차이]와 [대조]의 의미기능을 지니고 있는 보조사 '-은/는'을 써서 '건미역의 경우'는 '건미역은'으로, '염장미역의 경우'는 '염장미역

은'으로 바꾸면 이들이 앞절과 뒷절의 '주어'임과 동시에 '대조'가 되는 항목임이 명확해져서 문장의 의미 전달력이 높아진다.

(8ㄹ)은 '층층나무속 식물'에 대해 설명하는 문장이기 때문에, '특성으로는'과 같은 부사구를 주어로 내세우지 말고, '층층나무'를 주어로 내세운 다음 그에 뒤따르는 서술어구 '지니고 있-'를 넣은 다음, 층층나무의 각 부위별 특성을 설명하는 것이 바람직하다. 따라서 (8ㄹ)은 다음과 같이 바꿀 수 있을 것이다.

(8) ㄹ'. 층층나무속 **식물은** 교목, 관목, 또는 초본과 같은 **아관목으로의 특성을 지니고 있는데,** 잎은 낙엽 또는 상록성으로 마주나거나 어긋나며, 꽃은 양성, 단성, 방사상칭으로 화상이 대롱모양을 이루고, 씨방은 **1~4실로 각실에는** 1개의 밑씨가 있다.

그리고 이미 알려진 주어, 즉 복원 가능성이 높은 주어라 하더라도 문장을 엮어갈 때는 무조건 생략할 것이 아니라, 적당히 그 주어를 반복적으로 써주거나 혹은 그 주어를 대용하는 대명사를 써서 적당히 반복해 주어야 한다. 이렇게 해야 글을 읽는 사람이 문장을 쉽게 읽어 나갈 수 있다. 그렇지 않을 경우, 문장마다 일일이 주어를 유추해 가면서 읽어야 하기 때문에 읽힘성(readability)이 현저하게 떨어진다.

(9) **카페인**은 원래 식물이 곤충으로부터 자신을 보호하기 위해 만든 물질이다. **카페인**은 박테리아나 곰팡이를 죽이고 곤충과 유충의 성장을 방해한다. 순수한 **카페인**은 독성이 강해 사람이 10그램만 먹어도 사망한다. 최근에 살을 빼려는 이들이 카페인에 주목하고 있다. 왜냐하면 바로 이것이 신체 대사율을 높이고 지방을 분해한다는 연구결과가 나왔기 때문이다.

(9)에는 '카페인'이 주어로 쓰이고 있는데 이 '카페인'이 주어로 반복적으로 쓰이고 있으며, 맨 마지막 문장에서는 '이것'이라는 대명사로 대체가 되어 쓰여서 한층 더 문장을 쉽게 읽어 갈 수 있도록 하고 있다.

• 둘째, 서술어를 함부로 생략하거나 잘못 쓴 경우

서술어(predicate)는 주어의 동작이나 상태, 성질 등을 나타내는 말로, '누가 어찌한다(동사문), 무엇이 어떠하다(형용사문), 무엇이 무엇이다(지정사문)'에서 '어찌한다, 어떠하다, 무엇이다'에 해당되는 성분이며, 한국어에서는 시제, 높임, 사동, 피동 등의 문법정보가 서술어에 표시가 되기 때문에 생략하기가 매우 어려운 성분이다. 물론 복원 가능성이 있는 경우에는 생략할 수 있다.

서술어를 잘못 생략하거나 잘못 사용하는 경우가 복합문(complex sentence)에 흔히 나타난다.

(10) ㄱ. 이것은 곧 인시목 곤충이 동일한 조상단백질 유전자로부터 유래한 단백질임을 시사하며 해당 단백질의 기능이 서로 공통성이 **있다.**

ㄴ. 이 식물의 어린잎으로부터는 6가지의 플라보노이드 성분과 항산화 **활성이 보고되었으며**, 독활의 생리활성에 관해서는 항염증작용이, continentalic acid와 stagmasterol의 항균작용, cyclooxygenase 활성 억제**에 관하여 보고되었다.**

ㄷ. 생명체들은 효소의 생합성 정도를 **변화하거나** 활성을 조절함으로써 대사과정의 항상성을 유지할 수 있다.

ㄹ. 특히 식품에 이용되는 천연물 중에 함유된 생리활성의 기능을 과학적으로 밝히고자 하는 많은 연구가 수행되고 있으며 그 중 녹차는 전 세계적으로 널리 **소비되어지는** 가장 대중적인 기호음료이다.

ㅁ. 먼저 독활의 메탄올 추출물의 혈소판 **응집억제 효과 검색** 결과 우수한 항 혈소판 작용을 나타내었으므로 이 추출물을 통상적인 방법으로 분획하여 각 분획에 대한 활성을 검색하였다.

ㅂ. **결론적으로** 노인 유래의 세포는 세포 증식 속도를 제외하면 대체로 신생아 때의 상태와 동일한 세포 내 상태를 갖고 있다고 **결론 내릴 수 있겠다**.

(10ㄱ)은 상위문 서술어가 생략되어 있어서 매우 어색한 문장이다. 이 문장은 앞절이 '단백질임을 시사하며'임을 감안하여 뒷절의 서술어를 '있음을 나타낸다/알 수 있다/보여준다' 등과 같이 상위문 동사를 보충해 주면 앞절과 뒷절이 통사적으로 균형이 맞을 뿐만 아니라 의미의 전달도 보다 분명해진다. 이런 현상은 (10ㄱ)처럼 주제어(topic)를 보조사 '-은/는'을 써서 먼저 맨 앞에 내세우고 문장을 서술해 가는 경우에 매우 자주 나타나는데, 이것은 결국 문장을 엮어가는 기술이 부족하기 때문에 나타나는 현상이다.

이와 달리 (10ㄴ)은 내포문의 서술어가 생략됨으로써 어색하게 된 경우이다. 맨 앞절의 주어 '활성이'와 호응되는 내포문 서술어가 없으며, 그에 뒤따르는 절에도 서술어가 없고, 맨 마지막 절도 내포절의 서술어가 없어서 '활성억제에 관하여' 무엇이 보고되었는지 알 수가 없다. 따라서 아래와 같이 바꾸어 써야 문법적이고 구조가 반듯한 문장이 될 수 있다.

(10) ㄴ'. 이 식물의 어린잎으로부터는 6가지의 플라보노이드 성분과 항산화 활성이 **있음이** 보고되었으며, 독활의 생리활성에 관해서는 항염증작용이, continentalic acid와 stagmasterol의 **항균작용이**, cyclooxygenase 활성 **억제 작용이 있음이** 보고되었다.

(10ㄷ)은 타동사를 써야 할 자리에 자동사를 잘못 쓴 경우인데, 앞절에 '생합성의 정도를'이라는 목적어가 쓰였기 때 때문에 그 뒤에는 타동사 '변화

시키거나'가 와야 한다. (10ㄹ)은 과도한 피동동사를 쓴 경우로, '소비+되다→소비되다[피동], 소비되-+-어지다→소비되어지다[이중피동]'의 형태를 취하고 있는데, 이를 '소비되다'로만 써도 '피동'의 의미가 충분히 전달될 수 있다.

(10ㅁ)은 '메탄올 추출물의 혈소판 응집억제 효과 검색 결과' 등과 같이 명사가 여러 개 나열됨으로써 문장의 구성이 어색하고 읽힘성(readability)이 떨어지는 문장인데, 이것을 '메탄올 추출물의 혈소판 응집억제 효과를 검색한 결과'와 같이 '명사구'를 '동사'를 중심으로 한 '서술어구'로 풀어씀으로써 상당 부분 이러한 문제를 해결할 수 있다. 이와 같은 명사구 나열 문장은 자연과학계 논문에 공통적으로 나타나는 심각한 현상이다.

(10ㅂ)은 '결론적으로'와 '결론 내리-'와 같이 동일한 단어가 한 문장 내에 반복적으로 쓰여서 문장이 전체적으로 어색해진 경우이다. 앞에 쓰인 '결론적으로'를 '따라서'라는 단어로 정도로 바꾸면, 그 이전에 서술된 내용이 전체적으로 요약이 되면서 자연스럽게 결론으로 마무리될 수 있다.

• 셋째, 목적어 및 필수적 부사어, 관형어 등을 무리하게 생략하거나 잘못 사용한 경우

(11) ㄱ. 인체시료인 모유는 유럽, 북미, 일본 등에서 PBDEs에 대한 인체노출 정도를 평가하고 생물지표 연구를 위해 사용되고 있지만 국내에서 PBDEs 인체노출에 대한 연구는 거의 이루어지고 있지 않다. 이에 본 연구는 모유 중 PBDEs 축적특성과 이성체별 경향 평가를 바탕으로 인체노출 경로를 파악하기 위하여 특별한 점오염원이 없는 지역에 거주하는 여성 모유에서 tri-부터 hepta-BDEs까지 총 7종의 이성체를 측정하여 **평가하였다.**

ㄴ. 제주 흑우는 외형상 한우와 비슷하지만, **체형이 다소 작고** 체모가 전반적으로 흑색을 나타내는 우리나라의 재래 소 중 한

품종이다.

ㄷ. 최근에는 의약품 형태보다는 경제적이면서, 상대적으로 부작용이 적고, 또한 상시 섭취가 가능한 식품형태의 혈전생성 저해제 개발이 이루어지고 있으며, 본 연구진에서는 주로 약용 및 식용식물을 대상으로 **연구를** 진행해 왔다.

(11ㄱ)은 타동사 '평가하였다'의 대상이 되는 목적어가 누락된 비문이다. 물론 복원 가능성이 있으면 필수성분도 생략이 될 수 있기는 하지만, (11ㄱ)의 경우에는 생략된 목적어를 찾아내기가 매우 어렵기 때문에 'PBDEs에 대한 인체노출 정도를'이라는 목적어를 명시해 주는 것이 필요하다.

(11ㄴ)은 위의 문장대로라면 '무엇'에 비해서 체형이 작다는 것인지 잘 알 수가 없다. 따라서 비교 대상이 되는 필수적 부사어인 '한우보다'를 넣어주어야 의미가 분명해진다. (11ㄷ)은 '약용 및 식용식물을 대상으로' 무엇을 연구했는지가 불분명하다. 따라서 '혈전생성 저해제 개발에 대한'이라는 관형어를 보충해 주어야 문법적인 문장이 될 수 있다.

## ■ 주어, 목적어, 부사어 등과 서술어가 호응이 잘 돼야 한다

문장에서 주어와 서술어의 '호응(呼應)'은 동물의 머리와 꼬리가 일치해야 하는 것과 같다. 호랑이 머리에 뱀 꼬리를 달 수 없듯이 뱀 머리에 호랑이 꼬리 역시 달 수가 없다. 주어와 서술어가 호응이 잘되지 않으면 의미전달이 잘 안 될 뿐 아니라 결국에는 비문이 되기 쉽기 때문에 늘 주의해야 한다.

(12) ㄱ. 물론 이 계획서에 교수들의 연구력 향상에 관한 내용이 나와 있기는 하지만 **기획위원들은** 이를 바탕으로 보다 더 체계적인 **계획이어야 한다.**(→계획을 세워야 한다)

ㄴ. 이공계 **학생들이** 물리 교과목의 미진으로 인해 **중도하지**(→중도에 탈락하지) 않도록 보다 세심한 관심을 가져야 한다.

(12ㄱ)의 경우, 뒷절의 주어는 '기획위원들'이고 서술어는 '계획이어야 한다'이기 때문에 의미적으로 호응이 잘되지 않고 있어서 비문이다. 따라서 서술어를 '기획위원들'의 행위를 나타내는 표현인 '계획을 세워야 한다'로 바꾸어 써야 한다. (12ㄴ)의 경우에는 주어인 학생들이 주어이므로 '중도하지'를 '중도에 탈락하지'로 바꾸어 써야 한다. 그리고 '중도(中途)'는 '채 끝나지 않은 하던 일의 중간'이라는 뜻으로 '중도에, 중도에서'의 형태로 주로 쓰이며, '중도하다'와 같이 서술어 형태로 쓰이지는 않는다.

(13) ㄱ. **그는** 지금까지 보건복지부, 과학기술부, 농림부 등에서 발주한 다수의 정부지원 **대형과제 수행**과(→대형과제를 수행했으며), 최근에는 중소기업청에서 발주한 '향토첨단융합사업' **과제를 수행하고 있다.**

ㄴ. 현재 혈전질환의 예방과 치료에는 항혈소판제, 항응고제, 혈전용해제 등이 사용되고 있는데, 대표적인 항혈소판제인 **아스피린은** 효과는 뛰어나지만 위장관 출혈과 소화성 궤양 등의 부작용을 **일으키며**(→일으키는 문제가 있고), 그 외의 항응고제나 고지혈증 치료제로 쓰이는 **물질들은 가격이** 너무 **고가인**(→가격이 너무 높아서) **문제가 있다.**

ㄷ. 최근 들어서는 식물의 **이차대사산물들을** 의약품, 향신료, 방향제, 색소, 살충제 및 화학제품 등의 다양한 용도로 사용되고 있다.

ㄹ. 본 **연구의 목적은** 우리나라에서 자생하고 있는 층층나무 7개 집단에 대해 RAPD maker를 활용하여 집단들 간의 유연관계와 유전적 다양성을 체계적으로 분석해 보았다.

ㅁ. 층층나무속 식물의 **국외 연구로는 Fan과 Xiang의** 화학적, 세포학적 및 분자생물학적 방법(cpDNA와 rDNA)에 의한 분자계통을 통한 종간 유연관계를 **규명하였으며**, **Xing 등이** cpDNA를 통한 층층나무속의 계통발생학적 유연관계를 **규명하였다**.

(13ㄱ)의 주어는 '그는'이고, 서술어로 앞절에는 '대형과제 수행과'가 쓰이고 있고, 뒷절에는 '과제를 수행하고 있다.'가 쓰이고 있는데, 이렇게 되면 앞절에는 서술어가 없는 형태가 되기 때문에 '수행과'를 '수행했으며'로 바꾸어야 이것이 '그는'에 대한 서술어로서의 역할을 하게 되며, 이와 동시에 뒷절의 '수행하고 있다'와도 짝이 잘 맞게 되어서 좋은 문장이 될 수 있다.

(13ㄴ)은 좀 더 복잡한 문제를 안고 있다. 일단 전달 의도를 볼 때 (13ㄴ)은 ' … 아스피린은 … 문제가 있고, … 물질들은 … 문제가 있다'라는 문장구조를 가져야 하는데, 문장구조가 현재 이렇게 되어 있지 않아서 의미를 전달하는 데 문제가 많다. 그리고 '가격(價格)'과 '고가(高價)'에서 의미가 겹치는 것도 문제가 된다. 따라서 '일으키며'를 '일으키는 문제가 있고'로, '고가인'을 '높아서'로 바꾸어 쓰면 주어와 서술어가 호응이 잘 돼서 의미전달이 한층 쉬워진다.

(13ㄷ)의 '이차대사산물들을'이라는 목적어가 '사용되고 있-'의 주어로 쓰였기 때문에 이 문장은 비문이다. 따라서 이것을 주어 성분이 되도록 '이차대사산물들은'으로 바꾸어서 쓰거나, '이차대사산물들'을 현재처럼 '목적어'로 그대로 두려면 후행하는 서술어를 타동사 형태인 '사용을 해야 한다'로 바꾸어서 써야 한다. (13ㄹ)은 주어인 '본 연구의 목적은'과 호응이 되려면 서술어를 '분석해 보고자 하는 데 있다'로 바꾸든지, 혹은 서술어를 현재대로 사용하려면 주어를 '본 연구에서는'으로 바꾸어야 서로 호응이 될 수가 있다.

(13ㅁ)의 주어는 '국외의 연구로는'인데 이에 호응되는 서술어로 '규명하였으며'와 '규명하였다'가 쓰였기 때문에 비문이다. 즉 무생물인 '연구'가 '규명'할 수는 없기 때문에 '규명한 논문이 있다' 정도가 되어야 한다. 이렇게 되면 'Fan과 Xiang의'라는 관형어가 또 문제가 되기 때 때문에 이것을 'Fan과 Xiang이'라는 '주어' 형태로 바꾸고 '방법에 의한'을 '방법으로' 바꾸어야 '규명'을 한 주체가 분명해지기 때문에 주술호응이 제대로 된다. (13ㅁ)은 다음과 같이 바꿀 수 있을 것이다.

(13) ㅁ'. 층층나무속 식물의 **국외 연구로는 Fan과 Xiang이** 화학적, 세포학적 및 분자생물학적 방법(cpDNA와 rDNA)**으로** 분자계통을 통한 종간 유연관계를 **규명한 논문이 있으며**, Xing **등이** cpDNA **방법으로** 층층나무속의 계통발생학적 유연관계를 **규명한 논문이 있다**.

아래의 (14)는 목적어 및 부사어와 서술어가 호응이 잘못된 경우이다.

(14) ㄱ. 이러한 isoflavone과 isoflavone이 풍부한 식품은 산화적 손상과 관련이 있는 유방암과 전립선암 등과 같은 다양한 종류의 암과 동맥경화증 **등으로부터** 예방하는 효과를 가지는 것으로 알려져 있다.

ㄴ. 어린 엘리트 사이클 선수들에게 **점진적** 운동부하를 제공하여 **자발적** 피로에 도달하는 경우에 이들의 유산소 대사반응과 폐환기 반응을 조사하는 것은 단지 절대적이 수치만을 찾고자 하는 시도는 아니다.

(14ㄱ)의 '예방하는'은 타동사이기 때문에 '목적어'를 그 선행어로 요구하므로, '동맥경화증 등으로부터'를 '동맥경화증 등을'로 바꾸어 써야 서로 호응이 된다. (14ㄴ)의 '점진적'은 바로 뒤에 오는 '운동부하'를 수식하는 것이 아니라 서술어인 '제공하여'를 꾸미고 있고, '자발적'은 '피로'를 수식하는 것이 아니라 '도달하는'을 꾸미기 때문에, '점진적'이라는 관형어를 '점진적으로'라는 '부사어'로 만들어야 하며, '자발적'이라는 관형어를 '자발적으로'라는 '부사어'로 만들어야 서로 호응 관계가 올바르게 된다.

요컨대, 주어, 목적어, 필수적 부사어 등과 서술어의 호응은 각 성분에 해당되는 서술어가 무엇인가를 먼저 확인하는 것이 중요하고, 서술어가 확인이 되면 의미적으로 짝이 잘 맞는가를 따져 보아야 한다. 주어, 목적어, 필수적

부사어 등과 서술어가 잘 호응이 되지 않으면, 그 문장은 비문(非文)이 될 뿐만 아니라 글을 읽어 가는 데도 많은 어려움을 초래한다.

### ■ 주어로는 3인칭을 주로 쓴다.

과학 논문에는 주어로 '나, 저, 본인, 우리, 저희' 등의 1인칭 대명사는 쓰지 않아야 한다. 왜냐하면 1인칭이 주어로 쓰이면 그 문장 전체가 '주관성'을 띨 가능성이 많기 때문이다. 그래서 논문에서는 3인칭인 사물이나 사실을 주어로 내세워서 문장을 만들어 가는데, 이렇게 함으로써 실험결과나 사태에 대해 보다 객관적인 서술을 해 나갈 수가 있다. 환언하면, 과학 논문에서 중요한 것은 "누가 어떤 실험을 했느냐"가 아니라, "어떠한 실험이 행해졌느냐"이기 때문이다.

(15) 최근에는 의약품 형태보다는 경제적이면서, 상대적으로 부작용도 적고 상시 섭취가 가능한 식품형태의 혈전생성 저해제 개발이 이루어지고 있으며, **우리는**(→본 연구진에서는/본 연구에서는) 주로 약용 및 식용 식물을 대상으로 연구를 진행해 왔다.

불가피하게 1인칭 주어를 써야 할 경우에는 '나'보다는 불특정 다수를 나타내는 일반적 복수형태인 '우리'를 쓰면 된다. 그러나 객관성을 확보하는 이보다 더 좋은 방식은 (15)처럼 주체를 3인칭으로 객관화시켜서 '본 연구진' 또는 '본 연구'와 같이 표현하는 것이다.

(16) 곤충은 동물군 가운데 가장 많은 생물군으로 세계적으로 180만 종이 알려져 있고, 국내에서도 12,000종 이상이 서식하고 있는데, **인간은** 뛰어난 환경 적응력으로 인해 전 세계 어디에나 존재하는 이 곤충을 약용 및 식용으로 **이용해 왔다.**(→곤충은 뛰어난 환경 적응력으로 인해 전 세계 어디에나 존재하며, 약용 및 식용으로 이용되어 왔다.)

(16)의 경우에는 1인칭 '인간' 대신, 연구대상인 '곤충'을 주어로 내세운 뒤, 서술어를 '이용되어 왔다'와 같이 피동화시킴으로써 문장을 보다 객관적으로 만들 수 있는데, 이와 같은 방식이 논문에 가장 많이 쓰인다.

> (17) **인간의 혈액은** 13만 km의 혈관을 통해 순환하고 있으며, 산소, 영양분, 노폐물 등의 운반기능, 체온, 혈압, 수분, 삼투압 및 이온평형 등의 조절기능, 병원균 및 이물질 제거의 방어 기능 등의 다양한 기능을 수행한다. **혈액의 손상은** 출혈을 나타내게 되며, 지혈을 위해서는 혈액응고에 의한 혈전 생성이 불가피하다.

(17)에서는 '인간의 혈액'이라는 물질과 '혈액의 손상'이라는 사태를 주어로 내세우고 있는데, 이와 같이 물질[사물]이나 사태 등을 주어로 삼으면 문장이 매우 객관화되는 장점이 있다.

> (18) **적혈구 응집반응의 측정은** Takatsy의 방법을 변형하여 사용하였다. **적혈구는** Microtiter plate의 각각의 well에 neutral saltine과 분리한 lectin 용액을 넣어 2배 연속 희석법으로 희석하였다. Trypsin을 처리한 쥐의 혈액을 가열하여 30℃에서 10분 간 반응을 시킨 후 응집 여부를 확인하였다.
>
> **적혈구의 응집반응은** 육안으로 선행 확인한 다음, 현미경을 사용하여 최종적으로 확인하였다. **Lectin의 활성**은 혈구 최종 응집을 나타내는 희석 배수를 역수로 계산하여 나타내었다.

일반적인 주어를 내세워야 하는 경우에는 (18)과 같이 '적혈구의 응집반응의 측정, 적혈구의 응집반응, Lectin'과 같은 사태나 사실 또는 '적혈구'와 같은 사물을 주제화시켜서 문장의 맨 앞에 내세운 다음, 그에 따르는 내용을 서술해 가면 매우 객관적인 서술을 해 갈 수 있다.

## ■ 시제 요소를 정확히 사용하라

시제(時制, tense)란 어떤 사건이나 행위가 언제 일어났는지를 나타내는 것으로 현재시제, 과거과거, 미래시제 등으로 나누는 것이 일반적이다.

논문의 초록(abstract)에는 '과거시제'가 쓰이는데, 이는 초록은 이미 연구가 완료된 것을 요약하는 글이기 때문이다.

(19) 홍삼의 유효 활성 성분을 함유한 오일을 제조하고자, 세절한 홍삼을 여러 효소로 처리하여 항산화기능을 검토한 후 가장 적합한 효소를 선정하여 홍삼을 효소처리하고 10배 비율의 대두유 및 올리브유를 각각 첨가하여 40°C에서 15일간 숙성 기간을 통해 홍삼유를 **제조하였다.** 그 결과 0.5% cellulase로 처리한 홍삼액에서 가장 높은 항산화 활성이 있음을 **확인하였다.**

(19)는 효소 처리 홍삼을 함유한 오일의 항산화 효과를 연구한 논문의 요지 가운데 일부인데, '제조하였다, 확인하였다'와 같이 과거시제 '-었-'을 사용하고 있다. 이는 이 연구가 과거에 이미 완료가 되었고, 완료된 결과를 요약하는 글이 바로 '요지'이기 때문이다. 만약 이것을 '제조한다, 확인한다'와 같이 현재시제로 쓰면, 연구가 현재 진행이 되고 있음을 나타내고, '제조할 것이다. 확인할 것이다'와 같이 미래시제를 쓰면 연구가 아직 시작되지 않았음을 나타내기 때문에, 이들 시제는 논문의 요지를 설명하는 글에는 적합하지 않다.

그리고 논문의 '재료 및 연구방법' 부분과 '결과 및 고찰' 부분에서도 이미 연구를 진행한 내용을 서술하기 때문에 과거시제를 사용하는 것이 일반적이다.

(20) 건조된 홍삼은 풍기특산물 영농조합법인에서 구입하였고, 대두유

및 올리브유는 대형 마트에서 구입하여 **사용하였다.** 건조된 홍삼은 세절 하여 -20°C에서 보관하면서 실험에 **사용하였다.**

(20)은 연구재료인 '홍삼, 대두유, 올리브유'를 어디서 어떻게 구입을 했는지를 과거시제를 써서 설명을 하고 있다. 이는 이 자료를 구해서 연구를 이미 완료했기 때문에 과거시제를 쓸 수밖에 없다.

(21) 홍삼유의 비타민 A와 비타민 E의 함량분석은 식품공정의 HPLC에 의한 정량방법으로 **수행하였으며**, 기기 분석조건은 Table1과 같다. 즉 0.2ml의 시료를 동량의 10mg/ml BHA를 포함하는 에탄올과 잘 섞은 후, 1.0 ml의 hexane을 첨가하고 다시 잘 **섞었다.**

(21)은 홍삼유의 비타민 A와 비타민 E의 함량을 분석한 방법을 설명한 부분인데, 이 부분 역시 위와 같은 방법으로 연구를 완료한 상태이기 때문에 과거시제로 나타내는 것은 당연하다.

논문의 본문에서 현재의 동작이나 상태, 현재의 사실, 현재의 습관적 동작이나 상태, 그리고 불편의 진리, 필자의 소견 등은 현재시제로 나타낸다.

(22) 최근 경제가 발달하고 생활이 윤택해짐에 따라 식생활 패턴의 많은 변화로 가공식품, 저장식품, 조리식품, 튀김식품 등 편리식품의 소비가 급속하게 **증가되고 있다.** 이러한 식품에 널리 이용되는 유지는 식품의 조리 및 가공에서 중요한 하나의 소재로, 인체의 열량공급, 필수지방산, 지용성 비타민 등의 영양수요로서도 중요한 역할을 **한다.** 그러나 유지는 조리, 가공, 저장 과정 중에 산소와 반응하여 자동산화가 되고, 산패를 일으키기도 하며, 나아가 독성물질까지 형성하기도 **한다.**

(22)는 현대 한국사회의 음식문화에서 '유지'의 사용이 점차 늘어나고 있고, 이 유지는 산화가 된다든지 산패를 일으켜서 독성물질을 만든다는 사실을 나타낸 것으로, '-고 있다, 한다'와 같이 현재시제가 사용되고 있다.

그리고, (23)와 같이 연구자의 견해를 제시할 때는 '효과적이며, 생각된다' 처럼 현재시제로 쓰는 것이 바람직하다.

(23) 따라서 홍삼을 0.5% cellulose로 처리하여 제조한 홍삼유가 장기 본존뿐 아니라 항산화 성분의 추출에서도 **효과적이며**, 올리브유보다는 대두유로 홍삼을 제조하는 것이 비용과 효능면에서 산업적으로 더 유용할 것으로 **생각된다.**

■ 추측 혹은 추정하는 표현을 가능한 한 쓰지 마라

논문이란 연구자가 새롭게 만들어 내거나 발견한 사실을 설명하고 주장하는 글이기 때문에 '~인 것 같다, ~을 것 같다, ~을 수 있을 것 같다 ; ~처럼 보인다 ; ~을 것으로 생각된다 ; ~으로 추정된다 ; ~로 여겨진다 ; ~로 사료된다' 등과 같은 '추측(推測)' 혹은 '추정(推定)'하는 표현은 가능한 한 쓰지 말아야 한다.

추정 및 추측 표현을 쓰는 것은 연구자가 연구결과에 대해 그만큼 확신을 가지고 있지 않다는 것을 반증하는 것이어서 결과적으로는 논문의 내용 그 자체에 대한 독자의 신뢰도를 떨어뜨리게 된다.

(24) 활성산소는 세포막을 형성하는 주성분인 지질의 괴산화 현상을 일으켜서 세포막의 생체보호체계를 망가뜨리거나 적혈구를 파괴하고, 단백질 과산화 현상을 일으켜서 생체내의 각종 효소들의 기능을 **억제하게 되는 것 같다**(→억제한다.) 비타민 E는 지용성 비타민으로 지방조직, 간, 근육 등에 다량 들어있는데 주로 생체막 속에 **들어있는 것으로 여겨지고 있다**(→들어있다.) 이 비타민 E는 생체막의 연쇄적 산화반응을 억제함으

로써 암을 비롯한 여러 성인병 및 적혈구의 생존기간 감소, 신경근 질환 등에 효과가 **있는 것으로 생각된다**(→있다.)

(24)의 경우에는 '-는 것 같다, -으로 여겨지고 있다, 으로 생각된다'라는 추측 혹은 추정하는 표현을 '억제한다, 들어있다, 있다' 등과 같이 사실을 서술하는 표현으로 바꾸면 글이 훨씬 설득력이 있어 보일 뿐만 아니라 안정감이 느껴지는 글이 될 수 있다.

### ■ 너무 단정적이거나 과장된 표현을 쓰지 마라

'추측' 혹은 '추정'하는 표현을 많이 쓰는 것도 문제가 되지만, 역으로 '완전히, 전혀, 명백히/명백하다, 확실히/확실하다, 확신하다, 결코 ~아니다, 결단코' 등을 써서 너무 단정(斷定)적이거나 과장(誇張)된 표현을 쓰는 것도 큰 문제가 아닐 수 없다. 왜냐하면 어떤 연구자든 실험과 논문 작성 과정에서 실수를 할 때가 있기 마련이고, 또 자료와 실험결과에 대한 해석이 틀릴 수도 그리고 다를 수도 있기 때문이다.

(25) 본 연구는 항균제로 널리 알려진 향장 식물을 에탄올로 추출하여 피부병을 유발시키는 병원성 미생물 가운데 *P. aeruginosa, C. albicans, M. furfur*를 선정하여 이들의 항균 활성도를 측정함으로써 지금까지 **전혀 확인되지** (→잘 알려지지) 않았던 천연항균물질의 추출 가능성을 검토하였다.

(25)의 '전혀 확인되지 않다'는 매우 극단적인 표현이 아닐 수 없다. 만약 이들 물질에서 천연항균 물질이 추출되었음에도 불구하고 연구자가 잘못 알고 위와 같은 표현을 쓸 수도 있기 때문에 큰 실수를 할 수도 있다. 따라서 가급적이면 '잘 알려지지 않다'는 정도의 표현을 써서 만일의 사태에 대비하는 것이 필요하다.

(26) 매향 딸기로부터 이러한 유사 유전자가 분리되고 구조적인 특성 이 밝혀지면, 앞으로 품종 간 계통학적인 연관관계를 **확실하게** 규명하고, 품종을 **획기적으로** 개선하는 데 큰 도움이 될 것으로 **확신한다.**

(26)에 쓰인 '확실하게, 획기적으로, 확신한다' 등은 매우 주관적이고 과장된 표현이기 때문에 학술논문에 사용하는 데는 적합하지 않다. 이를 '확실하게'와 '획기적으로'는 삭제하고, '확신한다'는 '생각된다' 정도로 바꾸는 것이 바람직하다.

### ■ 조사를 정확히 사용하라

국어의 중요한 특징 가운데 하나가 '조사(助詞)'가 매우 발달되어 있다는 것이다. 조사를 적절하게 사용하면 글쓴이가 나타내고자 하는 뜻을 매우 효과적으로 자세하게 표현할 수 있지만, 그렇지 못할 경우에는 비문법적인 문장이 되거나 의미를 파악하기가 매우 힘든 문장이 된다. 그뿐만 아니라 조사의 오용은 조사 그 자체만의 문제가 아니라, 조사가 사용된 그 문장 전체에 영향을 줄 수가 있고, 또 전체 글에서 그 문장이 하는 역할까지도 바꿀 수 있기 때문에, 정확하고 적절한 조사의 내용은 그만큼 중요하다고 할 수 있다.

논문에서 관형격 조사 '-의'와 부사격 조사, 그리고 보조사 등이 잘못 쓰이는 경우가 많다.

#### • 첫째, 관형격 조사 '-의'를 잘못 쓴 경우

(27) ㄱ. 2007년 국회 **해양심층수법의 통과에** 힘입어 해양심층수를 원료로 한 식품, 화장품 및 의약품 **개발 등에 대한** 관심이 높아지고 있다.

ㄴ. 세포 사이의 몇 가지 junction 중 tight junction(TJ)은 다이나믹한 구조를 가지고 있으며, 상처와 회복, 염증, 특히 **암의 발생과 진행 동안** 구조적 변화를 일으킨다.

ㄷ. 생체 내에서 유발되는 염증반응에 있어서 prostaglandin은 세포분열이나 증식에 영향을 줌으로써 각종 **인체 질병의 유발과 진행에** 중요한 역할을 하는 것으로 알려져 있다.

(27ㄱ)은 비문은 아니지만, 주격조사가 쓰여야 할 자리에 관형격 조사 '-의'가 사용됨으로써 문장이 어색해진 경우이다. 위와 같이 관형격 조사가 쓰이면 결과적으로 명사를 나열하는 문장이 될 수밖에 없는데, 이렇게 되면 문장의 읽힘성(readability)이 매우 떨어진다. 따라서 관형격 조사 대신 주격조사를 쓰고, 그 뒤에 '통과'라는 명사를 '통과하다'라는 동사로 바꾸면 (27ㄱ)′와 같은 자연스러운 문장이 된다.

(27ㄱ)′ 2007년 국회에서 **해양심층수법이 통과한** 것에 힘입어 해양심층수를 원료로 한 식품, 화장품 및 의약품 **등의 개발에** 대한 관심이 높아지고 있다.

(27ㄴ)도 마찬가지다. '암의'를 주격조사를 써서 '암이'라고 바꾸고, 그에 뒤따르는 '발생과 진행'이라는 명사구도 '발생하고 진행되다'라는 동사로 바꾸면 문장이 자연스러워질 뿐만 아니라, 앞절의 '주술구조'와도 호응이 잘 될 수 있다. 자연과학 논문 문장에 이와 같은 형태가 매우 많이 쓰이고 있는데 이것은 아주 나쁜 문장 표현 방식이기 때문에 반드시 고쳐야 한다.

(27ㄴ)′ 세포 사이의 몇 가지 junction 중 tight junction(TJ)은 다이나믹한 구조를 가지고 있으며, 상처와 회복, 염증, 특히 **암이 발생하고 진행되는 동안** 구조적 변화를 일으킨다.

(27ㄷ)은 '명사가 나열되어 있는 형태인 '인체 질병의 유발과 진행에'의 경우에는 관형격 조사 '-의' 대신 주격조사를 쓰고, 명사인 '유발'과 '진행'을 동사인 '유발하다'와 '진행되다'로 바꾸어 쓰면 (27ㄷ)'와 같이 좀 더 자연스러운 문장이 된다.

(27ㄷ)′ 생체 내에서 유발되는 염증반응에 있어서 prostaglandin은 세포 분열이나 증식에 영향을 줌으로써 각종 **인체에 질병을 유발하고 질병이 진행되는 데** 중요한 역할을 하는 것으로 알려져 있다.

즉, 국어의 관형격 조사 '-의'는 『표준국어대사전』에 의하면 22가지의 용법이 있는 것으로 설명이 되어 있는데, 논문을 쓸 때는, '대구의 사과→대구에서 생산된 사과, 나의 살던 고향→내가 살던 고향, 작품의 아름다움→작품이 가진 아름다움, 옷의 때→옷에 묻은 때, 무쇠의 주먹→무쇠 같은 주먹' 등과 같이 '-의'가 나타내는 의미를 풀어서 쓰면 문장의 의미를 보다 쉽고 정확하게 전달할 수 있다. 물론, 관형격 조사 '-의'가 가지고 있는 의미가 앞뒤 문맥에 의해 결정되기는 하지만, 가능한 한 독자들이 의미를 파악하는 데 어려움이 없도록 하는 것이 매우 중요하다.

- 둘째, 부사격 조사를 잘못 쓴 경우

부사격 조사는 동일 형태가 매우 다양한 용법으로 쓰이기 때문에, 문맥을 잘 고려해서 사용해야 문법적인 문장을 만들 수 있다.

(28) 유지의 산화 초기단계의 산패도(酸敗度)를 관찰하는 **지표로서**(→지표로써) 과산화물가(POV)가 사용되고 있다.

조사 '-로서'는 '교수로서, 봉사자로서, 우정을 담은 이야기로서' 등과 같이

'어떤 신분이나 지위, 자격, 특성' 등을 나타내고, '-로써는 '글로써, 물질로써' 등과 같이 '도구, 수단, 재료'의 의미를 나타낸다. 따라서 (28)의 경우에는 '과산화물가'가 산패도를 측정하는 도구로 쓰인다는 의미이기 때문에 '-로써' 를 써야 정상적인 문장이 될 수 있다.

(29) ㄱ. 본 연구에 사용된 267B1 인체 전립선 상피세포는 Georgetown 대학의 **Dr. Jung에게**(→Dr. Jung에게서) 제공받았다.

ㄴ. **노인에서**(→노인에게서) 유래한 섬유아세포의 증식속도가 **신생아 유래의**(→신생아에게서 유래한) 세포에 비해서 느릴 가능성이 있다. 이러한 결과는 실제로 노인 신체에 존재하는 세포가 신생아 신체에 존재하는 세포에 비해 낮은 속도로 증식할 가능성을 시사하는 것으로서, **노인에서**(→노인에게서) 관찰되는 조직실질의 감소 원인을 설명하는 자료가 될 수 있다.

조사 '-에게(to)'는 '행위자의 행위를 받는 대상[사람이나 동물] 뒤에 붙어서 무엇을 상대로 하여'라는 뜻을 지니고 있고, '-에게서(from)'는 '행동의 출처나 비롯되는 대상[사람이나 동물]에 붙어서 무엇으로부터'의 뜻을 지니고 있으며, '-에서(from)'는 '어떤 행위나 사건의 출발점[장소, 기준]'의 의미를 지니고 있다.

따라서 (29ㄱ)의 경우 상피세포를 Dr. Jung로부터 받았기 때문에 '-에게'를 '-에게서'로 바꾸어 써야 하며, (29ㄴ)의 경우에는 '노인'이 '사람(human)'의 자질을 지니고 있기 때문에 '-에서'를 '-에게서'로 바꾸어야 한다. '신생아 유래의'도 그 앞에 '노인에게서 유래한'이라는 구절에 짝을 맞추어서 '신생아에게서 유래한'으로 바꾸면 좀 더 문법적인 문장이 될 수 있다.

(30) 이에 본 연구에서는 **식용식물로의**(→식용식물로서의) 가치뿐만 아니라 **약용으로의**(→약용으로서의) 높은 가치를 지닌 가지 열매 lectin의 생

화학적 특성을 연구하기 위해 가지 열매로부터 최종적으로 lectin을 분리하고, 이의 적혈구 응집반응, 최적 반응온도, pH 안정성 등을 조사하였다.

조사 '-로'는 '지명을 나타내는 말이나 일정한 면적을 지닌 말 뒤에 붙어서 지향점, 방향' 등의 뜻을 지니고 있고, '-로서'는 "어떤 신분이나 지위, 자격, 특성' 등을 나타내는 데 쓰인다. 따라서 (30)의 '식용식물'과 '약용'은 이들의 '특성'을 나타내기 때문에 '-로'가 아니라 '-로서'를 쓰는 것이 합당하다.

(31) ㄱ. 천연 항산화제는 대부분 페놀성 화합물로 지질의 산화 연쇄반응에서 alkylperoxy radical이나 **alkyl radical에게** 수소를 공여함으로써 그 radical을 제거하여 산화를 억제한다고 보고되기도 한다.

ㄴ. 생체 내에서 유발되는 염증반응에 있어서 prostaglandin은 세포분열이나 증식에 영향을 줌**으로서** 각종 **인체 질병의 유발과 진행에** 중요한 역할을 하는 것으로 알려져 있다.

ㄷ. 이에 본 연구에서는 **식용식물로의** 가치뿐만 아니라 **약용으로의** 높은 가치를 지난 가지 열매 lectin의 생화학적 특성을 연구하기 위해 가지 열매로부터 최종적으로 lectin을 분리하고, 이의 적혈구 응집반응, 최적 반응온도, pH 안정성 등을 조사하였다.

(31ㄱ)의 'alkyl radical'은 무생물이기 때문에 '수여'의 부사격 조사로는 '-에게' 대신 '-에'를 써야 문법적인 문장이 되 수 있다. (31ㄴ)의 경우에는 '인체에 질병을 유발하고 질병을 유발하는 이유'를 나타내기 때문에 '-로서'를 '-로써'로 바꾸어 써야 한다. '-로서'는 '어떤 신분이나 지위, 자격, 특성' 등을 나타나는 데 쓰일 뿐이다. 그리고 명사가 나열되어 있는 형태인 '인체 질병의 유발과 진행에'의 경우에는 관형격 조사 '-의' 대신 주격조사를 쓰고, 명사인 '유발'과 '진행'을 동사인 '유발하다'와 '진행되다'로 바꾸어 쓰면 (31ㄴ)'과 같이 좀 더

자연스러운 문장이 된다.

(31) ㄴ'. 생체 내에서 유발되는 염증반응에 있어서 prostaglandin은 세포분열이나 증식에 영향을 줌**으로써** 각종 **인체에 질병을 유발하고 질병이 진행되는 데** 중요한 역할을 하는 것으로 알려져 있다.

(31ㄷ)의 조사 '-로'는 '지명을 나타내는 말이나 일정한 면적을 지닌 말 뒤에 붙어서 지향점, 방향' 등의 뜻을 지니고 있고, '-로서'는 '어떤 신분이나 지위, 자격, 특성' 등을 나타내는 데 쓰인다. 따라서 (31ㄷ)의 '식용식물'과 '약용'은 이들의 '특성'을 나타내기 때문에 '-로'가 아니라 '-로서'를 쓰는 것이 합당하다.

● 셋째, 보조사를 잘못 쓴 경우

보조사 '-은/는'은 '대조' 혹은 '주제화'의 의미기능을 지니고 있고, '-도'는 '역시' 혹은 '같음'의 의미를, '-만'은 '제한' 혹은 '한정'의 의미를, '-야'는 '당위' 혹은 '필연'의 의미기능을, '-까지, -마저, -조차'는 '극단'의 의미를 지니고 있는데, 이들을 상황에 맞게 잘 쓰면 글쓴이가 전달하고자 하는 의도를 매우 정확하고 섬세하게 표현할 수 있다.

(32) 곤충시료의 **경우에**(→경우에는) 추출용매의 선택이 중요함을 알 수 있으며, 트롬빈 저해제 검색의 **경우에**(→경우에는) 물을 이용하는 것이 효율적일 것으로 생각된다.

(32)는 연결어미 '-며'에 의해 대등적으로 연결된 문장인데, '곤충시료의 경우'와 '트롬빈 저해제 검색의 경우'가 서로 대조적으로 연결되어 있기 때문에 '대조'의 의미를 지닌 보조사 '-는'을 '-에' 뒤에 각각 첨가하여 '-에는' 형태로

만들면 문장의 의미가 보다 선명하게 드러난다.

(33) **가지가**(→가지는) 감자, 고추, 담배, 토마토와 함께 가지과(科)의 1년생 본초식물로서, **원산지가**(→원산지는) 인도지역이며, 아시아에서 1500년 이상 재배되어 왔다.

(33)은 '가지'에 대해 전반적으로 설명하는 문장인데, 맨 처음에 '가지'라는 항목을 도입해야 상황이고 그 의미도 '가지로 말하자면' 정도의 의미를 지니고 있기 때문에 주격조사 '-가'를 쓰는 것보다는 주제 도입 조사 '-은/는(as for)'을 쓰는 것이 좋다. 그리고 '원산지'도 마찬가지로 '원산지로 말하자면'의 의미를 지니기 때문에 주제 도입조사를 써서 '원산지는'으로 바꾸어 쓰는 것이 좋다.

(34) ㄱ. 그 결과 trypsin을 처리한 쥐의 **혈액에서**(→혈액에서만) 응집반응이 일어났으며, trypsin을 처리하지 않은 모든 혈액과 trypsin을 처리한 사람과 토끼의 **혈액에서**(→혈액에서는) 응집이 일어나지 않았다. 따라서 가지 열매로부터 분리한 lectin을 trypsin을 처리한 쥐 혈액의 **적혈구에서**(→적혈구에서만) 특이성을 가지는 것으로 조사되었다

ㄴ. 또한 글리세롤의 다른 생리적 **작용으로** 인체 내에서 글리세롤과 결합된 수분은 신장으로 이동하거나 수분이 고갈될 때까지 배출되지 아니하고 체내에 오랫동안 저장되며, 체내 흡수율이 높기 때문에 체액의 균형유지와 운동 시 저혈량증의 발생을 막기 위한 수분저장역할을 한다고 알려져 있다.

보조사는 그 보조사가 붙는 성분을 '강조'하고 '초점(focus)화'시키는 기능을 지니고 있기 때문에, '-에서'를 쓰기보다는 이것에 보조사를 더한 형태인

'-에서만, -에서는'을 쓰면 그 단어에 강조가 주어져서 글쓴이는 표현을 훨씬 더 효과적으로 할 수 있다. 이것이 국어 보조사의 아주 큰 매력이다.

(34ㄴ)의 '작용으로'는 부사격 조사 '-으로'가 붙어 있기 때문에 뒤에 오는 서술어 가운데 하나를 수식하는 것 같지만, 사실은 '글리세롤의 다른 생리적 작용으로' 전체를 이끄는 주제어(topic) 역할을 하고 있다. 따라서 주제어를 이끄는 조사인 '-은/는'을 함께 써서 이를 분명히 해야 모문의 서술어 '-다고 알려져 있다'와 잘 호응이 될 수 있다.

## ■ 수식어와 피수식어의 관계를 잘 고려하라

수식어의 수가 지나치게 많거나 수식어가 지나치게 길어지면 문장이 복잡해지고, 수식어가 어느 위치에 있느냐에 따라 문장의 의미가 달라질 수 있기 때문에 이들에 대해서도 특별히 신경을 써야 한다. 먼저 관형어(冠形語)의 위치가 잘못되어서 부자연스럽게 된 문장부터 살펴보자.

(35) ㄱ. **편안한** 여러분의 주거생활을 위해 우리는 언제나 실비로 잘 시공해 드리겠습니다.
ㄴ. 그녀의 성격에서 **강한** 또 하나의 일면은 개인주의다.

(35ㄱ)의 '편안한'이 뒤에 오는 '여러분'을 수식하느냐 '주거생활'을 수식하느냐에 따라 전체 문장의 의미가 달라진다. 따라서 만약 후자의 의미를 나타내고자 한다면, '여러분의 편안한 주거생활' 정도로 위치를 바꾸어야 한다. (35ㄴ)도 마찬가지다. '강한'이 '일면'을 수식하는지 '개인주의'를 수식하는지가 불분명한데, 만약 전자라면 '또 하나의 강한 일면은 개인주의이다'라고 고쳐 써야 한다.

(36) 그러나 이들 항산화제들은 열 안정성이 떨어지고 발암의 위험성

이 제기되고 있으며, *tocopherol***과 같은 천연물은 단독으로는 산화연쇄반응의 저지 능력이 낮고 가격이 비싼** (→비싸다는) 단점이 있다.

(36)은 볼드체 부분이 매우 긴 관형절 형태를 취하고 있으며, 그 의미는 '천연물이 가지고 있는 단점은 단독으로는 산화연쇄반응의 저지 능력이 낮고, 가격이 비싸다'는 것이다. 이렇게 관형절이 길면 문장의 의미를 제대로 파악하기가 매우 어렵기 때문에, 먼저 전달하고자 하는 내용을 완결된 문장 형태로 서술한 뒤, 이것을 다시 관형절 형태로 만들면 보다 쉽게 의미를 전달할 수 있다.

(37) **이에 본 연구에서는 다양한 효능과 건강기능성 소재로서의 가치가 인정되며, 식품가공분야에서 활용도가 높을 것으로 기대되는 것임에도 불구하고 아직까지 연구가 미흡한** 탱자의 과피 추출물에 대한 항산화 활성과 면역 기능을 같은 운향과 감귤 속에 속하는 유자의 과피 추출물과 비교 분석함으로써 탱자 과피의 생리활성 식품소재화의 기초 자료로 활용하고자 한다.

(37)의 밑줄 친 부분은 '과피 추출물'을 수식하는 관형절인데, 그 길이가 너무 길어서 문장의 의미를 파악하기가 매우 어렵다. 이럴 경우에는 문장을 두 개로 나누고, 관형절을 접속절로 만들어서 문장을 나열하는 형태로 만들면 읽힘성이 아주 높아진다. (37)′ 정도로 바꾸어 쓸 수 있을 것이다.

(37)′ **탱자의 과피 추출물은** 다양한 효능과 건강기능성 소재로서의 가치가 **인정될 뿐만 아니라**, 식품가공분야에서 활용도가 높을 것으로 기대되는 것임에도 불구하고 아직까지 **이에 대한** 연구가 미흡했다. **이에 본 연구에서는** 탱자의 과피 추출물에 대한 항산화 활성과 면역 기능을 같은 운향과 감귤 속에 속하는 유자의 과피 추출물과 비교 분석함으로써 탱자

과피의 생리활성 식품소재화의 기초 자료로 활용하고자 한다.

다음 문장은 부사어의 위치가 잘못된 예이다.

(38) ㄱ. 나는 **매우** 젊은 사람 못지않게 열심히 봉사활동에 매진해 왔다.
ㄴ. 그 아이는 **갓** 대학에 입학한 새내기이다.
ㄷ. **최근** 기생충을 이용한 위생가설 관련 및 선천성면역 관련 연구의 중요 대상 기생생물로 고래회충 유충이 재조명을 받고 있다.

(38ㄱ)의 '매우'가 바로 뒤에 나오는 '젊은'을 꾸미느냐 혹은 '열심히'를 꾸미느냐에 따라 문장의 의미가 달라질 수 있다. 만약 후자의 의미라면 '매우'를 '열심히' 바로 앞으로 이동시켜야 한다. (38ㄴ)은 '대학에 갓 입학한'과 같은 형태를 취하는 것이 바람직하다.

(38ㄷ)의 '최근'의 수식관계를 살펴보면, '최근 기생충' 혹은 '오래된 기생충'이라는 의미가 아니기 때문에, '최근'이 바로 뒤에 오는 '기생충'이라는 명사를 수식하는 것으로 볼 수 없다. 즉 '최근'이 서술절인 '재조명을 받고 있다'를 수식해 주고 있기 때문에 관형어로서의 '최근'을 부사어로서의 '최근에'라고 바꾸고, 또 수식관계가 분명해지도록 위치를 바꾸어서 '재조명을'의 앞으로 이동시켜야 한다.

(38ㄷ′). 기생충을 이용한 위생가설 관련 및 선천성면역 관련 연구의 중요 대상 기생생물로 고래회충 유충이 **최근에** 재조명을 받고 있다.

## ■ 피동문 형태를 만들지 마라

논문에서는 3인칭 주어를 사용하다 보니 자연적으로 피동 문장 형태를 많이 쓰는 경향이 있었다. 그러나 요즈음에는 가능한 한 3인칭으로서의 사실,

물건이나 물질, 의견이나 견해 등을 직접 주어로 내세우고 그에 따른 능동문을 구성하는 것이 일반적이다. 사실 예전에는 영어식의 피동문의 영향 때문에 한국어도 피동형 문장을 많이 썼었는데, 요즘은 서구에서도 가급적이면 능동문을 쓰도록 권장하고 있다.

(39) *plasma renin activity*는 최대 산소 섭취량의 70% 정도로 운동시 무산소성 역치수준에 달했을 때 유의미하게 **증가되었고**(→증가하였고), *plasma renin activity*와 *aldosterone* 둘 다 안정시에 비해 운동을 최대로 했을 때 5~10배 정도 증가하였다.

(39)의 주어는 *plasma renin activity*이고 서술어는 '증가하다'이다. 그런데 앞절에는 '증가되다'와 같은 피동형이 쓰이고 뒷절에는 '증가하다'란 능동형이 쓰이고 있어서 앞절과 뒷절이 균형이 맞지 않을 뿐 아니라, 앞절의 서술어를 피동형으로 써야 할 이유가 없기 때문에 '증가되다'를 '증가하다'라는 능동형으로 바꾸어 쓰는 것이 좋을 것 같다.

(40) Renin은 peptidedase로서 사구체로 들어가는 소동맥 내에 위치한 과립모양의 세포로부터 **분비되어지며**(→분비되며), 혈압과 NaCl의 농도에 따라 민감하게 반응한다. 사구체로 들어가는 소동맥은 압수용기라 **불리우는**(→불리는) 팽창 수용기를 가지고 있으며, 이 수용기를 구성하는 세포는 혈압이 상승할 때 **팽창되고**(→팽창하고), 혈압이 떨어지면 이완됨으로써 renin의 분비를 **조절하게 된다**.(→조절한다).

(40)의 '분비되어지며'와 '불리우는'은 이중피동 형태를 취하고 있는데, 이와 같이 이중피동형을 써야 할 이유를 발견하기 어렵다. 그리고 '팽창되고'와 '조절하게 된다'의 주어가 '세포는'이기 때문에 굳이 이와 같이 피동형을 쓸 필요가 없다. 따라서 능동형인 '팽창하고'와 '조절한다'로 고치는 것이 바람직

하다. 특히 아래의 (41)은 '감소하면, 증가하여, 감소한다'로 모두 능동형으로 써야 문장의 의미가 제대로 전달이 될 수 있다.

(41) 혈중 전해질 농도가 **감소되면**(→감소하면) 혈장 삼투압이 떨어지고 간질조직으로 빠져나가는 수분량이 **증가되어**(→증가하여) 혈장량과 함께 혈액량이 **감소하게 된다**(→감소한다).

## ■ 대등성(parallelism)을 살려라

대등성(對等性)을 살린다는 것은 '-와/과, -랑, -이나' 등의 접속조사, '-고, -며 ; -거나, -든지 ; -으나, -지만' 등의 접속어미, 접속부사 '그리고, 및' 등을 써서 앞뒤에 오는 단어나 구절이 균형이 잘 맞도록 연결한다는 것이다. 이때 대등적으로 연결되는 요소들은 그 '문법형태'나 '의미'가 등가적(等價的)이어야 한다. 만약 연결되는 형태가 대등성을 유지하지 못하면 비문법적인 문장이 될 뿐만 아니라 읽힘성(readability)이 현저히 떨어져서 독자들이 문장의 의미를 파악하기가 매우 어려워진다. 대등성을 살리려면 다음과 같은 세 가지를 유의해야 한다.

### • 첫째, 나열관계 연결형의 대등성 살리기

나열관계는 앞뒤 형태를 단순히 대칭적으로 '나열(羅列)'해 주는 것으로, 적어도 두 개 이상을 연결할 수 있으며, '나열'의 의미를 나타내는 접속조사 '-와/과, -하고, -랑', 접속부사 '그리고, 및', 그리고 접속어미 '-고, -며' 등이 쓰인다.

(42) 스넥류의 특징으로는 소화가 용이한 것과 savory한 맛을 주는 것, 그리고 **패션성 있는 제품형상**을 들 수 있다.

접속조사 '-과'와 접속부사 '그리고'에 의해서 연결이 된 형태인데, 앞의 두 형태가 '…-는 것'으로 되어 있기 때문에 '패션성 있는 제품형상'도 이와 같은 형태인 '패션성 있는 제품형상을 만들 수 있는 것' 정도로 바꾸어서 앞뒤의 구절이 형태적 균형을 이루도록 해야 문법적인 문장이 된다.

(43) 자리돔과 어류는 단계통(monophyly)으로 간주되는 한편, **하인 두골의 등쪽 면에 나 있는 수십 개의 바늘 모양의 이빨**, 아래턱이 각설골과 강력한 결합조직을 형성한다는 점에서 Labroidei의 나머지 어류와 다소 차이를 보인다.

자리돔과 어류의 '이빨'과 '아래턱'을 설명하는 것인데, 앞절과 뒷절의 형태가 구조적으로 매우 달라서 균형을 이루지 못하고 있다. 따라서 '뒷절'의 주어가 '아래턱'이기 때문에 일단 앞절의 주어로도 '이빨'을 내 세운 뒤 그것의 서술어를 새로 만들어 넣고, 또 앞뒷절을 '그리고'로 연결해서, '이빨이 하인 두골의 등쪽면에 바늘 모양으로 수십 개나 있다는 점, 그리고' 정도로 바꾸어야 앞뒷절의 구조(structure)와 의미(meaning)가 균형을 이룰 수 있다.

(44) 우리나라의 경제가 좋아지고 사회가 점점 복잡해짐에 따라 **당뇨과 비만과 스트레스성 질환과 성인병에** 걸리는 사람의 수가 많아지고 있다.

'당뇨, 비만, 스트레스성 질환'은 구체적인 병이름이며, '성인병'은 이들을 포함한 더 상위의 개념이기 때문에 의미적 균형(parallelism)이 맞지 않아서 '대등' 접속조사 '-와'로 연결지어 사용할 수 없다. '성인병'은 '소아병(小兒病)'의 상대어이다. 따라서 '당뇨와 비만과 스트레스성 질환 등의 성인병에'로 바꾸어 써야 한다.

(45) ㄱ. 이처럼 **생활수준의 향상과** 건강에 대한 **관심이 고조되면서** 유지의 소비에서도 유용활성 성분이 함유된 웰빙 유지류의 소비가 증가될 것으로 기대된다.

ㄴ. 생명체들의 진화적 차이 및 서로간의 상관관계를 **비교하기** 위해서는 현재 **원자핵생물들은** 16S rRNA의 염기서열, 그리고 **진핵생물의 경우에는** 18S rRNA의 염기서열을 비교하고 있다.

ㄷ. 실제로 다시마는 칼륨, 나트륨, 칼슘, 마그네슘 등 신체의 생리대사에 관여하는 무기질을 다량 **함유하며** 갑상선 호르몬의 주성분이 요오드를 4,000 ppm 이상 **함유하고 있을** 뿐만 아니라 인체의 소화효소에 의해 분해되지 않는 식이섬유인 알긴산을 풍부하게 **함유하고 있다.**

(45ㄱ)의 앞절이 대등 접속조사 '-과'에 의해서 연결되어 있음에도 불구하고, 앞절은 'A의 B' 형태로 되어 있고 뒷절은 'A이 B' 형태로 되어 있어서 앞절과 뒷절이 형태적으로 균형을 이루고 있지 못하다. 그리고 현재대로라면 그 의미가 '생활 수준의 향상이 고조되고 건강에 대한 관심이 고조되면서'라는 의미를 지니게 되어 있다. 하지만 '생활수준의 향상'이 고조될 수는 없는 일이다. 따라서 앞절을 뒷절의 형태에 맞추어서 '생활의 수준이 향상되고' 정도로 고치면 앞뒷절이 구조적인 균형을 이루게 됨으로써 문장의 문법성이 높아진다.

(45ㄴ)은 원자핵 생물과 진핵생물이 비교되고 있는데, 앞절의 주어와 뒷절의 주어 형태가 달라서 균형이 맞지 않는다. 따라서 앞절의 주어 형태에 맞추어서 뒷절의 주어를 '진핵생물들은'으로 바꾸든지, 아니면 뒷절의 주어 형태에 맞추어서 앞절의 주어를 '원자핵 생물들의 경우에는'으로 바꾸어야 한다. 그리고 앞뒷절을 자연스럽게 연결하려면 '염기서열을 비교하고'를 보충해 주어야 한다. 만약 중복되는 앞절의 서술어 '비교하다'를 생략하려면 적어도 그에 선행하는 '염기서열을'로 써서 '염기서열'이 문법기능상 목적임

을 분명히 해 두어야 한다. 또한 '비교하기'를 '밝히기, 규명하기' 정도로 바꾸면 동어반복이 줄어들면서 문장의 의미가 보다 분명해진다.

(45ㄷ)은 '나열'관계어미 '-며'에 의해 연결된 접속문으로 두 번째와 세 번째 절의 서술어가 각각 '-고 있다'의 형태를 취하고 있기 때문에, 첫 번째 절의 서술어도 '함유하고 있으며'로 바꾸어 쓰는 것이 의미적 균형을 맞추는 데 유용하다.

(46) 나는 전자공학 공부도 열심히 해야 했고, **착실한 서클 활동도** 생각했다.

'나열'관계 접속어미 '-고'에 의해서 앞뒷절이 접속된 형태인데, 앞절과 뒷절의 구조(structure)가 서로 달라서 균형이 잘 맞지 않고 있다. 따라서 앞절 '나는 공부도 열심히 해야 했다'처럼 관형어 형태인 '착실한'을 부사어 형태로 만들고, 그 뒤에 서술어 '하다'를 넣어서 '서클 활동도 착실히 해야겠다고 생각했다' 정도로 바꾸어야 문법적인 문장이 된다.

### • 둘째, 선택관계 연결형의 대등성 살리기

선택관계는 앞절과 뒷절 가운데 하나를 '선택(選擇)'하는 관계가 되도록 연결해 주는 것으로, 선택의 대상이 두 개 이상일 수도 있고, 하나도 선택하지 않을 수도 있다. '선택'의 의미를 나타내는 데는 접속조사 '-이거나/건, -이든지/든, -이나', 접속부사 '혹은, 또는', 그리고 접속어미 '-거나/건, -든지/든, -으나' 등이 쓰인다.

(47) 어머니께서는 고향이 생각날 때마다 **냉면이나 감자전이나 여러 가지 노래를** 즐기셨다.

'냉면, 감자전, 여러 가지 노래'가 선택관계 조사 '-이나'에 의해서 연결된 형태이다. 그러나 '냉면, 감자전'은 '먹거리'이고, '여러 가지 노래'는 '놀거리'이기 때문에 이들은 동일한 차원에서 선택할 수 있는 것이 아니다. 따라서 '냉면이나 감자전을 드셨고, 또 여러 가지 노래를 즐겨 부르셨다' 정도로 바꾸면 앞절과 뒷절이 균형이 맞게 된다.

(48) 특히 **고상, 페이스트상 또는 액상, 고상이 혼재되어 있는** 소스류와 같은 식품에서는 가열 가공하는 데는 많은 문제점이 있다.

(48)에서는 '고상 소스, 페이스트상 소스, 액상과 고상이 혼재되어 있는 소스'가 소개되어 있으며, 이들을 가열 가공하는 데 문제가 많다는 점을 말하고 있다. 그런데, 위의 문장만 보면, '고상', '페이스터상', '액상', 그리고 '고상이 혼재되어 있는 것'으로 오해하기가 쉬운데, 이는 선택관계 연결부사 '또는'이 잘못 사용되었고, 쉼표[,]의 기능이 이중성을 띠기 때문이다. 이것을 '고상, 페이스트상, 액상과 고상이 혼재되어 있는'으로 바꾸면 의미가 더욱더 분명해진다.

(49) 종교적 갈등이나 경제 위기 등의 문제는 **국가간의 분쟁이나 협력만으로는** 해결할 수가 없을 것이다.

(49)는 '-이나'가 잘못 사용된 경우인데, '국가 간의 분쟁이나 협력만으로는'의 의미가 불분명해서 이 문장이 나타내고자 하는 의미를 잘 알 수가 없다. 따라서 '국가 간의 분쟁'과 '협력'에 '서술어'를 넣어서 '국가 간의 분쟁을 억제하거나 국가 간의 협력체제를 만드는 것만으로는'으로 바꾸면, 글쓴이가 나타내고자 하는 의미가 좀 더 구체화되면서 문장의 의미가 분명히 드러나게 되며, 앞절과 뒷절이 형태적 균형을 이룸으로써 문장도 매우 안정된 형태가 된다.

(50) ㄱ. 이처럼 생활수준의 향상과 건강에 대한 관심이 고조되면서 유지의 소비에서도 유용 활성 성분이 함유된 웰빙 유지류의 소비가 증가할 것으로 기대되므로, 천연 식물 유래의 다른 지용성 성분이 **첨가되거나** 유지의 자동 산화과정을 천연 식물 유래의 항산화 성분의 첨가에 의하여 더욱 **지연시킬 수 있는** 웰빙 유지류의 개발도 필요하다.

ㄴ. 사람은 감염된 물고기나 두족류를 **날것**으로 또는 **덜 익혀** 섭취하여 고래회충에 감염된다.

(50ㄱ)은 선택관계 어미 '-거나'에 의해서 앞절과 뒷절이 연결되어 되어 있는데, 앞절에는 피동형(被動形)인 '첨가되-'가 쓰이고 있고 뒷절은 사동형(使動形)인 '지연시키-'가 쓰이고 있어서 통사적 균형이 잘 맞지 않고 있다. 따라서 앞절의 서술어를 뒷절과 같은 사동형인 '첨가시키-'로 바꾸고, 표현을 바꾸어서 '천연식물에서 유래한 다른 지용성 성분을 첨가시키거나 천연식물에서 유래한 항산화 성분을 첨가함으로써 유지의 자동산화과정을 지연시킬 수 있는 웰빙 유지류의 개발도 필요하다'와 같이 바꾸면 균형이 잘 맞는 문장이 될 수 있다.

(50ㄴ)은 '선택'의 접속부사 '또는'에 의해 명사 형태인 '날것'과 동사구 형태인 '덜 익혀'가 연결된 것으로 통사적 균형이 깨어져 있다. 따라서 '덜 익혀'를 '덜 익힌 것을'로 바꾸면 앞뒤의 형태가 균형이 맞게 된다.

• 셋째, **대립관계 연결형의 대등성 살리기**

대립관계는 앞절과 뒷절이 서로 반대가 되는 관계가 되도록 연결해 주는 것으로, '차이 · 대조'의 의미를 나타내는 데는 접속조사 '-은/는', 접속부사 '그러나, 하지만', 그리고 접속어미 '-으나, -아도, -지만' 등이 쓰인다.

(51) 열대 및 온대 해역에 걸쳐 서식하는 자리돔속 Genus Chromis 어류

는 전 세계적으로 **76종, 일본에 24종이 보고되고 있으나, 우리나라에는** 3종만이 보고되어 있다.

(51)에서 '76종'은 그 뒤에 이어지는 '일본에' 이하를 설명하기 위한 설명적 전제로서의 역할을 하기 때문에 '76종이 있는데'로 바꾸어 써야 한다. 그리고 '일본에 … 보고되고 있다'는 대립관계 접속어미 '-으나'로 연결이 되어 있기 때문에, 앞절과 뒷절이 형태적으로 균형이 맞아야 한다. 따라서 '우리나라에는'과 균형(parallelism)을 맞추기 위해서 '일본에'를 '일본에는'으로 바꾸어야 하며, 뒷절에 있는 '보고되어 있다'와 균형을 맞추기 위해서 앞절의 '보고되고 있으나'를 '보고되어 있으나'로 바꾸어야 한다.

(51)′ 열대 및 온대 해역에 걸쳐 서식하는 자리돔속 Genus Chromis 어류는 전 세계적으로 **76종이 있는데, 일본에는 24종이나 보고되어 있으나, 우리나라에는** 고작 3종만이 보고되어 있다.

그리고 (51)′과 같이 '24종' 뒤에 '강조'의 의미를 지닌 보조사 '-이나'를 주격조사 '-이' 대신 써서 '24종이나'로 만들고, '3종만이'의 앞에 '고작'이라는 부사를 넣으면 문장의 의미가 보다 분명하게 드러난다.

(52) 한국 연근해의 오징어 어업은 1975년 이전에는 동해에서 오징어 채낚기 어업이 연안측에서만 **이루어졌으며**, 이후 대형냉동독항선에 의한 자동조획기 **개발로** 먼 바다인 울릉도와 대화퇴 주변 해역까지 어장이 **확대됨으로써**, 현재 채낚기 어업은 동해 연안과 울릉도, 독도, **대화퇴, 대마도** 사이의 해역에서 이루어지고 있다.

(52)는 '이루어졌으며'의 이전과 이후의 상황이 '대조'가 되기 때문에, '나열'의 의미를 지닌 '-며'를 '대조'의 의미를 지닌 '-지만'으로 바꾸어야

한다. 그리고 '동해에서'가 '연안측'을 꾸며 주기 때문에 '연안측'과 가까운 곳에 위치를 시켜야 하며, '이후'를 '그 이후'로 바꾸어서 '1975년 이후'임을 명확히 할 필요가 있다. 그리고 '개발로'를 '개발됨으로써'로, '확대됨으로써'를 '확대되었으며'로, '대화퇴, 대마도 사이의'를 '대화퇴와 대마도 사이의'로 바꾸어서 문장의 의미를 좀 더 분명하게 표현할 필요가 있다.

(52)′ 한국 연근해의 오징어 어업은 1975년 이전에는 오징어 채낚기 어업이 동해의 연안측에서만 **이루어졌지만, 그 이후에는** 대형 냉동독항선에 의한 자동조획기**가 개발됨으로써** 먼 바다인 울릉도와 대화퇴 주변 해역까지 어장이 **확대되었으며**, 현재는 채낚기어업의 동해연안과 울릉도, 독도, **대화퇴와 대마도** 사이의 해역에서 이루어지고 있다.

아래의 (53)는 오징어 채낚기 어업이 전체 어획량에서 채낚기어업이 차지하는 비율은 낮아지고 있다는 것과 절대 어획량은 늘어나고 있다는 것을 대조적으로 나타내고 있는 것이 주요내용이다.

(53) 오징어 채낚기 어업에 의한 어획량이 1970년대는 전체의 80~90% 이상을 **차지하였으나, 1980년대에는** 70~80% 그리고 **1990년대에 들어서는** 55~70% 수준으로 절대 어획량은 증가하고 **있으며** 그 비율은 감소 추세에 있다.

따라서 연대별 비율은 '나열'관계의 '-며'로 연결하고, 그 대신 '절대 어획량'과 '비율'을 대조적으로 나타내야 하기 때문에 '증가하고 있으며'를 '증가하고 있지만'으로 바꾸어야 글쓴이가 나타내고자 하는 의미를 제대로 전달할 수 있다. 그리고 '1980년대에는'과 균형을 맞출 수 있도록 '1970년대는'을 '1970년대에는'으로 바꾸도록 한다. 그리고 '그 비율'이 지칭하는 바가 불분명한데, 이를 좀 더 구체적으로 '전체 어획량에서 차지하는'으로 바꾸면 의미가 잘 드러난다.

(53)′ 오징어 채낚기 어업에 의한 어획량이 **1970년대에는** 전체의 80~90% 이상을 **차지하였으며**, **1980년대에는** 70~80%, 그리고 1990년대에 들어서는 55~70% 수준으로 절대 어획량은 증가하고 **있으나, 전체 어획량에서 차지하는** 비율은 감소 추세에 있다.

대립 · 대조관계 구성이 잘못 사용된 예를 몇 개 더 살펴보자.

(54) ㄱ. 몇몇 연구들은 낮은 운동강도에서 환기량이 증가하는 **이유가** 일회호흡량과 호흡률의 동반증가**에 의한 것**이라면, 강한 운동강도에서 환기량의 **증가는** 일회호흡량이 유지되는 가운데 호흡율의 증가**에 의존된다**고 설명하고 있다.

ㄴ. 그러나 잘 훈련된 사이클 선수들에 대한 호흡반응을 평가한 **연구들은 존재하지만** 사이클과 연관되어, 특히 국내 어린 선수들의 점진부하운동 평가 중 나타나는 호흡반응에 대한 **연구는 없다**.

ㄷ. 말의 피부병변으로부터 곰팡이와 세균을 배양하여 동정한 결과 곰팡이의 발육은 **관찰할 수 없었으나** 분리된 세균은 agar plate 상에서 배양된 집락의 형태, 그람 염색 양상, 생화학적 특성 검사를 통해 1차 동정한 후 미생물 자동동정기기(BIOLOG)를 이용하여 동정한 결과 *Staphylococcus intermedius*로 **확인되었다**.

(54ㄱ)은 대립 · 대조관계 연결어미 '-이라면'에 의해서 앞절과 뒷절이 대등하게 연결된 형태인데, 앞절의 주어가 '~하는 이유'인데 반해, 뒷절의 주어는 '-의 증가'로 되어 있기 때문에 그 구조가 상이해서 균형이 잘 맞지 않는다. 따라서 뒷절의 주어 '환기량의 증가는'을 앞절의 주어 형태와 동일하게 '환기

량이 증가하는 이유가'로 바꾸고, 또 그에 따르는 서술어도 '유지되는 가운데 호흡률의 증가에 의한 것이라는 설명을 하고 있다'로 바꾸어야 앞절의 서술어와 통사적 대등성을 이룰 수 있다.

(54ㄴ)은 '잘 훈련된 사이클 선수들'과 '어린 선수들'을 대립적으로 설명하는 문장인데, 앞절은 '연구들'이라고 접미사 '-들'을 붙여서 '복수'로 표현한 반면, 뒷절의 주어에는 '-들'을 붙이지 않고 '단수'로 표현하고 있어서 균형이 잘 맞지 않는다. 또한 앞절의 서술어로 '존재하다'라는 한자어를 쓰고 있고 뒷절에는 고유어인 '없다'를 쓰고 있어서 이 역시 매우 어색하다. 따라서 앞절의 '연구들이 존재하지만'을 '연구가 많이 있지만' 정도로 바꾸고, 뒷절의 '연구는 없다'를 '연구는 찾아볼 수 없다' 정도로 바꾸면 앞절과 뒷절이 균형이 잘 맞으면서도 자연스러운 문장이 될 수 있다.

(54ㄷ)은 대립 · 대조관계 연결어미 '-으나'에 의해 연결되어 있는데, 앞절의 서술어가 '관찰할 수 없-'으로 능동 형태가 쓰인 반면, 뒷절은 '확인되었다'로 피동 형태가 쓰여서 문장의 균형이 깨져 있다. 따라서 뒷절의 서술어인 '확인되었다'를 능동 형태로 바꾸어서 '~임을 확인하였다'로 바꾸면 앞절과 뒷절의 대등성이 살아날 뿐만 아니라 문장의 의미 또한 분명해진다.

### 3.4.3 문단을 구성하는 방법

■ **한 문단에는 한 개의 '소주제문'과 '풀이문'이 들어있어야 한다**

몇 개의 '단어(word)'가 논리적으로 결합되어 '문장(sentence)'을 이루고, 이 여러 개의 문장들이 유기적으로 결합되어 더 큰 하나의 생각의 덩어리, 즉 '문단(文段, paragraph)'을 이루는데, 하나의 문단에는 하나의 '완결된 생각'이 표현되어 있어야 한다. 이렇게 되기 위해서는 하나의 문단에는 하나의 소주제문(小主題文, topic sentence)이 들어 있어야 하며, 소주제문을 잘 뒷받침해 주는 여러 개의 풀이문(supporting sentence)이 들어 있어야 한다. 이 소주제는 그 문단을 통해 지은이가 말하고자 하는 핵심내용이며, 풀이문은 소주제를 필요 충분한 만큼 자세히 설명하고, 합리화하고 구체화해 주는 문장들이다.

만약 하나의 문단에 소주제가 없거나 두 개가 있으면 완결된 문단이라 할 수 없으며, 소주제만 제시되어 있고 이것을 뒷받침할 풀이문이 없으면 이것 또한 완결된 문단이라 할 수 없다.

> (55) ①**우리가 음식을 먹고 에너지를 소비하는 과정은 생체주기를 따른다.** ②하루를 주기로 아침엔 잠에서 깨고 밤엔 잠이 오며 하루 세 번 '배꼽시계'로 배고픔을 안다. ③이를 관장하는 '생체시계'는 뇌 시상하부의 '일주기 시계'이다. 또한 눈은 해가 뜨고 지는 과정을 감지해 생체시계를 조정한다. ④중추시계와 말초시계가 정보를 주고 받으면서 완벽한 조화를 이루는 셈이다.

(55)는 5개의 문장으로 이루어져 있는 문단인데, ①이 소주제문이고 나머지 ②~④는 소주제문을 뒷받침하는 풀이문이다. 이 문단은 맨 앞에 '음식을 먹고 에너지를 소비하는 과정은 생체주기를 따른다.'고 하는 소주제문 하나를 제시한 뒤, 왜 그렇게 주장하는가 하는 것을 '배꼽시계, 일주기 시계, 중추시계, 말초시계' 등을 예로 들면서 여러 개의 뒷받침 문장을 써서 자세히 잘 설명하고 있다.

### ■ 소주제문과 뒷받침 문장들이 유기적으로 잘 어울려야 한다

문단은 형식적으로 보면 여러 문장들이 연결되어 있는 것이고, 내용상으로 보면 하나의 소주제와 이를 뒷받침하는 근거(根據)들이 서로 맞물려 있는 것이다. 따라서 그런 만큼 한 단락 속의 문장들은 무엇보다 소주제문과 이를 뒷받침하는 문장들이 매우 탄탄하게 유기적(有機的)으로 결합이 되어 있어야 한다.

유기적으로 결합이 되어 있다는 것은 각 문장들이 통일성(統一性) 있고 응집성(凝集性) 있게 결합이 되어 있다는 것이다.

(56) ①**생체시계는 음식을 적당히 먹도록 제어한다.** ②잠을 못 자 생체시계가 무너지면 과식을 할 수 있다. ③미국 미시간대 성장센터 줄리 루멩 박사팀은 생체주기가 망가지면 고지방 식품의 섭취가 늘어난다는 연구결과를 2007년 11월 소아과학회지에 발표했다. ④수면시간이 부족한 어린이의 비만비율이 그렇지 않은 어린이의 비만비율보다 높았다. ⑤초등학교 3학년 때 하루 10~12시간 잠을 잔 아이들 중 6학년 때 비만이 된 경우는 12퍼센트였다. ⑥그러나 수면시간이 하루 9시간 이하인 아이들은 22퍼센트가 비만이 되었다.

(56)는 6개의 문장으로 이루어져 있는 문단인데, ①이 이 단락의 소주제문이고, 나머지 ②~⑥은 뒷받침 문장들이다. 즉, '생체시계는 음식을 적당히 먹도록 제어한다'는 소주제문을 ①에 먼저 제시하고, 그 뒤에 이어 ②~⑥에 생체시계가 파괴되면 과식을 한다는 것을 루멩 박사팀의 과학적 연구결과를 통해 구체적으로 입증해 보이고 있기 때문에, 주제문과 이를 뒷받침하는 문장의 내용이 서로 통일성(coherence) 있게 맞물려 있을 뿐 아니라, 각 문장들도 문법적으로 서로 응집성(cohesion)을 잘 유지하고 있음을 알 수 있다.

### ■ 문단의 구조에 유의하라

문단의 구조는 소주제문이 어느 위치에 놓이느냐에 따라 두괄식 문단, 미괄식 문단, 양괄식 문단, 중괄식 문단의 네 가지로 나눠진다.

두괄식 문단은 소주제문을 문단의 맨 앞에 놓고, 그 뒤에 여러 개의 풀이문을 두는 방식이다. 두괄식 문단은 글쓴이가 말하고자 하는 결론적인 핵심정보가 문단의 맨 앞에 놓이기 때문에, 그 문단이 나타내고자 하는 의미를 빨리 파악할 수 있는 장점이 있다. 따라서 두괄식 문단은 글의 내용을 빨리 전달하기를 바라는 글, 즉 '설명문'에 주로 많이 사용된다.

그러나 결론이 먼저 주어짐으로 인해 자칫 잘못하면 글에 대한 흥미를 떨어뜨릴 수 있기 때문에 두괄식 문단을 쓸 때 특히 주의해야 한다.

> (57) ①**최근에는 역으로 식습관이 생체시계를 망가뜨린다는 연구결과도 나왔다.** ②미국 북부 에바스톤대 내분비학과 조셉 베스 박사팀은 쥐에게 지방의 양을 45퍼센트 늘린 먹이를 줬더니 생체주기가 23.6시간(정상에서)에서 23.8시간으로 바뀌었다는 연구결과를 2005년 사이언스에 발표했다. ③이 결과를 인간에게 적용하면 고지방식을 먹은 사람은 밤에 잠이 들기 힘들 수 있다는 결론을 얻는다.

(57)은 3개의 문장으로 이루어져 있는 문단인데, ①이 이 단락의 소주제문이고 단락의 맨 앞에 놓여있기 때문에 두괄식 문단이라 할 수 있다. ②와 ③은 소주제문의 내용을 정당화시키는 문장으로서 풀이문이다.

> (58) ①인간의 활동은 크게 두 가지로 나눌 수 있다. ②'노동'이나 '일'로 개념화되는 생산 지향적인 활동과 그 외 활동인 '놀이'로 개념화되는 활동이다. ③전자는 성인의 경우에 직업 관련 활동이 대부분이고, 학생에게는 공부가 될 것이다. ④입시와 학업성적이 무엇보다 중요하게 생각되는 현재 우리 사회에서, '놀이'는 '공부'에 비해 부차적인 것으로만 간주된다. ⑤그러나 '일'이나 '공부'를 하는 과정에서 경쟁이 치열해짐에 따라 그로 말미암은 정신적 압박과 긴장도 함께 증가하는데, **이런 긴장을 해소시켜 준다는 점에서 사실 놀이는 중요하다.**

(58)은 미괄식 문단이다. '긴장을 해소시켜 준다는 점에서 놀이가 중요하다'고 한 맨 마지막 문장 ⑤가 소주제문이고, 그 외에 ①~④는 왜 ⑤처럼 생각하는가에 대한 이유와 근거를 제시한 풀이문이기 때문이다.

미괄식 문단은 필요충분한 근거를 문단의 앞부분에 먼저 제시한 뒤, 그에 따른 합리적인 결론을 맨 마지막에 제시하는 형태이기 때문에 주로 사설, 논술문, 논문과 같은 치밀한 논증과 설득이 필요한 글에 주로 사용된다.

양괄식 문단은 소주제문이 문단의 처음과 마지막에 두 번 제시되고, 그 중간에 풀이문이 놓이는 구조를 취하는데, 소주제를 특별히 강조를 할 필요가 있을 때 주로 사용된다. 그러나 소주제문이 두 번 제시된다고 해서, 똑 같은 문장을 두 번 쓸 필요가 없으며, 오히려 동일한 내용을 담되 표현을 달리하여 서술함으로써 글이 단조로워지지 않도록 하는 것이 좋다.

중괄식 문단은 소주제가 문단의 중간에 놓이는 형태의 문단이며, 무괄식 문단은 주제가 주어지지 않은 문단인데, 이들은 에세이나 소설 같은 문학성이 있는 글에 주로 쓰인다.

### 3.4.4 한 편의 완성된 글로 엮는 방법

■ 일관성 있게 글의 초점을 유지하라(Maintaining Focus)

글의 초점(焦點, focus)을 잘 유지한다는 것은 글쓴이가 의도하는 바를 효과적으로 전달하기 위해서, 글의 첫머리에서 마무리까지 일관성 있게 내용을 써 간다는 것을 의미한다. 이것은 어쩌면 당연할 일일지 모르겠으나, 논지의 초점을 흩뜨리지 않고 글을 써 간다고 하는 것은 결코 쉬운 일이 아니다.

글의 초점을 유지하려면 먼저 글을 구상하는 단계에서 구상메모(構想 memo), 즉 논리 개요도를 체계적으로 잘 작성한 뒤 글을 써야 한다. 구상메모는 글쓴이가 글 속에 쓰고자 하는 내용을 적절하게 배분하는 것으로써 글의 뼈대를 세우는 것과 같은데, 이렇게 하면 글의 구조가 반듯해지고 또한 글쓴이가 나타내고자 하는 뜻을 처음부터 끝까지 일관성 있게 써 나갈 수 있다. 구상메모를 잘하려면 다음과 같은 점에 유의해야 한다.

(가) 쓰고자 하는 내용을 자세히 열거하고, 이들이 어떤 관계를 지니고 있는지 찾아낸다.
(나) 쓰고자 하는 내용에 포함된 더 자세한 사항을 찾아내고, 이것을 잘 드러내는 데 필요한 자료를 정리한다.
(다 열거한 내용을 몇 개의 그룹으로 모아서 정리를 한 다음, 그것에 적합한 소제목을 붙인다.
(라) 소제목을 중심으로 전체 글의 목차를 잡아 본다.

즉, 위의 네 요소를 잘 고려하면 지은이가 나타내고자 하는 뜻을 처음부터 끝까지 일관성 있게 초점을 유지하면서 글을 써 나갈 수 있다.

그리고 문장(sentence)이 모여서 문단(paragraph)이 만들어지고, 문단이 모여서 전체글(text)이 만들어지기 때문에, 글의 초점을 잘 유지되려면 문장과 문장, 그리고 문단과 문단이 의미적으로 **통일성(統一性, coherence)** 있게 연결되도록 해야 할 뿐 아니라, 형식적으로도 문장과 문장, 그리고 단락과 단락이 **응집성(凝集性, cohesion)** 있게 만들어야 하는데, 여기서는 이들에 대해 구체적으로 살펴 보도록 한다.

- 첫째, **동일어 반복을 통한 초점 유지**

문장을 연결해 가는 데 있어서 의미적 통일성(coherence)과 형식적 응집성(cohesion)을 높이는 가장 간단한 방법은 같은 말을 반복해서 사용하는 것이다. 즉, 한 편의 글은 의미적으로는 하나의 주제를 나타내고, 형식적으로는 단어가 연결된 것이기 때문에 의미적으로나 형식적으로 반복이 있을 수밖에 없다. 그리고 이러한 단어(word)나 어구(phrase)의 반복을 통하여 논점이 구체화되기 마련인데, 이렇게 동일어(同一語)를 반복해서 사용한다는 것은 결국 이미 앞에 나온 정보, 즉 구정보(old information)을 반복적으로 제시한다는 것이다. 이와 동시에 신정보(new information)을 구정보 사이에 넣어서 문장을 전개함으로써, 독자들로 하여금 글이 쉽게 읽혀지도록 하는 효과를 나타낼 수 있다.

(59) **식품**이 옛날부터 사람이 살아가기 위하여 절대적으로 필요하다는 것은 두말할 나위가 없다. 또한 **식품**은 단지 생명유지를 위하여 섭취하는 것이 아니라, 먹는 행위 그 자체가 하나의 즐거움이라고 말할 수 있다. 영양학자, 농예화학자, 의학자들은 이러한 **식품**의 영양 **기능**을 '1차**기능**'이라 부르고, **식품**의 감각적인 **기능**을 '2차**기능**'이라고 불렀다.

(59)에서는 '식품'과 '기능'이라는 단어가 각각 4번 반복이 되고 있는데, 이렇게 반복되는 요소는 '신정보(new information)'를 받아들이는 데 필요한 배경 정보가 되기 때문에, 글의 초점(focus)을 유지하면서 그 뒤에 따라오는 신정보를 받아들이는 것을 쉽게 만들어 주는 기능을 한다.

• 둘째, 동의어 반복을 통한 초점 유지

같은 단어나 어구를 계속 반복해 쓰면 글이 단조로워져서 독자들을 지루하게 만들 수도 있기 때문에, 이것을 피하기 위해 같은 의미를 지닌 다른 어구로 바꾸어 쓰기도 하는데 이것을 동의어(同義語) 반복이라고 한다.

(60) **<u>인류</u>** 모두에게 돌아갈 충분한 **음식**이 있는가? **식품**은 단지 먹는

물건에 지나지 않는가? **인간**은 과연 먹기 위해 존재하는가? 이러한 물음에 대해 지난 토요일에 있었던 기조연설에서 뉴맥시코 대학의 로웰(Lowell B. Catlett) 교수는 다음과 같이 말했다.

"세계는 아직도 모든 **사람**들에게 돌아갈 만큼 **식량**이 충분하지 않다고 여기고 있으나 이는 사실과 다르다. 이것은 세계가 당면한 **식량** 문제가 아니라 **식량** 문제에 대한 세계**인**의 인식의 문제이다. 이것은 **식량** 문제가 아니라, 정치적, 경제적, 문화적, 종교적 문제일 것이다."

(60)에서는 뉘앙스에 약간의 차이가 있기는 하지만 동일한 의미를 지닌 단어들이 반복이 되고 있는데, 먼저 'man, mankind'라는 의미를 지닌 '인류, 인간, 사람, (세계)인'이라는 단어가 반복이 되고 있고, 'food'라는 의미를 지닌 '음식, 식품, 식량'이라는 단어가 역시 반복적으로 쓰이고 있다. 이렇게 함으로써 자칫 잘못하면 지루해지기 쉬운 글에 약간의 변화를 줌으로써 보다 활력을 불어넣을 수 있다. 하지만 동일한 개념을 너무 다양한 단어로 쓰게 되면, 도리어 독자들에게 혼란을 줄 수도 있기 때문에 특히 주의해서 사용해야 한다.

실제로 '식량(食糧)'은 '쌀, 보리, 밀 등의 사람이 살아가기 위해 필요한 먹거리'라는 의미이고, '식품(食品)'은 '배추, 양파, 감자 등의 사람이 먹을 수 있는 것'이라는 의미를 지니고 있으며, '먹거리'는 '음식의 재료'라는 의미를 지니고 있어서, 그 용법에 약간의 차이가 있다.

- 셋째, 지시어의 반복을 통한 초점 유지

지시어(指示語)란 이미 앞서 나온 단어나 어구를 대신 가리키는 말이다. 하나의 글은 동일한 내용이 반복 서술되면서 논지가 전개되기 때문에 앞서 나온 말을 뒤에 다시 언급하는 경우가 많은데, 이때 반복되는 말을 지시어를 써서 대신 나타내면 같은 말을 똑 같이 반복하지 않아도 되기 때문에 문장들 사이의 통일성(coherence)과 응집성(cohesion)이 매우 높아진다.

지시어에는 '이분-그분-저분 ; 이것-그것-저것 ; 이쪽-그쪽-저쪽' 등의 지시대명사, '이 (사람)-그 (사람)-저 (사람)' 등의 지시관형사, '이러하다-그러하다-저러하다' 등의 지시형용사, '이렇게-그렇게-저렇게' 등의 지시부사가 있다.

> (61) 수산동물의 생식기구에 관한 연구는 우선 자연 상태에서 각종 동물의 정확한 생식주기와 생식활동을 지배하는 요인이 밝혀져야 하는데, **이것**은 자원증식을 위한 기본적인 연구과제이기도 하다. 본 연구에서는 불볼락이 난태성 경골어류라는 측면에서 난생과 태생어류의 중간적인 생식생물학적 세부사항을 이해하고, 자원조성용 어종의 효율적인 종묘생산 기술개발의 기초자료의 축적이라는 관점에서, **이들**의 생물학적 최소형, 암수 생식소 발달과정, 그리고 생식주기 등을 주로 조직학적인 방법을 이용하여 밝히고자 한다.

(61)에서 '이것'은 앞에 언급된 '우선 자연 상태에서 … 요인이 밝혀지는 것'을 대신 가리키는 말로써, 적어도 10개 구절을 대신하고 있어서 '이것'이라는 지시대명사 하나가 앞의 긴 구절을 간결하게 나타낼 뿐만 아니라 의미적으로 요약하는 기능을 지니고 있음을 알 수 있다. 그리고 '이들'은 앞서 나온 '불볼락'을 가리키는 말이며, 이로써 문장이 단조로워지는 것을 막아주는 기능을 지니고 있음을 확인할 수 있다.

- 넷째, 축약형 합성명사의 반복을 통한 초점 유지

앞서 사용한 합성명사가 매우 길 경우에는 축약형이 쓰이기도 하는데, '임정(임시 정부), 범민추(범민주화 추진위원회), 한기총(한국 기독교 총연합회), WHO(세계 보건기구), IAEA(국제 원자력 기구)' 등과 같이 두문자어(頭文

字語, Acronym) 형태가 주로 사용된다.

(62) **특정 보건용 식품**의 신청 건수는 현재 순조롭게 증가되고 있다. 현재 고령사회가 본격화되고 있고 건강에 대한 관심도 점차 높아짐에 따라 식품을 통한 건강 만들기가 더욱 중요해지고 있다. 이와 더불어 **특보식품**에 대한 수요도 점점 커질 것으로 예상된다. 지금부터라도 **특보제품** 하나하나에 대한 확실한 평가가 내려지고, 중장기적인 시각에서 국민의 식생활에 **특보식품**이 정착되어 그 역할을 다해갈 것을 크게 기대한다.

(62)에서는 '특정 보건용 식품'이라는 말이 '특보식품'이라는 한 개의 합성명사로 대치가 되었는데, 이렇게 글자의 수도 줄임으로써 축약성을 확보할 수 있을 뿐만 아니라, 글쓸 공간을 줄이는 효과가 있다.

## ■ 문장 및 문단 연결 장치를 잘 활용하라

연결어(連結語, connector)란 두 개의 단어나 문장, 문단을 잇는 데 쓰이는 말인데, 이를 전이어구(轉移語句)라고도 부른다. 연결어를 적절하게 사용하면, 글이 간결해지고 문장과 문장 그리고 문단과 문단 사이의 긴밀성이 높아져서 텍스트를 보다 짜임새 있게 만들 수 있다. 자주 쓰이는 연결어에는 다음과 같은 것이 있다.

(가) 나열 관계 : 그리고, 및, 또는
(나) 대조 관계 : 그러나, 하지만, 그렇지만, 아니면
(다) 첨가 · 보충 관계 : 게다가, 더구나, 그 위에, 그뿐만 아니라, 아울러, 특히, 또한
(라) 화제전환 관계 : 그런데, 한편
(마) 예시 · 비유 관계 : 예컨대, 예를 들면, 이를테면, 말하자면, 비유컨대
(바) 의미 반복 관계 : 곧, 즉, 다시 말하면, 바꿔 말하면, 말을 바꾸면,

환언하면

(사) 원인 · 결과 관계 : 그러므로, 따라서, 그래서, 그러니까, 그러자

(아) 양보 관계 : 그래도, 그런데도, 그럼에도 불구하고, 그렇다 해도, 비록 … -을지라도

(자) 요약 · 마무리 관계 : 요컨대, 요약하면, 간단히 말하면, 결론적으로, 결론적으로 말하면, 끝으로, 결과적으로

아래의 (63)에는 '또한, 특히 ; 결과적으로, 또는, 또한, 및, 즉' 등이 쓰였는데, 문단의 첫머리에 쓰인 '또한'은 '앞 문단의 내용에다 그와 비슷한 내용을 첨가할 때' 사용되는 문단(paragraph) 연결어이며, '특히'는 '앞 문단의 내용을 보다 자세히 부연해서 설명할 때' 사용되는 연결어이다. 나머지 연결어들은 앞뒤 문장(sentence) 혹은 어구(phrase)를 여러 의미로 긴밀하게 연결하는 기능을 지니고 있다.

(63) **또한** 열효율이 우수한 디젤엔진이 소형자동차에 적용되고 있는 추세이며, 이로 인한 엔진의 고속화와 함께 연료의 고속분사를 요구하게 되었다. **결과적으로** 고속 분사된 연료는 분무의 침투 깊이가 깊어지게 되어 연소실 벽면에 충돌하게 되는데, 그 중 일부는 벽면에 액막을 형성함으로써 증발 및 주위 공기와의 혼합을 어렵게 한다.

**특히** 겨울철 저온환경에서 기관의 초기 시동시 액적은 저온상태에서 분사되어 연료 물성치가 변화하므로 분무거동이나 액적의 벽면충돌거동이 상온시 **또는** 엔진이 정상상태로 운전될 때의 거동과 매우 다른 현상을 나타낸다. **또한** 이로 인하여 분무상태의 불량은 기관의 성능 **및** 배기가스 조성에 크게 영향을 미치게 된다. **즉**, 연료의 온도 변화에 따른 액적의 벽면 충돌 거동에 대한 연구는 분무 특성에 대한 연구와 함께 꼭 필요한 분야이다.

PART

2

# 과학 논문 쓰기의 기본 원리

chapter

# 04 과학 논문의 기본 개념

## 4.1 논문의 정의

'논문(論文)'이라 함은 일반적으로 연구 논문(Research Paper, Article)을 말한다. '연구(研究)'란 영어로 'research'라고 한다. 다시 말하면 '다시(re-) 찾는다(search)'라는 뜻이다. 따라서 과학 논문을 쓴다는 것은 결국 자연계의 질서 속에서 규칙을 다시 찾아내는 것을 말한다. 즉, 과학자는 자연 속에 내재되어 있는 새로운 규칙을 찾아 이를 논문의 형태로 보고하고, 이 논문을 읽은 다른 과학자들은 이 결과를 토대로 더 새로운 자연의 규칙을 찾아내어서 많은 사람들이 이를 활용할 수 있도록 하고자 노력하고 있다. 그러므로 과학 논문은 독창적인 연구 결과, 새로운 실험 방법, 이론 등을 다른 과학자들에게 보고하는 형태를 띤다. 물론 이들 결과는 과학적으로 중요한 의미를 가져야 함은 두말할 필요도 없다.

## 4.2 논문의 목적과 필요성

과학 논문은 새로운 연구결과, 새로운 이론, 새로운 실험 방법과 데이터(data), 새로운 개념 등을 발견해서 논문 형태로 써서 전문 학술지에 게재함으로써 이를 널리 알리는 것을 목적으로 한다.

과학의 목적은 과학적 법칙과 이론을 토대로 미래를 미리 예측하는 것이다. 과학자들은 자연을 잘 관찰하여 규칙을 발견하고, 발견한 규칙을 기초로 이론 또는 가설을 만든다. 이렇게 세워진 가설 또는 이론을 실험적 또는 이론적으로 입증하여 과학 법칙을 만들고, 이 법칙을 기초로 여러 자연 현상을 미리 예측할 수 있을 뿐 아니라, 이런 과정을 통해 인간이 자연을 더 잘 이해하고 활용할 수 있다.

그러나 거대한 자연계를 소수 과학자들이 연구하여 그 비밀을 밝히는 데는 한계가 있기 때문에, 세계 여러 나라의 과학자들은 서로 도와 가면서 과학을 발전시켜 나가고 있다. 과학자들이 자신들의 발견과 이론을 다른 과학자들에게 전달하는 방법에는 크게 구두발표(oral presentation)와 저작(著作, writing) 두 방법이 있는데, 전 세계의 많은 과학자들에게 동시에 효과적으로 정보를 전달하는 방법은 구두보다는 저술 활동이 더 효과적이다. 우리가 과학 글쓰기를 체계적으로 배워야 하는 이유가 바로 여기에 있다.

## 4.3 과학 논문의 형식과 종류

과학 논문은 일반적으로 서론(Introduction), 재료 및 방법(Materials & methods), 실험결과(Results), 토론(Discussion), 결론(Conclusion)으로 구성되어 있고, 이것을 이른바 IMRAD 형식(format)이라고 부른다. 이들에 대해서는 5장에서 자세히 살펴보기로 하자.

논문의 종류는 무엇을 기준으로 분류하느냐에 따라 다르겠지만, 일반적으로 논문을 쓰는 목적(目的)에 따라 나누면 다음과 같다.

- 첫째, 학위논문(Thesis)

학위논문(學位論文)은 학부와 대학원 교육과정을 모두 마치고 그 간의 연구 결과를 정리하여 작성하는 것으로 학사, 석사, 또는 박사학위를 취득하는 것을 목적으로 한다. 대부분의 대학에서 요구하는 학위논문의 형식이 비슷하기는 하지만, 각 대학마다 약간씩 다른 학위논문 작성 규정이 있으므로 이 규정에 따라 학위논문을 작성하면 된다.

일반 학술 논문이 학문적인 업적이나 중요한 연구 결과를 외부에 발표하는 것을 목적으로 하는 것에 반해, 학위 논문은 졸업 예정자가 전문적인 연구자로서의 자격을 인정받는 수단으로 사용된다. 따라서 학위논문을 쓰는 형태나 접근법은 일반 학술 논문과는 조금 다르며, 자신이 학위 기간 동안 연구한 모든 것을 종합적으로 정리하여 보고하는 형태를 띠게 된다.

- 둘째, 보고서(Reports)

보고서(報告書)는 조사, 관측, 채집, 실험, 관찰, 논리 등을 통해 얻어진 결과를 정리하여 보고하는 것을 말하는 것으로, 논리성을 갖추거나 이론적 토론이 없어도 되는 형태의 글이다. 일반적으로 연구비를 지원한 기관, 또는 기업체의 상부 기관에 연구결과를 보고하는 것을 주목적으로 하며, 결과 위주로 보고서를 작성한다.

- 셋째, 학술 전문지 논문(Articles, Papers)

연구결과를 전문 학술지를 통해 세계의 많은 학자들에게 알리는 것을 목적으로 작성하는 전문 학술 논문이다. 일반적으로 과학 논문들은 학술지의 전문성 또는 우수성에 따라 SCI와 비-SCI로 나눠지는데, 자신의 논문의 진가를 국제적으로 인정받으려면 SCI 학술지에 논문을 실어야 한다.

- 넷째, 학회 논문 발표(Proceedings)

연구자의 연구결과를 학회를 통해 참석자들에게 널리 알리는 것을 목적으로 작성한다. 이 학회발표 논문을 수정 보완하여 학술 전문지 논문으로 발전시키는 것이 상례이다.

또한 논문을 그 양과 내용에 따라 나누면 아래와 같다.

- 첫째, 논문(Full Paper)

논문이 갖추어야 할 기본 형식을 모두 갖춘 형태의 결과물을 말하며, 논문의 페이지 수에는 일반적으로 큰 제약이 없다. 하지만 10페이지 내외로 작성하는 것이 상례이다. 또한 일반적으로 논문이 받아들여지고 출판되면 논문투고료 외에 페이지당 일정액의 수수료를 더 지불해야 하므로 이를 꼭 염두에 두어야 한다. 물론 논문의 내용은 새로운 독창적 연구 결과물이어야 하고 과학적인 의미를 지녀야 한다. 또한 학술지마다 다루는 내용이 다르기 때문에 논문작성 전에 반드시 투고하고자 하는 학술지의 성격을 미리 파악하는 것이 중요하다.

- 둘째, 단신(Letters, Communications)

단신(短信)은 새로운 과학적 사실을 빠른 시간에 학계에 알리기 위해 작성하는 문서의 형태이며, 논문이 갖추어야 할 모든 형태를 갖출 필요는 없다. 하지만 단신의 내용은 매우 독창성이 있어야 하며 새로운 이론 또는 발견을 다루어야 한다. 논문의 페이지 수는 학술지마다 약간씩 다르지만 대부분 1쪽 내외의 짧은 분량이다. 추후에 일반 논문으로 발표하는 것이 일반적이다.

• 셋째, 해설논문(Reviews)

최근까지 발표된 한 분야의 연구 내용을 전체적으로 정리하는 글의 형태로 연구 동향, 연구의 방향 제시, 저자의 의견 및 주장 등이 포함된다. 따라서 일반적으로 그 분야의 특별한 전문가가 작성하며 참고문헌이 많은 것이 특징이다. 논문의 길이에 전혀 제약을 받지 않는다는 점에서 일반 논문과 큰 차이점이 있으며, 실험 부분이 포함되어 있지 않다.

• 넷째, 노트(Notes)

형태나 내용면에서는 단신(Letters)과 유사하나, 단신보다 더 짧은 형태의 논문이다.

## 4.4 과학 논문의 작성단계

과학 논문은 크게 연구 준비 단계(주제 선정 또는 가설), 연구 수행 단계(입증), 논문작성 및 발표 단계(투고)로 나누어진다.

### 4.4.1 연구 준비 단계

연구 준비 단계에서 가장 중요한 것은 연구의 목적과 가설, 방향 등을 고려하여 주제를 선정하는 것이다.

• 첫째, 연구 주제의 선정

어떠한 목적을 가지고 어떠한 내용의 연구를 진행 할 것인지 연구의 방향이 가장 먼저 설정되어야 한다. 이를 연구 주제 선정이라 하는데, 연구 주제는 단일 주제이어야 한다. 단일 주제라 함은 한 가지 테마(Theme)를 말하는 것으로 한 가지 문제점에 대한 해결 방안을 제안하는 것을 말한다.

자신의 학문 분야에 대한 지식이 충분하지 않은 상황 하에서는 주제를 선정하기가 매우 어렵다. 그렇다고 개인의 상상력을 동원하여 주제를 선정하는 것은 매우 위험하다. 왜냐하면 과학은 매우 객관적이고 사실에 기초한 학문 분야이기 때문이다.

따라서 과학자들은 과학적 지식을 습득하는 일을 게을리 해서는 안 된다. 항상 학회 활동이나 과학잡지 등을 통해 학계의 연구 동향을 살피고 비평하는 습관이 필요하다. 한편 학계에서 주로 논의되고 있는 문제도 연구 대상이 될 수 있는데, 이 경우에는 많은 사람들이 관심을 가지고 있기 때문에 자료 수집이 비교적 용이하다. 특히 외국에서 관심을 끌고 있는 문제점은 좋은 연구 대상이 될 수 있다. 이런 정보는 학술지의 '연구 동향'란에 자세히 소개되기도 한다.

• 둘째, 자료 수집

연구의 주제가 선정이 되고 나면 이에 대한 자료 조사가 이루어져야 한다. 전 세계의 논문과 자료를 조사하여 유사한 연구가 이미 진행되어 있는지 또는 진행되고 있는지 미리 파악해야 한다. 물론 자료 조사 단계에서 연구 주제는 수정될 수 있으며 연구 목적을 더욱 구체화할 수도 있다.

자료 조사 및 수집은 도서관을 통해서 얻기도 하지만 최근에는 주로 컴퓨터를 사용하여 쉽고 빠르게 자료를 검색하고 수집한다. 잘 알려진 웹 사이트(web site)를 통해서 자료를 검색하고 수집할 수 있는데, 일반적인 자료는 야후(yahoo)나 구글(google), 알타비스타(http://www.altavista.com) 등을 이용하면 편리하다. 그리고 학위논문은 각 대학의 중앙도서관, 국립중앙도서관(http://www.nl.go.kr), 국회도서관(http://nanet.go.kr) 등을 통해 자료를 수집하고, 학술연구 논문자료는 학술연구정보서비스(http://www.riss4u.net)를 이용하여 자료를 찾으면 된다.

• 셋째, 자료 정리

앞에서 구한 자료를 논문의 방향에 부합되는 자료만을 간추려 정리한다. 이들 자료는 참고문헌으로 사용될 것이며 반드시 참고문헌에 명시되어야 한다.

• 넷째, 자료의 편성

앞에서 정리한 자료를 논문을 써 나갈 논리와 방향에 적합하게 조직화하는 작업을 거쳐야 한다. 이는 논문의 기본 골격 구조를 만드는 것과 같으며, 논문 쓰기에서 가장 어려운 부분이기도 하다. 자료를 편성하는 연습을 하는 것은 학자로서의 자질을 갖추기 위해서 반드시 거쳐야 할 훈련과정이다.

### 4.4.2 연구 수행 단계

자료 조사 결과 유사한 연구가 이루어지지 않았으면, 먼저 연구 주제를 입증할 수 있도록 구체적인 연구 계획을 수립하고, 실제적인 실험과 연구를 통해 자료(연구결과)를 수집하고 이를 정리한다.

### 4.4.3 논문작성 단계

연구 결과물이 정리되면 이것을 바탕으로 연구 논문을 작성한다. 물론 과학 논문을 작성할 때 주의해야 할 점을 모두 고려하여 작성해야 한다.

## 4.5 논문을 작성하기 전에 고려해야 할 점

앞에서 살펴보았듯이 학술논문은 독창성, 진실성 등을 갖추어야 하기 때문에 아래에 열거 되어 있는 내용을 잘 고려해서 논문을 작성해야 한다.

• 첫째, 논문에 게재될 내용이 새로운 것인가?

연구 내용이 새로운 것인가를 논문 검색을 통하여 반드시 수행해야 한다. 연구 내용이 새로운 것이 아니면 편집인 또는 심사위원들이 게재를 허용하지 않는다. 이는 연구 시작 단계부터 깊은 관심을 기울여야 할 부분이다.

• 둘째, 어떤 논문집에 투고할 것인가?

논문의 내용과 성격에 따라 각각 다른 논문집에 투고해야 한다. 예를 들면, 세포의 기능 등에 관한 논문은 세포 관련 논문집에 투고를 해야 하고, 새로운 화학 합성법에 관한 논문은 화학 합성 관련 논문집에 투고를 해야 한다. 논문의 내용과 성격이 그 논문집에 적합하지 않으면 편집자 선에서 논문 게재를 거부당할 수 있다.

• 셋째, 논문의 제목은 게재할 논문집에 적합한가?

내용과 마찬가지로 논문의 제목 또한 투고하고자 하는 논문집에 적합하여야 한다.

• 넷째, 논문의 내용, 성격, 길이는 적절한가?

투고하고자 하는 논문의 안내문을 참조하여 글씨의 크기, 폰트, 논문의 길이, 참고문헌의 표시법 등을 숙지한 후에 논문을 작성하는 것이 바람직하다.

이 책의 부록에 대표적인 기계 분야의 학술지인 '대학기계학회지'의 논문 투고 규정을 첨부해 두었다. 이 규정에는 논문 제목과 저자의 이름, 연락처, 각주, 참고문헌, 그림 활용법 등을 작성한 데 대한 자세한 내용이 나와 있으므로, 반드시 이 규정대로 논문을 작성해야 한다. 규정에 맞지 않는 논문은 접수조차 되지 않는다는 점을 명심할 필요가 있다.

## 4.6 논문을 작성할 때 고려해야 할 점

논문은 자신의 연구결과를 다른 과학자들에게 자신이 수행한 과학적 연구결과나 이론을 알리는 것을 목표로 하고 있기 때문에, 그들에게 자신의 연구결과를 효과적으로 알리기 위해서는 아래와 같은 특성이 구비 되도록 논문을 작성해야 한다.

- 첫째, 객관적 사실을 기록했는가?

논문은 저자가 막연하게 일반적으로 생각하고 있는 것을 기록하는 것이 아니라, 자신들이 실험하고 관찰한 과학적 사실만을 기록하는 것이다. 따라서 저자 자신의 주관적인 관점보다는 실험하고 관찰한 자료를 바탕으로 논리적이고 객관적인 관점에서 논문을 작성해야 한다.

- 둘째, 과학적 용어를 사용했는가?

논문은 동일 분야에 종사하는 전문가들이 읽게 되므로 과학적인 전문용어를 사용하는 것이 바람직하다. 과학적인 용어의 사용은 저자의 전문성을 평가하는 잣대가 되기도 하기 때문에 특히 과학적 용어의 선택에 주의해야 한다.

- 셋째, 오자와 탈자는 없는가?

논문은 고도의 학술적 가치와 전문적 가치를 지닌 매우 중요한 글이다. 물론 논문 속에는 논문을 작성한 저자들의 이름과 권위가 들어있다. 이런 논문에 오자(誤字)나 탈자(脫字)가 있는 경우에는 저자의 전문성이 매우 의심을 받을 수도 있다. 따라서 오자와 탈자에 대한 철저한 검토가 필요하다.

일반적으로 워드로 작업을 할 때 오자와 탈자에 대한 자동 검사를 많이 사용하는데, 이런 작업만으로는 오자와 탈자를 찾는 데 한계가 있으므로, 필자가 원고를 직접 눈으로 확인하면서 잘못된 곳을 교정하는 태도를 지녀야 한다.

영어로 논문을 작성할 경우에는 전문성이 있는 원어민의 도움을 받아 여러 번의 교정 과정을 거쳐서 문법적인 오류나 오탈자 등이 없도록 논문을 작성해야 한다. 주변에서 원어민의 도움을 받기가 쉽지 않을 경우에는 외국어 교정 전문 웹사이트나 전문 번역 업체의 도움을 받는 것이 좋다.

- 넷째, 3인칭 주어를 사용했는가?

한글로 작성된 논문인 경우는 주어로 1인칭을 사용하는 경우도 있으나, 영어로 논문을 작성할 때에는 반드시 3인칭을 사용해야 한다. 과학에서 중요한 것은 실험 자체이지 그 논문을 쓴 사람이 아니기 때문에, 영어로 작성되는 논문에서는 주어로 3인칭을 사용하는 것을 원칙으로 한다는 점에 주의해야 한다.

- 다섯째, 내용을 일관성 있게 기술했는가?

필자가 주장하고자 하는 내용을 잊지 말고 전체 논문을 작성하라. 논문 속에 들어있는 모든 요소와 논지들은 논문에서 주장하는 주제 또는 결과를 지지해야 하기 때문에, 그 논문을 구성하고 있는 내용 하나하나가 전체적으로 일관성이 있어야 한다.

- 여섯째, 은어(隱語)를 피하고 짧고 쉬운 용어를 선택했는가?

전문가들 집단이나 특정 집단에서만 사용하는 은어를 피하라. 이런 은어의 사용은 글 전체의 내용을 전달하는 데 방해가 될 뿐 아니라 독자들로 하여금 글에 대한 흥미를 잃게 만든다. 따라서 어려운 전문 용어나 애매모호한 단어는 반드시 쉽고 명확하고 짧은 용어와 단어로 바꾸어서 독자들이 내용을 전반적으로 이해하는 데 도움을 주어야 한다.

- 일곱째, 군더더기를 줄였는가?

좋은 글은 간결하고 매끄러워야 한다. 따라서 필요 이상으로 길게 쓰거나 교과서에도 나오는 정도의 평이(平易)한 내용이 논문에 포함되지 않도록 하라. 그리고 같은 내용이나 단어를 중복해서 쓰지 않도록 주의하라. 필요 없는 부사나 형용사도 줄여서 과장하고 있다는 느낌이 들지 않도록 주의하라.

- 여덟째, 국어규정에 맞게 문장을 작성했는가?

일반적인 글과 마찬가지로 학술논문의 문장도 한글맞춤법, 표준어 규정, 외래어표기법, 국어의 로마자표기법 등의 국어규정에 맞게 작성해야 한다.

## 4.7 논문을 작성하고 난 후에 고려해야 할 점

논문을 다 작성하고 나면, 논문을 전체적으로 천천히 읽어가면서 아래의 사항을 점검하는 것이 바람직하다.

- 첫째, 연구결과는 명확한가?

논문의 연구결과, 즉 다른 과학자들에게 전달할 메시지가 명확해야 한다. 연구결과가 명확하지 않고 애매모호한 경우에는 일반적으로 그 논문의 게재 여부를 결정하는 심사위원회에서 편집자들이 명확한 결과를 얻을 때까지 논문 투고자에게 추가 연구를 요청하게 된다. 그리고 추가 연구를 통한 자료가 논문심사위원회에 제출되지 않으면 논문 게재를 거부당할 수 있다.

• 둘째, 연구결과가 그 연구 분야에 중요한가?

논문집에 게재될 논문은 전문성을 갖추어야 한다. 그리고 게재된 논문은 그 분야의 과학 발전에 기여해야 한다. 따라서 이들 논문집에 게재되는 논문들은 그 연구 내용이 깊이가 있고 독창성이 있어야 한다.

예를 들면, 중고등학교 학생들도 관찰 등을 통해 과학 보고서 또는 논문을 작성할 수 있다. 하지만 대부분의 경우 이들이 쓴 논문이 과학적인 형태를 갖추었다고 할지라도 그 중요성 또는 학문적 수준에 있어서 전문 학술 논문집에 게재되기에는 한계가 있을 수밖에 없다.

• 셋째, 저자의 주장과 연구결과가 일치하는가?

일반적으로 연구는 연구자의 가설(假說) 또는 주장(主張)으로부터 시작된다. 그리고 연구자는 연구를 통해 그 가설이나 주장을 입증한다. 따라서 모든 연구 내용은 그 가설 또는 주장을 입증할 수 있는 내용으로 구성되어 있으며, 연구결과는 연구자가 주장했던 가설을 입증할 수 있도록 뒷받침해 주어야 한다. 따라서 실제 연구결과가 연구자의 가설이나 주장을 뒷받침해 주지 못하면 그 연구는 아무 쓸모가 없는 연구결과가 될 수 있다.

하지만, 부정적인 연구결과가 모두 쓸모없는 것은 아니다. 때에 따라서는 오히려 가설과 배치되는 연구결과가 매우 중요할 수도 있다. 예컨대, 세계 2차 대전 때 많은 사람의 생명을 살린 페니실린은 이런 부정적인 연구결과에 의해 우연히 발견되었다. 따라서 비록 연구결과가 자신의 처음 예측과 다르다고 할지라도, 그 연구결과가 의미하는 바를 있는 그대로 잘 서술해 주면 된다. 물론 그 연구결과는 명확해야 한다. 실제로 연구자가 세운 가설에 맞는 연구결과가 도출되는 경우가 의외로 많지 않다는 사실을 감안하면, 이와 같은 부정적인 연구결과를 보다 소중하게 생각하고 이용하는 지혜를 가질 필요가 있다.

chapter 05

# 과학 논문의 기본 형식과 글쓰기 전략

## 5.1 제목(Title)

제목은 독자들이 가장 먼저 읽는 부분이고, 또 제목을 토대로 논문을 검색하기 때문에 제목은 논문의 내용을 가장 정확하게 나타내 줄 수 있어야 한다. 따라서 논문 제목에는 그 논문에 사용된 가장 중요한 단어인 주제어(key words)가 포함되도록 해야 한다. 논제에 포함된 이 주제어는 논문 검색자들이 편리하게 관련 논문을 찾는 데 도움을 줄 수 있다.

그리고 제목은 간단명료하게 작성해야 하는데, 이는 지나치게 논문의 제목이 길어지면 수식관계나 연결관계가 불분명하게 되어서 결국에는 독자들이 그 의미를 파악하는 데 방해가 되기 때문이다.

또한 예전에는 연구 대상을 중심으로 '~에 대한 연구, ~에 관한 고찰, ~대한 분석' 등과 같은 제목을 많이 붙였는데, 요즘은 이와 같은 제목을 거의 사용하지 않는다. 왜냐하면 논문이란 특정한 대상을 '연구, 고찰, 분석' 등을 전제로 하기 때문이다. 이보다는 연구를 통해 얻은 결과나 주제를 중심으로 그 내용이 잘 드러나도록 제목을 붙이는 것이 일반적이다. 그리고 논문의 제목이 좀 길어지더라도 가능한 한 부제(副題, subtitle)를 사용하지 말아야 한다. 부제를 사용하게 되면 독자들이 그만큼 논문을 검색하는 것이 어려워진다.

일반적으로 같은 소재의 여러 편의 논문이 연결된 연속된 논문이라 할지라도 Ⅰ, Ⅱ, Ⅲ 등의 연속적인 번호를 붙이지 말고, 각 논문이 단일한 독립 논문이 되도록 제목을 붙이는 것이 바람직하다. 제목에 약어(略語, abbreviation)를 사용할 수 있기는 하나 DNA, RNA와 같이 잘 알려진 경우에만 사용해야 한다. 널리 쓰지 않는 약어를 사용하면 결국 그 분야의 전공지식을 가지고 있는 학자들 외에는 제목조차 이해하기 힘들어지는 경우가 생기게 된다.

끝으로, 제목은 논문 전체의 내용과 학문적으로 중요한 점을 강조해야 하므로, 논문을 기획하는 단계에서는 가제(假題)를 정해놓고 연구를 한 뒤, 논문이 완성된 다음에 연구결과를 가장 잘 드러내는 제목으로 바꾸는 것이 바람직하다.

## 5.2 저자(Authors)

저자는 반드시 연구에 직접 참여한 연구자들만을 적는다. 저자가 여러 명인 경우에는 논문을 작성하는 데에 있어서 기여도가 높은 순으로 적는다. 저자를 적는 순서는 논문마다 약간의 차이가 있기는 하지만, 저자가 여러 명인 경우에는 일반적으로 논문을 작성하는 데 가장 기여도가 높은 연구자 이름을 맨 앞(First author)에 배치한다. 그리고 그 외의 저자의 순서는 논문의 기여도에 따라 정해지기 때문에 저자들끼리 서로 잘 협의해서 순서를 정하는 것이 바람직하다.

한편 저자 이름을 영문으로 표기하는 경우에는 동일저자를 David Joseph White, White, J.D., White, David J. 등과 같은 다양한 방법으로 적을 수 있는데, 학술지마다 이에 대한 규정이 있으므로 게재하고자 하는 학술지에 명시된 규정을 따르면 된다. 그러나 가능한 한 연구자 자신의 이름은 항상 동일한 방법으로 일관성 있게 표기하는 것이 자신의 학술적 업적을 평가받거나 타인이 동일저자의 논문을 검색하는 데 편리하다.

저자의 이름 밑에는 연구자의 소속 근무지를 명시한다. 저자 중 한 사람이 다른 곳으로 자리를 옮긴 경우에는 연구를 수행할 당시의 소속을 명시한 뒤, 각주 란에 현재의 소속 근무지를 명시하도록 한다.

연구에 직접적으로 참여하지 않고 조언을 하거나, 연구 재료의 일부를 제공한 연구자들은 저자 명단에 포함시키지 않고, 논문 뒷 부분에 있는 감사의 글(Acknowledgement) 부분에 명시한다.

논문에 대한 의문점이 있는 독자들이 연락할 수 있도록, 교신저자(corresponding author)를 정해서 "corresponding author/ E-mail: khlee@hanmail.net. Tel:+82-54-260-1234, Fax: +82-54-260-4321"과 같이 전자우편 주소와 연락처(전화 및 팩스 번호)를 명기한다.

## 5.3 핵심어(Key words)

핵심어(Key words)는 논문의 내용을 잘 나타낼 수 있는 핵심적인 단어(單語, word)나 구(句, phrase)이다. 연구자들은 대부분 인터넷의 주제어 검색을 통해 자신의 연구에 필요한 논문자료를 검색하고 수집하기 때문에, 가능한 한 핵심어는 그 논문의 핵심내용을 잘 드러낼 뿐만 아니라 그 논문에서 가장 대표적으로 자주 쓰이는 단어를 선정해야 한다.

핵심어는 대개 대여섯 개 정도를 제시하는 것이 일반적이며, DNA, RNA, Synthesis, Energy, Plant, Building, Blue print 등과 같은 너무 일반적인 단어보다는 자신의 논문 내용을 좀 더 명시적으로 잘 드러내는 단어를 선정하는 것이 바람직하다.

## 5.4 초록(Abstract)

초록(抄錄, abstract)은 해당 논문 전체를 읽지 않고도 그 논문의 전체 내용을 이해할 수 있도록 도와주는 역할을 한다. 초록은 독자들이 논문을 검색한 뒤에 제목 다음으로 많이 읽는 매우 중요한 부분이다. 데이터베이스(Data base)나 웹사이트(web site)에서 논문을 검색할 경우에도 전체 논문은 무료로 제공되지 않지만 초록은 항상 무상으로 제공되기 때문에 그만큼 독자들에게는 중요하다고 할 수 있다. 따라서 초록은 독자들이 그 논문의 내용을 잘 알 수 있도록 논문의 전체 내용을 포함하고 있어야 한다.

초록은 논문의 내용 전체를 담기도 하지만, 필요에 따라서는 논문의 일부분을 생략하거나 축소할 수도 있기 때문에 논문의 한 부분이라기보다는 독립적인 단위로 보는 것이 타당하다. 또한 독자들은 초록을 먼저 읽어보고 나서 그 초록이 실린 그 논문을 찾아 자세히 읽어볼 것인가를 결정하는 경우가 대부분이므로 초록은 가능한 한 독자들의 관심을 많이 끌 수 있도록 써야 한다. 이를 위해서는 초록에 다음의 내용이 포함되어 있어야 한다.

- 연구 목적 : 이 연구를 수행한 목적은 무엇인가?
- 연구 재료 및 방법 : 어떻게 연구가 진행되었는가?
- 실험결과 : 무엇을 관찰하였는가?
- 토의 : 연구결과는 어떠한 의미를 갖는가?
- 결론 : 이 연구는 얼마나 중요한가?

초록은 매우 짧은 글이므로 위의 각 내용을 모아서 한 개의 문단(文段, paragraph)으로 작성하는 것이 일반적이다. 한편 초록에 사용하는 용어는 논문에서 사용한 용어와 같아야 하며, 대략 150 단어 내외로 작성한다. 그리고 초록은 전체의 내용을 하나의 짧은 문단으로 요약하는 것이므로 논문을 다 쓴 뒤에 작성하는 것이 바람직하고, 이미 연구가 진행된 것을 적는 것이므로 과거시제를 사용해야 한다. 영어로 초록을 작성할 때는 과거시제를 사용해야 한다는 점을 특히 주의해야 한다.

## 5.5 서론(Introduction)

서론(序, introduction)은 연구의 목적과 연구방법, 연구 주제 등을 소개하면서 연구 방향을 제시하는 기능을 한다. 또한 독자와 저자와의 지식수준의 격차(knowledge gap)를 줄여서 이 논문을 흥미를 가지고 쉽게 읽을 수 있도록 유도하는 역할을 하기도 한다.

따라서 가능한 한 서론에서는 독자들이 논문에 명시된 연구 내용을 이해하는 데 도움이 되는 기초자료를 제공해야 할 뿐만 아니라, 연구의 목적, 연구 주제, 그 과제와 관련된 선행연구의 한계 및 최근 연구 동향, 연구를 통해 얻을 수 있는 이점(利點) 등의 내용도 포함하고 있어야 한다.

### ■ 연구 목적 및 배경 설명

이 주제와 관련된 연구의 역사적 배경, 문제 해결을 위한 다양한 접근 방법과 애로점, 이 연구의 중요성 등을 설명한다. 그리고 이를 바탕으로 왜 이와 같은 연구가 꼭 필요한지에 대해 기술한다.

### ■ 선행연구의 소개 및 한계 지적

본 연구 주제와 관련하여 어떤 연구들이 있었고 그 한계는 무엇이며, 최근의 연구 동향은 어떤지를 소개한다. 즉, 선행연구들의 문제점은 무엇이고,

이들 선행연구에서 아직 해결하지 못한 것이 무엇인지를 설명한다. 단, 선행 연구를 비판적으로 제시하되 너무 장황하게 나열하지 말고 아주 간략하게 요약해야 한다.

### ■ 본 연구의 내용 및 방법 소개

이 연구가 추구하는 목적, 연구 재료 및 방법, 이 논문에서 수행한 연구 내용과 결과 등을 간략하게 명시한다. 때에 따라서는 위에 제시한 선행 연구의 문제점을 해결하기 위한 가설을 세우기도 한다. 또한 실험결과와 결론의 내용을 간략하게 정리하여 독자들이 본 논문을 읽어 나가는 데 도움을 주는 것도 필요하다.

### ■ 서술 순서

이 논문에서 어떤 순서에 따라 연구결과를 서술해 나갈 것인지를 언급해 두어야 한다. 이는 독자들이 논문의 서술 순서를 미리 예측하면서 비교적 쉽게 논문을 읽어 나갈 수 있도록 하기 위함이다.

요컨대, 서론은 일반적인 개념을 사용하여 가능한 한 넓게 시작하여 내용의 폭을 좁혀가면서 연구 주제의 내용에 접근해야 하며, 그 길이는 서너 개 단락으로 간단하고 명료하게 작성해야 하고, 수집한 많은 정보 가운데 서론의 논리전개에 꼭 필요한 자료만을 사용해야 한다.

또한 연구결과와 토의, 결론 등을 모두 작성한 뒤에 서론을 작성하는 것이 바람직하며, 연구방법은 과거 시제를 사용하고, 연구자의 견해는 현재 시제를 사용하는 것이 일반적이다.

## 5.6 재료 및 방법(Materials and Methods)

재료 및 방법 부분은 연구결과의 신빙성을 확보하는 데 가장 중요하므로 가능한 한 구체적으로 그리고 사실적으로 작성해야 한다. 이 부분은 어느 정도 수준에서 그리고 얼마나 효율적으로 연구를 수행했는지를 판단하는 근거 역할을 하기 때문에 연구에 사용된 방법(方法, method)을 구체적으로 기술해야 하며, 여러 가지 실험 방법 중에서 왜 하필이면 이 연구방법을 선택했는가 하는 이유도 자세하게 명시하는 것이 좋다.

재료 및 방법 부분은 연구자 자신이 실제로 연구한 방법을 있는 그대로 서술하는 것이기 때문에 논문의 다른 부분들보다는 작성하기가 비교적 쉽고 간단한 편이다.

하지만, 실험한 내용이 많고 실험한 결과를 분석하는 방법이 다양한 경우에는 가능한 한 실험을 수행하면서 수행한 내용을 그때그때 적어 두는 것이 좋은데, 그렇게 하기 위해서는 연구를 수행할 때마다 매일 실험 과정과 연구결과를 자세히 정리해 두는 습관을 가져야 한다. 연구결과를 매일 정리하면, 연구자가 관찰한 내용을 구체적으로 상세히 기록할 수 있기 때문에 나중에 명확한 결론을 도출하거나 토의를 하는 데에 큰 도움이 될 수 있다. 또한 이런 습관은 연구계획을 수립하고 연구결과를 수정하는 데에도 큰 도움이 된다.

연구방법에 계산이 필요하면 계산 방법도 명시해야 하며, 통계적 분석 방법이 필요하면 통계를 낸 방법도 명시해 두어야 한다. 그리고 자료를 수집한 방법도 자세히 서술해 두는 것이 필요하다. 특히, 자신이 독창적으로 개발한 연구방법을 사용할 때에는 그것도 명확하게 소개해야 한다.

논문에 사용된 용어도 통일해야 한다. 예를 들면, 시간은 'hour, minute'를 쓰든지 'hr, m'를 쓰든지 하나를 선택하여 일관성 있게 사용해야 한다. '관찰하였다(observed), 수행하였다(performed), 사용하였다(used), 획득하였다

(obtained)' 등의 적극적이고 구체적인 단어를 써야 독자들에게 신뢰를 얻을 수 있다는 점도 명심해 둘 필요가 있다. 그리고 다른 과학자들이 이와 동일한 실험을 반복할 수 있다는 점, 즉 재현가능성(reproducibility)이 있어야 한다는 점을 항상 염두에 두고 이 부분을 작성해야 한다.

이런 점에서, 연구방법(재료 및 방법)에는 다음과 같은 내용이 반드시 포함되어야 한다.

- 첫째, 연구에 사용한 재료(시약, 효소, 촉매, 용매 등)를 자세히 명시한다.

다른 과학자가 동일한 실험을 수행할 때는 본 연구에서 사용한 동일한 재료를 사용할 수 있다. 시약 이름, 순도 (99.99% or 99.999%), 제조회사 이름 등을 자세히 명시한다.

- 둘째, 실험 조건을 구체적으로 명시한다.

예컨대, 실험 온도, 시간, 전압, 빛의 세기, 분광기기의 파장 등을 명확히 명시한다.

- 셋째, 연구에 사용한 기기(器機)를 자세히 소개한다.

기기의 규격, 제조회사, 국가명, 모델 번호, 제작 년도 등을 상세히 명시한다.

- 넷째, 실험과정을 구체적으로 설명한다.

실험과정은 위의 실험조건에서 실험재료를 실험기기로 실험을 한 과정을 명시하는 것이다. 실험과정은 다른 과학자들이 이와 동일한 실험과정을 통해 동일한 결과를 도출할 수 있을 정도로 자세하게 기술을 해야 한다. 혹시 논문에 이의가 제기될 경우, 공개적인 검증과정을 거치게 마련인데, 논문으로서의 가치를 제대로 인정받으려면 이와 같은 재현가능성(再現可能性)이 높아야 할 뿐 아니라 재현가능성 면에서 떳떳해야 한다.

• 다섯째, 계산 방법, 통계분석 방법 등을 구체적으로 제시한다.

어떤 계산 방법과 통계분석 방법을 사용했느냐에 따라 결과가 달라질 수 있고, 또 그 결과가 다름에 따라 다른 해석이 나올 수 있기 때문에 가능한 한 계산 및 통계분석 방법을 객관적으로 정리해 두는 것이 필요하다.

그러나 이 부분에서는 단지 실험 방법에 대해서만 기록을 해야 하며, 실험 결과(結果, result)와 토의(討議, discussion)에 대해서는 절대 기록하지 말아야 한다. 실험결과와 토론은 뒤에 이어질 부분에 서술하면 된다.

## 5.7 결과(Results)

결과(結果, results) 부분은 실험을 통해 얻어진 결과를 정리하여 기술하는 단계이다. 즉, 이 연구에서 무슨 실험을 했으며, 어떤 결과를 얻었는가 하는 것을 기술한다.

결과를 기술하는 데는 사실적(寫實的, descriptive) 설명, 표(table), 그림(figure) 등이 많이 이용되는데, 이 가운데 사실적 설명이 주가 되어야 하며, 표와 그림은 반드시 필요하다고 판단될 때만 보조적으로 활용해야 한다. 이때 표와 그림은 반드시 본문의 내용과 일치해야 하며, 가능한 한 표나 그림이 나타내는 의미를 글로 자세히 설명해 두어서 독자들이 표가 나타내는 의미를 잘 몰라서 어리둥절해하지 않도록 해야 한다.

• 첫째, 이 연구에 꼭 필요한 실험결과만을 정리해서 제시한다.

결과 부분에는 이 연구에서 수행된 모든 실험결과를 기술하는 것이 아니라, 제기한 문제를 해결하는 데 필요한 실험결과만을 정리하여 기술한다.

• 둘째, 실험결과를 기술할 때는 과거시제를 사용한다.

실험은 이미 완료된 상황이고, 결과는 그 실험을 통해 얻은 내용을 기술하는 것이기 때문에, 시제는 당연히 과거시제를 사용해야 한다. 하지만 표와 그림 등은 현재시제를 사용한다.

- 셋째, 주어로는 3인칭을 사용한다.

연구자가 1인칭 주어로 쓰이면 그 문장은 주관적인 문장이 되기 쉽다. 이렇게 되면 객관성을 요구하는 과학 글쓰기 문장으로는 적합하지 않다. 따라서 과학 글쓰기에서는 실험 내용을 3인칭 주어로 써서 문장을 최대한 객관적으로 만든다. 그러나 한글로 작성된 논문에서는 간혹 1인칭을 주어로 사용하기도 한다.

- 넷째, 가능한 한 실험한 순서대로 결과를 기술한다.

연구에서 제시한 문제점에 대한 답을 강조하여 기술하되, 이전의 선행연구에 발표된 다른 연구자들의 연구 실험결과와 본인이 수행한 현재의 연구 실험결과를 비교하여 기술한다.

## 5.8 토의(Discussion)

토의(討議, discussion)는 '논의(論議)' 또는 '고찰(考察)' 등의 이름으로 불리기도 하는데, 서론에 제시된 문제점과 가설에 대한 답변의 성격을 갖는 부분이다. 여기에는 실험결과에 대해 설명하고 또 실험결과가 갖는 과학적 의미를 기술해야 한다. 연구자에 따라 같은 실험결과를 다르게 해석할 수도 있으므로 매우 조심스럽게 접근해야 하며, 가능한 한 논리적이고 합리적인 방식으로 실험결과에 대해 설명하고 그에 대한 의미를 해석함으로써 차근차근 독자를 설득할 수 있어야 한다.

즉, 토의는 연구에 대한 배경과 가설을 상기시키면서 연구결과로부터 나온 정보(情報, data)가 의미하는 바를 정리하여 기술함과 동시에 연구결과가 당초의 예측과 일치하는지 그 여부를 기술하는 부분이다.

그리고 이전에 수행된 다른 연구자들의 논문과 비교 분석하여 어떤 점에서 유사하고 또 차이가 있는지를 설명한다. 만약 차이점이 발견되면 그 이유를 설명하되, 자신의 연구가 어떤 점에서 다른 연구자들의 연구보다 독창성이 있는지를 설명해야 한다. 그렇게 해야 논문으로서의 가치를 인정받을 수 있다. 자신의 연구결과가 기존의 이론에 상충되는지 아니면 일치하는지를 비교 검토하는 것도 의미가 있다.

또한 토의 부분에서는 자신의 연구결과를 스스로 평가하고, 연구결과의 해석과 논리가 명확하면 새로운 이론으로 제시한다. 연구결과를 다른 분야에 응용시킬 수 있는가 하는 것도 검토한 후에 만약 응용이 가능하면 이에 관해 논의해야 한다.

끝으로, 자신의 연구결과의 중요성을 이 부분에서 특히 강조해야 한다. 즉, 본인의 연구 성과가 해당 분야의 연구에 미칠 영향을 제시하면서 연구사적(研究史的) 의의가 있음을 강조할 필요가 있다. 그리고 이 연구에서 미처 다루지 못한 과제를 제시하거나 본 연구의 한계를 적시함으로써 앞으로의 과제를 확인하는 것도 의미가 있다.

실험결과와 토의는 엄격하게 구분이 되는 바, 다음과 같은 점에서 차이가 있다. 하지만 실험결과와 토의를 한 개의 장으로 묶어서 함께 기술하는 경우도 많이 있는데, 이에 대한 판단은 그 논문 작성자의 몫이다.

[표1] 실험결과와 토의의 차이점

| 실험결과 | 실험결과에 대한 토의 |
|---|---|
| 관찰한 정보 | 관찰한 정보의 과학적 의미 |
| 실험한 결과 | 실험결과의 과학적 해석 |
| 발생한 사건 | 사건의 과학적 의미 |
| 효과 | 효과의 과학적 의미 |

## 5.9 결론(Conclusion)

결론(結論, conclusion)은 이 논문에서 새로 밝힌 연구결과를 요약하고 또 그에 따른 중요성을 부각시키는 부분이다. 그리고 토의(討議) 부분이 분석하고 실험한 결과적인 데이터(data)를 바탕으로 그것이 의미하는 바를 최종적으로 논증하는 것이기 때문에, 경우에 따라서는 토의가 결론을 대신하기도 한다. 심지어 어떤 학술지는 '결론' 부분을 아예 의무적으로 요구하지 않는 경우도 있다.

결론은 왜(why), 어떻게(how) 이 연구를 시작하게 되었고, 이 연구를 통해 새롭게 발견하거나 창안한 내용은 무엇이며, 서론에 제기했던 문제를 재확인하고 그 문제가 어떻게 해결되었는지를 기술하면서 이 연구가 가지는 학술적 의미를 요약하는 부분이다. 이에 더하여 이 연구에서 미처 다루지 못했거나 여러 가지 한계 때문에 연구할 수 없었던 내용, 이 연구에 이어서 계속해서 연구되어야 할 논제 등을 제시하면 더 좋은 결론이 될 수 있다.

한편 결론은 연구의 결과를 짧게 기술하는 것이므로 이 부분에서는 더 이상 토의를 해서는 안 될 뿐만 아니라, 결과와 토의 부분에서 실제로 다루지 않은 주제나 내용을 마치 이 논문에서 연구를 수행한 것처럼 거짓으로 기술해서도 안 된다.

끝으로, 결론에 교과서에 있는 정도의 내용을 수록하여 논문의 질을 떨어트리거나, "우리의 연구결과를 확실히 밝히기 위해서 더 많은 연구가 필요하다." 와 같은 일반적 표현으로 마무리하지 않도록 주의하라. 이는 자신들의 연구결과를 약화시키는 표현일 뿐 아니라 하나마나한 말이다.

## 5.10 감사의 글(Acknowledgements)

감사의 글은 이 논문을 쓰는 데 직접 혹은 간접적으로 도움을 받은 개인이나 단체에 사의(謝意)를 표하는 부분으로 후기(後記)라고도 한다. 먼저, 감사의 글은 이 논문을 쓰는 데 필요한 재정적 지원을 한 사람이나 단체에 감사의 표시를 한다. 한국연구재단과 같은 특정한 단체에서 연구비를 지원하는 경우에는 특정한 문구와 번호를 넣어 달라고 요구하는 경우가 있는데, 이런 경우에는 반드시 이것을 명시해 주어야 한다. 이들 단체에서는 이와 같은 구절이 명시되어 있어야 그 연구비 지원에 의한 연구 결과물로 이 논문을 받아들이기 때문에 특히 감사의 글 부분을 주의해서 작성해야 한다.

그리고 연구에 직접적으로 필요한 기구(器具)나 재료(材料)를 지원하거나 간접적으로 아이디어를 제공한 동료 연구자들에게 감사의 표시를 하는 경우도 많다. 하지만 논문작성에 필요한 지도를 당연히 해야 하는 지도교수의 이름은 이 부분에 명시할 필요가 없으며, 동시에 이 논문을 작성하는 데 별다른 도움을 주지 않은 사람의 이름도 넣을 필요가 없다.

## 5.11 참고문헌(References)

참고문헌(參考文獻, references)은 이 논문을 작성하는 데 도움을 받았던 논문과 저서, 홈페이지명과 주소 등을 밝혀 놓은 부분이다.

참고문헌에는 필자명, 논문 혹은 저서명, 학회지명, 권 및 호수, 학회명 혹은 출판사명, 출판 년도, 쪽수 등이 기본적으로 들어가야 한다. 그러나 그 배열순서와 형식은 각 학술지마다 약간씩 차이가 있으므로 논문을 작성하기 전에 해당 학술지가 정한 그 배열순서와 형식을 반드시 확인해야 한다. 투고하고자 하는 학술지에서 정해 놓은 규정을 따르지 않을 경우, 논문심사위원들에게 부정적 인상을 주어서 결국에는 심사에서 탈락될 수도 있음을 명심해야 한다.

참고문헌은 어떤 의미에서 자신의 연구에 도움이 되었던 논저를 써 준 연구자들에게 감사하는 마음을 전하는 기능도 가지고 있다. 왜냐하면 이런 선행연구들이 없었다면 본인의 연구가 순조롭게 잘 수행되지 못했을 가능성도 있기 때문이다. 따라서 참고문헌에는 학파와 국적을 떠나서 실제로 도움이 많이 되었던 논저는 반드시 넣어 두어야 하고, 특히 본문에서 인용한 논문은 반드시 참고문헌에 들어있어야 한다.

그리고 참고문헌의 작성은 연구 윤리에 대한 사항도 포함되어 있다. 실제로 어떤 연구이든 자신의 독창적인 의견만으로는 구성될 수는 없는 이상, 논문을 써 가면서 도움을 받은 논저를 소개해 두는 것은 본인의 양심과 연구 윤리에도 부합되는 것이라 할 수 있다. 참고문헌의 작성에 따른 자세한 사항은 '제12장 자료 인용 전략' 부분을 참고하기 바란다.

그리고 과학 논문의 구체적인 예는 '부록3 자연과학 논문'과 '부록4 공학논문'을 참고하기 바란다.

PART

3

# 여러 가지 과학 글쓰기

chapter 06

# 실험노트 쓰기 전략

## 6.1 실험노트의 정의

실험노트(實驗노트, lab notebook)란 초등학교 학생들이 자신들의 자연 관찰기록, 야외관찰기록, 실험 기록 등을 쓰는 것처럼 학술 연구자가 직접 수행한 연구활동을 자세히 기록해 놓은 글을 말한다. 실험노트는 향후 실험보고서, 학술논문, 학위논문 등을 작성하는 데 필요한 기초 자료가 되기 때문에, 실험을 할 때마다 그 내용을 가능한 한 자세하게 기록해 두어야 한다. 그리고 이 실험 자료를 바탕으로 쓰인 논문과 관련하여 혹시라도 법적인 문제가 발생하게 되면 증거 자료로 이 실험노트가 사용되기도 한다.

실험노트는 단순한 하나의 기록문서처럼 보이지만, 사실은 연구자 자신이 속해있는 분야의 학계에 영향을 미칠 수 있고, 또한 자신의 연구실이 연구활동을 계속해 나가는 데도 매우 중요한 자료가 되기 때문에 특별히 신경 써서 실험노트를 작성해 두어야 한다.

또한, 실험노트는 연구자 자신이 앞으로 이와 비슷한 연구 활동을 하는 데도 필요하다. 즉, 자신이 행한 연구에 대한 실험방법과 연구 내용을 기록해 놓으면 이 기록이 연구자 본인이 계속해서 관련된 연구를 수행해 가는 데 중요한 자산(資産)이 된다.

## 6.2 실험노트 작성 요령

실험 노트는 가능한 한 매우 구체적으로 자세하게 작성하는 것이 바람직하다. 왜냐하면 실험노트를 제대로 작성해 놓지 않으면 나중에 보고서나 논문을 쓸 때 정확하지 않은 기억으로 인해 어려움을 겪을 수 있기 때문이다.

• 첫째, 실험노트는 다음 쪽에 기록 내용이 자동으로 복사되는 노트를 써라.

한 부는 연구실에 영구 보존하고, 또 다른 한 부는 자신의 연구 활동을 위해 연구자 자신이 보관하는 것이 바람직하다.

• 둘째, 실험노트는 반드시 제본된 노트를 사용하라.

왜냐하면 실험 노트는 법적인 효력을 가질 수 있기 때문이다. 즉, 지적 재산권이나 논문의 진위(眞僞) 등으로 인해 법적인 분쟁이 일어나면 실험 노트에 기록된 실험 날짜와 실험 내용이 매우 중요한 증거 자료가 될 수 있다. 만약 실험결과가 제본된 노트에 기록되어 있지 않으면 변조의 가능성 때문에 그 법적 효력은 많이 상실될 것이다. 따라서 실험노트를 잘못 기록하였다 하더라도 절대 그 쪽(page)을 찢어 버리는 일은 없어야 한다. 이런 점에서 실험노트는 쪽수가 인쇄되어 있는 노트를 사용하는 것이 바람직하다.

• 셋째, 실험노트는 엄격히 정해진 형식이 있는 것은 아니지만 일반적으로 IMRAD 형식을 따른다.

실험노트의 왼쪽 상단에는 실험한 날짜를, 오른쪽 상단에는 실험 번호를 기록하여 추후에 쉽게 검색할 수 있도록 '부록5 실험노트 예시'와 같이 작성해야 한다.

그리고 실험장소, 실험자, 실험 제목과 목적, 실험에 사용한 기구, 시약(試藥), 자세한 실험방법, 실험결과, 관찰결과, 계산식이나 통계처리 방법, 대략적인 자료 해석 및 결론, 향후 실험 방향 등을 차례대로 기록한다. 실험방법을 기록할 때는 반응물, 온도, 기압, 사용 장비 등 실험 환경을 최대한 자세히 기록한다. 시약의 경우에는 어떤 회사의 제품인지 순도는 얼마인지도 기록한다. 그렇게 해야 나중에 다른 연구자들이 필요할 때 이 과정을 꼭 같이 다시 반복할 수 있기 때문이다.

• 넷째, 실험결과가 컴퓨터 파일이면 컴퓨터 파일 이름을 반드시 기록하고, 파일이 저장되어 있는 저장 매체에 관한 정보를 기록하여 둔다.

연구결과가 출력된 것(hard copy)이라면 이를 실험 노트에 부착한다. 이때 보관 도중에 귀중한 연구결과가 분실되지 않도록 스카치 테이프나 풀로 단단히 부착한다. 또한 이런 출판물(hard copy)은 오랜 시간이 경과하면 변색(變色)이 되어서 논문이나 보고서 등에 사용하기 어렵기 때문에 컴퓨터 파일로 저장하여 두고, 꼭 필요할 때 인쇄하여 사용하는 것이 바람직하다.

• 다섯째, 일반적으로 실험노트는 한 면에 작성하고 다른 면은 계산이나 메모 등에 활용하는 것이 바람직하다.

일반적으로 실험이 완료되면 논문 형식으로 정리를 하게 되는데, 이때는 실험을 한 순서에 따라 적는 것이 아니라 IMRAD 형식에 따라 적기 때문에 한 면을 비워두면 최종적으로 실험결과를 정리하는 데 도움이 된다.

또한 다른 면(page)을 간단한 계산이나 아이디어 등을 기록하는 데에 사용하면 자료를 정리하거나 연구 계획을 수립하는 데에도 도움이 된다.

• 여섯째, 실험노트는 실험 당일에 작성하는 것을 원칙으로 한다.

왜냐하면 하루만 지나도 실험결과와 관찰 내용에 대한 혼동이 있을 수 있기 때문이다. 따라서 실험노트는 실험결과를 관찰한 그 순간에 기록하는 것이 가장 정확하다. 가능하다면 실험결과와 방법 등을 종이 노트보다는 '아래 아 한글'이나 '워드(MS word)'를 써서 전자 문서로 만들어서 컴퓨터에 저장하는 것이 바람직하다. 이미 컴퓨터에 실험 자료가 보관되어 있으면, 추후에 연구 논문이나 보고서를 작성할 때 시간도 절약되고 자료를 정리하기도 훨씬 수월하기 때문이다.

• 일곱째, 참고로 실험노트의 처음 몇 쪽은 색인(Index)을 위해 비워두고 기록하는 것이 바람직하다.

여기에 실험 제목과 실험 내용이 기록된 쪽수(page)를 기록하여 두면, 노트 전체를 일일이 모두 검색하지 않고도 기록된 실험 내용을 참고하고자 할 때 빠른 시간 안에 해당 내용을 검색할 수 있다.

chapter 07

# 실험보고서 쓰기 전략

## 7.1 실험보고서의 정의

실험보고서는 실험노트(laboratory notebook)를 기초로 실험 결과를 특정한 형태에 맞추어 작성한 문서이다. 실험보고서에는 대학생들이 실험 실습을 한 후에 작성하는 실험보고서, 대학의 연구실에서 연구결과를 작성하는 실험보고서, 전문 연구기관에서 외부 보고용으로 작성하는 실험보고서 등이 있다. 일반적으로 흔히 한국의 이공계 대학생들이 **리포트(report)**라고 부르는 것은 바로 이 '실험보고서'를 가리키는 경우가 많다.

특히, 학부 학생들이 과제의 하나로 작성하는 실험보고서는 특정한 과제에 대해 학생들이 얼마나 열심히 실험했는지, 실험 절차와 방법을 제대로 알고 있는지, 그리고 실험보고서를 양식에 맞게 잘 썼는지 등에 대해 알아보는 것이 목적이기 때문에, 학부 학생들은 이 실험결과에 대해 유의미한 해석을 충분히 하지 못했다 하더라도 마음에 부담을 가질 필요는 없다.

이 장에서는 주로 학부 학생들이 쓰는 실험 리포트에 초점을 맞추어 기술하고자 하며, 이것보다 더 정제된 양식과 의미해석을 요구하는 연구결과 보고서는 9장에서 별도로 다루고자 한다.

## 7.2 실험보고서의 기본 구조

실험보고서의 기본적인 구조도 흔히 말하는 IMRAD 형식을 취한다. 따라서 실험 제목, 서론, 재료 및 방법, 결과, 토론 및 결론, 참고문헌으로 이루어져 있으며, 각 항목에 필요한 내용을 적절하게 기록해야 한다. 각 항목을 자세히 살펴보면 아래와 같다.

### ■ 제목(Title)

실험 제목은 논문을 작성할 때의 제목 작성 방법과 동일한 요령으로 작성한다. 필요하다면 부제(sub title)를 붙여도 좋다.

### ■ 실험 날짜(Date)

실험이 실제로 수행된 날짜 혹은 기간을 기록한다. 수행된 날짜 혹은 기간이 긴 경우에는 번호를 매겨 가면서 차례대로 모두 기록한다.

### ■ 실험자의 인적사항(Personnel)

실험자 혹은 실험 조원들의 성명, 학번, 학부, 조 이름 등을 기록한다.

### ■ 서론(Introduction)

실험의 가설과 본 실험을 통해서 얻고자 목적과 이유를 기록한다. 또한 서론에서 이 실험과 관련 있는 기본적인 지식을 제공해서 보고서를 읽는 사람이 이 보고서의 내용을 쉽게 이해할 수 있도록 작성해야 한다. 하지만,

서론이 너무 길면 실험의 본질이 훼손될 수 있으므로 꼭 필요한 내용만 기록해야 한다. 따라서 서론을 작성하기 전에 실험과 연관 있는 자료를 많이 수집하고 가지런히 정리해 놓는 것이 좋다.

요컨대, 서론에는 문제의 제기, 보고서의 목적, 해결하고자 하는 문제의 성질, 가설, 연구의 범위와 방법, 끌어내려고 하는 연구결과, 연구의 의의와 중요성, 선행연구 업적의 소개 등과 같은 내용이 포함되는 것이 일반적이다.

### ■ 재료 및 방법(Materials and Methods)

실험에 사용한 기구 및 시약, 실험 과정 등 실제로 행한 실험 내용을 구체적으로 기록한다. 실험한 과정과 내용을 그림이나 도표와 사용하여 다른 사람이 이해할 수 있도록 하는 것도 좋은 방법이다. 특히 다른 사람이 이와 동일한 실험을 하기 원할 경우, 그대로 반복할 수 있을 정도로 실험조건을 구체적으로 기록해 놓아야 한다.

### ■ 결과(Results)

원칙적으로는 실험을 통해 얻은 모든 결과(結果, results)를 기록하되, 필요에 따라서는 표나 그래프를 이용하여 실험결과를 일목요연하게 볼 수 있도록 하면 좋다. 그리고 실험결과도 중요하지만, 그러한 결과를 도출한 과정도 자세히 설명해 두어야 한다. 하지만 그 결과가 어떤 과학적 의미를 갖는지를 밝히고 해석하는 것은 토론(討論) 혹은 고찰(考察)에 해당하는 것이므로 결과 부분에서는 단지 실험 과정을 통해 실제로 얻은 결과물만을 기록하면 된다.

### ■ 토론(Discussion) 및 결론(Conclusion)

'토론(討論)'은 고찰(考察), 토의(討議)라고도 하는데, 이 부분에서는 실험의 결과가 가지는 의미를 도출해서 기록한다. 즉, 실험결과가 지니고 있는 내재적 의미가 무엇이며, 또 실험결과가 나타내는 의미를 도출하는 과정을 설명하는 것이 토론의 목적이다.

이 부분에서는 실험 전반에 대한 의견과 실험할 때의 주의사항에 대해서도 기록할 수 있다. 그리고 이 실험과 관련된 선행 실험 연구가 있다면, 이 연구와 선행 연구가 어떤 관련성이 있는지 본 실험이 어떤 점에서 우월한지를 명시하는 것도 좋다. 또한 실험 전에 기대했던 목표나 기대값을 얻었는지여부와, 만약 기대값을 얻지 못했다면 그 이유가 무엇인지에 대해서도 기록해 두는 것이 필요하며, 실험의 개선 방향이나 미래의 연구 방향에 대해 제안을 하는 것도 좋은 방법이다.

■ 참고문헌(References)

연구를 수행하면서 참고한 자료에 대해 기록한다. 특히 본문을 작성하면서 인용한 논문은 모두 참고문헌에 반드시 넣어 두어야 한다. 참고문헌은 학술 논문, 전문서적, 인터넷 자료 등이 포함된다. 인터넷 자료를 참고하였을 경우에는 반드시 인터넷 주소를 기록해야 한다. 참고 서적을 기록할 때에는 저자명, 출판연도, 책 혹은 논문의 이름, 학회지의 권과 호수 명, 학회 혹은 출판사명, 참고한 쪽수 등의 내용이 포함되어야 한다:

## 7.3 실험보고서 작성 요령

실험보고서는 일종의 작은 논문의 성격을 지니므로 성의껏 작성해야 한다. 특히 학점을 잘 받으려는 학생은 무엇보다 먼저 자신이 실험 내용을 완전히 이해했다는 것을 보고서에서 보여 주어야 한다. 따라서 실험 교재에 있는 내용을 그대로 인용하지 말고, 그 실험을 통해 얻은 결과와 교재에 있는 내용, 그리고 선행연구를 잘 비교해서 이 실험이 어떤 의미를 지니는지를 서술해야 한다.

또한 실험보고서의 형식(format)을 잘 이해하고, 특정한 항목에 들어갈 내용을 제대로 정리해서 기술해야 한다. 왜냐하면 학부 학생들이 써서 제출하는 실험보고서는 앞으로 그 학생이 연구를 잘하기 위한 기초를 닦을 뿐 아니라, 논문을 작성하는 기초훈련을 하는 데 목적이 있으므로, 실험보고서의 양식에 맞추어서 내용을 잘 정리하는 법을 아는 것도 중요한 평가 항목이 되기 때문이다. 예컨대, '재료 및 방법'에 들어갈 내용을 '결과' 부분에 적는다든지, '결과'에 들어갈 내용을 '토의'에 적는다든지 하면, 결국 평가 교수는 이 학생은 실험보고서를 쓰는 법을 잘 모른다고 판단하고 낮은 점수를 부여할 수밖에 없다.

학부 학생들이 가장 작성하기 어려운 부분이 토론(討論, discussion) 부분인데, 토론은 본인 혹은 조원들이 실험한 결과에 대해 논하는 곳으로서, 얻어진 결론이 어떻게 해석되는 것이 가장 합리적이며, 또 그러한 해석을 통해 어떤 의미를 얻었는지를 기록하는 부분이다.

학부 학생들은 아직 전공지식이 부족하기 때문에 실험결과가 지니고 있는 의미를 정확하게 해석해 내는 것이 어렵기는 하겠지만, 본 실험과 관련이 깊은 여러 선행연구 논문이나 보고서를 읽고 공부를 함으로써, 이들과 본 실험결과가 어떤 관계가 있는지, 그리고 자신의 실험결과가 나타내고 있는 중요한 의미가 무엇인지를 도출해 낼 수 있도록 노력해야 할 것이다.

chapter 08

# 기획서 및 제안서 쓰기 전략

## 8.1 기획서 및 제안서의 정의

기획서나 제안서는 제안자가 원하는 일을 수행 할 수 있도록 내부 또는 외부 기관으로부터 승인을 받거나 재정적 지원을 받기 위해서 작성하는 글이다. 따라서 제안서는 제안서를 읽는 사람을 합리적으로 잘 납득시킬 수 있어야 한다. 따라서 왜 그런 연구가 필요한지, 그리고 그 연구가 잘 수행이 되었을 때 어떤 유익이 있는지를 명확히 해야 하며, 기획서의 제안자가 그 연구를 수행할 수 있는 능력을 충분히 가지고 있음을 집중적으로 부각시켜야 한다.

여기서 명심해야 할 것은 제안서를 읽는 사람은 여러 편의 제안서를 함께 읽는다는 것과 여러 기획서와 제안서 가운데 단지 몇 개만이 선택된다는 것이다. 따라서 제안서는 간단명료해야 하며 설득력이 있어야 한다.

즉, 기업체에서 제안서를 작성할 때는 제안서를 읽을 가능성이 있는 모든 사람들의 업무 영역과 기능을 반드시 고려해서 제안서를 작성해야 한다. 예를 들면, 이사급 이상의 고위직에 있는 사람들은 제안서를 통해 제안된 사업이 회사에 얼마 만한 이익을 줄 것인가에 관심이 있고, 과장이나 부장들은 그 제안서가 설득력이 있는지 또는 실현 가능성이 얼마나 높은지에 관심이 많다. 이들 양자를 모두 만족시킬 수 있는 제안서만이 최종적으로 채택될 수 있을 것이다.

## 8.2 기획서 및 제안서의 작성 요령

제안자는 제안서를 작성하기 전에 아래의 몇 가지 중요한 내용을 검토하는 것이 바람직하다.

먼저 제안자는 어떤 과제를 수행해야 하는지를 명확하게 알아야 한다. 왜냐하면 연구비를 지원하는 기관에서는 그 과제의 수행과 관련하여 특정한 몇 가지의 조건을 명시하여 과제를 공모하는 것이 일반적이기 때문이다. 또한 과제수행을 통해 제안자가 해결하고자 하는 문제점이 무엇이며, 그 문제가 얼마나 중요한지를 자세히 검토해야 할 뿐 아니라, 그 과제수행을 통해 제안하고자 하는 해결책이 제기된 문제점을 확실하게 해결할 수 있는지를 면밀히 검토해야 한다.

또한 제안서에서 제안하는 과제가 주어진 기간 안에 수행이 가능한지, 수행 방법이 적절한지, 그리고 수행결과를 평가할 수 있는 방법은 무엇인지 명확하게 인지해야 한다.

한편 제안서에서 요구하는 예산과 연구 범위가 적절한지도 자세히 검토하여 사업 제안서가 매우 타당성이 있음을 입증해야 한다.

연구 또는 사업을 제안하는 제안자가 과제 수행능력이 있는지 점검해야 하며, 제안서에서 제안하는 과제를 수행하기에 충분한 연구 인력과 연구 장비를 제대로 확보하고 있는지와 제안자의 자격에 결격 사유가 없는지도 반드시 확인해야 할 사항이다.

끝으로, 기획서와 제안서는 일반적으로 제안자가 소속된 기관을 통해 제출하기 때문에 기획서와 제안서를 제출하기 전에 소속기관장의 승인을 받아야 한다는 점도 명심할 필요가 있다.

## 8.3 기획서 및 제안서의 구조

기획서와 제안서에는 공모기관에 따라 그리고 과제의 성격에 따라 매우 다양한 형태가 있다. 하지만 기획서와 제안서는 일반적으로 표지, 초록, 목차, 서론, 과제의 배경, 과제 수행 방법, 결론, 보유 장비, 참가자의 인적사항, 참고문헌, 예산, 부록 등으로 구성되어 있다.

### ■ 표지(Title page)

제목 쪽에는 받는 사람(To), 보내는 사람(From), 제목(Subject)과 날짜(Date)가 포함되어야 하며, 제안서의 제목(Title)을 가능한 한 구체적으로 기술한다. 또한 파일 관리 차원에서 기획서의 참고번호를 명시하는 것이 바람직하다.

제안서를 읽고 연구 수행에 필요한 재정을 지원해 줄 단체의 이름을 표기하고, 제안자의 주소와 사업수행 기간을 명시한다. 또한 연구에 소요되는 예산과 제안서 제출 날짜를 기록하고, 제목 쪽의 하단에 제안서 작성자가 소속된 단체장의 서명을 받아야 한다.

### ■ 초록(Abstract)

초록은 500~1,000자 이내로 작성하는 것이 일반적이며, 제안서 전체의 내용을 요약해서 작성한다. 초록에는 문제의 제기와 제안서의 목적, 그리고 평가방법과 기대효과 등을 서술한다. 초록은 비전문가가 읽어도 쉽게 이해할 수 있을 정도로 쉽게 작성하는 것이 좋다.

■ 목차(Table of Contents)

기획서에 기록된 내용의 순서대로 목차를 만들되, 그 쪽수(page)를 함께 표시하여 평가위원들이 제안서의 내용을 찾아보는 데 편리하도록 한다.

■ 서론(Introduction)

기획서의 서론에서는 과제의 대상과 범위를 명확히 하면서, 그 제안의 목적과 중요성에 대해 서술한다. 특별히 그 과제가 성공적으로 수행되었을 때 얻을 수 있는 이익과 장점, 그리고 그에 따른 기대효과에 대해 제대로 기술하는 것이 바람직하다.

■ 과제의 배경(Background)

기획서에서 제기하는 문제점이 가지고 있는 역사적이고 현실적인 배경을 서술하고, 그 문제점을 해결하기 위해 수행된 선행연구들의 한계점을 지적한다. 이와 아울러 앞서 지적한 연구 또는 과제의 한계점을 토대로 제안서가 추구하는 과제의 문제 해결 방향을 최대한 부각시킨다.

■ 과제 수행방법(Description of Proposed activity)

제안서에서 제안한 목적을 이루기 위한 구체적인 계획, 연구결과의 평가를 위한 계획을 명시한다. 또한 과제의 수행일정을 자세히 명시하고, 업무 수행에 필요한 정보(가정 또는 가설 등)를 제공한다.

한편, 과제에 참여하고 있는 인력의 업무와 영역에 대해 명시하는 것이 바람직하며, 두 개 이상의 부서 또는 기관이 공동으로 과제를 수행하는 경우에는 두 기관이 어떻게 효율적으로 과제를 수행할 것인가에 대해 명확하게 한다.

물론 그 과제에 공동으로 참여하기로 한 기관 또는 부서는 그 과제를 수행하는 데 실제로 참여해야 하며, 제안자 또는 제안자가 속해 있는 부서나 기관이 전문적으로 수행할 수 없는 업무는 공동으로 참여하는 기관 또는 부서가 담당해야 한다.

### ■ 결론(結論, Results)

기획서 및 제안서를 쓰는 시점에서는 아직 연구가 수행되지 않았기 때문에 명확한 결론, 즉 해결책을 제시할 수 없기는 하지만 그 과제가 수행되어야 할 필요성을 부각시키기 위해서는 예상되는 결론을 제시해야 한다.

또한 과제의 수행결과가 미칠 수 있는 긍정적 영향에 대해 기술한다. 일반 회사에서 작성하는 기획서에는 그 기획서가 제대로 수행되었을 때 회사에 줄 수 있는 재정적 이익을 잘 부각시켜야 한다.

### ■ 보유 장비(Institutional Resources and Commitments)

제안자가 속한 단체가 제안한 활동에 필요한 장비를 갖추고 있는지를 명시한다. 만약 연구 활동에 필요한 장비를 갖추고 있지 않다면 그 대안이 무엇인지를 반드시 명시해야 한다. 만약 제안자가 속한 단체가 과제수행에 필요한 장비를 갖추고 있지 않거나 이에 대한 대안이 없을 경우에는 제안자의 연구 수행능력이 의심 받을 수 있어서 제안서가 채택되는 데 부정적인 영향을 미칠 수 있다.

### ■ 참고문헌(References)

연구를 수행하는 데 필요한 논문과 저서를 제시한다. 일반 이공계 분야의 학술논문을 쓸 때 작성하는 참고문헌과 유사하다.

■ 인적사항(Personnel)

인적사항란에는 제안한 활동을 수행하는 데에 필요한 인력에 대한 정보를 명시한다. 그리고 제안서의 수행에 참여하는 인력들이 과제를 수행하는 데 필요한 전문적인 연구능력을 갖추고 있음을 평가자에게 확실하게 보여 주어야 하는데, 이를 위해서는 연구 참여자들의 학력과 경력 등을 명시하는 것이 좋은 방법이다. 또한 인력은 예산과 깊은 연관이 있기 때문에 전체 예산에 맞추어 필요 인력을 적절하게 배정해야 한다.

■ 예산(Budget)

예산란에는 사업수행에 필요한 예산과 예산 편성 근거를 구체적으로 제시해야 하며, 도표를 활용하여 나타내는 것이 효율적이다. 한편 예산에는 인건비(내부 및 외부 인건비), 직접비(장비, 소모품 및 재료비, 여비), 원활하게 연구 활동을 지원하기 위한 소속기관의 간접비 등이 포함되며, 예산은 합리적인 수준에서 책정되어야 한다.

■ 부록(Appendixes)

제안서의 내용을 이해하는 데 도움이 될 수 있는 자료들을 추가로 첨부한다. 서명된 편지, 참여 확인서 등이 여기에 포함된다.

chapter 09

# 연구결과 보고서 쓰기 전략

## 9.1 연구결과 보고서의 정의

연구결과 보고서는 연구를 수행한 내용과 연구결과를 효과적으로 전달하는 데 목적이 있기 때문에, 보고서에는 연구를 수행한 것에 대한 실제적이고 구체적인 내용이 들어있어야 한다. 연구결과, 실험결과 또는 제안서의 수행결과는 일반적으로 보고서(報告書)의 형태로 과제를 발주한 부서에 보고되고 또 평가되기 때문에 보고서를 잘 쓰는 것은 자신과 자신이 소속된 단체의 성공과 밀접한 관련이 있다.

연구결과 보고서에는 격식의 유무에 따라 격식적 보고서(Formal Report)와 비격식적 보고서(Informal Report)로 나눌 수 있고, 보고서의 길이에 따라 짧은 보고서(Short Report)와 긴 보고서(Long Report)로 나눌 수 있다.

연구결과 보고서는 전문가를 비롯한 다양한 층의 사람들이 읽게 되기 때문에, 모든 독자들의 요구를 수용해야 하며, 다양한 층의 독자들이 보고서의 내용을 쉽게 이해할 수 있도록 기술하는 것이 중요하다. 따라서 연구결과 보고서는 보고서의 내용을 일반인을 기준으로 작성하는 것이 바람직하다.

다양한 독자들을 이해시키기 위해서는 일반적이고 보편적인 연구결과 보고서의 형식을 빌려서 작성하는 것이 가장 무난하다. 즉, 관리직에 있는 사람들과 일반인을 위한 보편적인 내용은 전반부인 서론(Foreword)과 요약(Summary) 부분에 기술하고, 전문가들을 위한 좀 더 심도 있는 내용은 후반부인 결과(Results)와 논의(Discussion) 부분에 기술하는 것이 일반적이다.

그리고 일이 발생되고 진행된 순으로 보고서의 내용을 나열하여 작성하는 것이 효율적이다. 관리직에 있는 사람들은 연구결과 보고서의 자세한 내용보다는 연구의 수행결과와 그 수행결과가 해당 기관에 미칠 수 있는 영향 등에 관심이 많기 때문에 이에 부합되게 서론(序論)과 요약(要約) 부분을 특히 신경 써서 작성해야 한다.

## 9.2 연구결과 보고서의 기본 구조

■ 표제(Heading)

표제에는 발신자와 수신자, 보고서의 주제와 날짜를 명시한다. 때에 따라서는 연구결과 보고서의 배포 범위, 보고서에 동봉되어 있는 서류, 참고자료 등을 기록하는 경우도 있다.

■ 서론(Foreword)

서론은 연구결과 보고서를 통해 제기된 문제점의 중요성과 그 해결책의 유효성을 독자들에게 알리는 역할을 하는 부분이다. 따라서 문제 제기와 함께 이에 대한 결론이 어떻게 맺어졌는지를 이곳에서 다루어야 한다. 그리고 왜 이 프로젝트(project)가 중요한지를 설명하고, 문제 해결을 위해 어떤 일이 진행되었는지를 기술한다. 마지막으로 보고서의 목적을 명시한다.

### ■ 요약(Summary)

요약의 목적은 프로젝트(project)를 수행한 결과를 기술하고, 그 결과에 따라 무엇을 해야 하는지를 기술하는 곳이며 연구결과(Results), 결론(Conclusion), 그리고 추후 진행 방향에 대한 내용이 여기에 포함된다.

### ■ 목차(Table of Contents)

목차는 연구결과 보고서 안에 어떤 내용이 기술되어 있는지, 이 주제들이 어떻게 논의되고 전개되었는지, 그리고 각각의 주제들이 어느 페이지에 기록이 되어 있는지를 독자에게 알려주는 기능을 가지고 있다.

목차를 작성할 때 들여쓰기와 수직 간격을 잘 조정해서 장(章)과 절(節)과 항(項)을 독자들이 쉽게 구별할 수 있도록 해야 한다. 또한 장이 바뀔 때에는 한 줄의 공간을 두어서 독자들이 읽기 쉽게 한다.

여기서 무엇보다 중요한 것은 목차의 제목과 본문의 제목이 일치해야 한다는 것이다.

### ■ 표와 그림 목록(Lists of Figures and Tables)

표와 그림 목록은 목차와 비슷한 기능을 하는 것으로 독자들이 표와 그림을 쉽게 찾을 수 있도록 도와주는 기능을 한다. 경우에 따라서는 표와 그림을 분리하여 목록을 각각 작성하기도 한다.

특히 표와 그림을 합쳤을 때 한 페이지 이상의 지면이 필요한 경우에는 표와 그림을 분리하여 작성하는 것이 바람직하다.

## 9.3 연구결과 보고서 작성 요령

### ■ 서론과 요약

서론(Foreword)은 다양한 배경을 가진 독자들이 빠른 시간 내에 보고서를 작성한 목적과 내용을 파악할 수 있도록 써야 한다. 따라서 서론은 독자들이 가장 중요한 이슈가 무엇인지를 쉽게 파악할 수 있도록 평이(平易)한 표현을 써서 작성해야 한다. 그러므로 이 부분에서는 연구에서 제기된 문제점을 소개하고, 왜 그 과제가 중요하고 그에 따른 연구가 필요했었는지 소개한 다음, 이러한 문제 해결을 위해 어떤 일들이 이 연구에서 진행되었는지를 기술해야 한다.

한편 요약(Summary)은 이 연구에서 수행된 연구결과(Results)와 토의(Discussion) 등을 간략하게 정리한 것으로 관리직에 있는 사람들이 의사결정을 쉽게 내릴 수 있도록 도와주는 역할을 해야 한다. 이를 위해 보고서 작성자가 관찰한 결과, 그 결과가 가지고 있는 의미, 그리고 그 결과에 따라 회사 또는 단체가 취해야 할 조치 등이 요약 부분에 간략히 정리되어 있어야 한다. 물론 관리자들이 관심을 가지고 있거나 궁금해할 사항들을 미리 고려하여 작성해야 한다. 일반적으로 관리자들은 다음과 같은 사항에 관심이 많다.

- 이 과제가 회사(또는 국가, 단체)에 중요한가?
- 과제 결과의 산업적 응용(타 분야로의 응용 포함)은 가능한가?
- 얼마나 많은 경비가 소요되는가?
- 경비나 응용의 한계 등에 따른 문제점은 없는가?
- 결과로부터 회사(또는 국가)가 얻을 수 있는 것은 무엇인가?
- 이 과제는 완결된 것인가, 아니면 투자가 계속되어야 하는가?
- 만약 과제가 계속 진행되어야 한다면 경비와 인력은 얼마나 더 소요될 것인가?
- 과제의 결과에 비추어 과제 책임자가 회사에 제안하고자 하는 사항

은 무엇인가?

- 타사와의 경쟁 관계를 고려해 볼 때, 이 과제에서 제안된 내용이 빠른 시일 내에 이루어져야 하는가?

위와 같은 질문을 예상하면서 결과 보고서를 작성하면, 관리직에 종사하는 사람들이 빠른 시간 내에 그 조직의 운영 방향을 설정하여 일을 진행할 수 있다. 그리고 이 부분은 전공이 전혀 다른 분야의 관리직에 있는 사람들도 읽을 수도 있으므로 가능한 한 쉽게 작성해야 한다.

■ 논의

논의(論議, Discussion)는 전문가(專門家)들을 위한 영역으로 과제에서 제안한 해법에 대한 근거를 제시하는 곳이다. 물론 관리자들 가운데도 그 내용을 자세히 알고 싶어 하는 사람도 있기는 하지만, 대부분의 관리자들은 자세한 내용에 대해서는 깊은 관심이 없는 편이다. 관리자들은 오히려 회사 내의 다른 전문가에게서 이 보고서의 내용에 대한 의견을 청취할 것이다. 따라서 이 논의 부분은 그 과제 분야에 대한 전문지식이 풍부한 전문가를 상대로 작성하는 것이 바람직하다. 관리자들은 결국 자신의 지식의 수준에 따라 각자 판단하여 보고서를 읽을 것이다.

## 9.4 연구결과 보고서의 형식

### 9.4.1 짧은 연구결과 보고서(Short Report)

짧은 형태의 연구결과 보고서는 1 내지 4페이지로 구성되며, 보통 조직의 내부에서 작성되고 읽혀진다. 따라서 짧은 형태의 보고서는 주로 전문지식을 가진 전문가들끼리 주고받는 형태의 보고서이다. 물론 전문지식이 다소 부족한 관리자들이 읽을 수 있음도 명심해야 한다. 이는 매우 단순하고 비형식적인 보고서의 형태로 연구실에서 작성하는 분기별 보고서 또는 월차 보고서가 이에 속한다고 볼 수 있다. 하지만 다양한 배경을 가진 전문가들이 읽는다는 점을 감안하여 짧은 형태의 보고서도 앞에서 소개한 일반적 보고서 형태를 갖추는 것이 바람직하다.

짧은 연구결과 보고서에는 보고자의 주소(Address), 보내는 사람(From), 받는 사람(To), 주제(Subject), 날짜(Date), 머리말(Foreword), 요지(Summary) 등이 들어간다.

### 9.4.2 긴 연구결과 보고서(Long Report)

긴 연구결과 보고서는 짧은 보고서에 비해 길이가 길고 많은 양의 기술적인 내용을 포함하기 때문에 보고서의 구조가 짧은 보고서와는 조금 다르다.

긴 연구결과 보고서는 머리말(Foreword), 요지(Summary), 논의(Discussion)의 세 부분으로 구성되어 있으며, 논의(Discussion)는 논의를 위한 도입(Introduction to the discussion), 논거(論據)와 주장의 전개(Proof and development of claims), 결론과 제안(Conclusions and Recommendations)으로 이뤄져 있다.

논의의 도입 부분(Introduction to the discussion)에서는 서론에서 제기되었던 문제점을 기술적인 면에서 다시 기술한다. 다시 말하면 논의(論議, Discussion)의 도입 부분에서 기술적인 관점에서의 문제점, 문제의 배경, 문제의 심각성, 문제점 해결을 위한 가용 가능한 해결 방안 등을 기술한다. 일반적으로 논의를 위한 도입부에는 서론에서보다는 더 자세한 내용을 기록한다.

한편, 서론과 논의의 도입 부분의 양은 보고서의 목적에 따라 다르다. 일반적으로 관리 문제에 대한 보고서는 서론 부분이 보고서의 대부분을 차지하고, 기술적인 문제나 목적 지향적인 보고서는 토론을 위한 도입 부분이

절반 이상을 차지한다.

[표2] 서론과 논의의 도입 부분의 상대적인 비율

| 구분 / 내용 | 서론 (Foreword) | 논의의 도입부 (Introduction to the Discussion) |
|---|---|---|
| 관리 문제 (Managerial Problem) | 35~70% | 0~20% |
| 기술적인 문제(Technical Problem) | 5~35% | 60~80% |
| 목적 (Purpose/Forecast of Contents) | 10~30% | 0~25% |

논거(Proof)와 주장의 전개(Development of claims)는 서론 다음에 나오는 것이 일반적이다. 저자의 논거(論據, proof) 제시와 주장(主張, claims)은 과학적 자료에 근거해야 설득력이 있고 공신력이 있다. 또한 실험자료의 과학적이고 정확한 분석(分析)도 매우 중요한 논거가 된다. 따라서 설험결과를 정확하게 분석하고 이를 과학적 논리에 따라 객관적으로 기록하는 것이 필수적이다. 그리고 다른 논문이나 보고서 등에 제시되어 있는 자료를 참조한 경우에는 참조한 그 논문이나 보고서를 참고문헌에 명시하는 것이 바람직하다.

결론(Conclusion)과 제안(Recommendation)은 논의(論議, Discussion)의 마지막 부분에 기술하며, 이 보고서를 읽는 전문가들이 원하는 정보들을 제공하는 데 사용된다. 여기에는 결론과 제안을 뒷받침할 수 있는 가장 중요한 기술(技術)적인 결과를 적는데, 이 내용이 너무 복잡하고 전문적이기 때문에 일반 관리자들이 이해하기에는 약간의 어려움이 있을 수도 있다. 이렇게 기술적인 내용을 서술한다는 면에서 서론과 차별화가 된다.

### 9.4.3 격식적 연구결과 보고서(Formal Report)

격식적 보고서는 외부 기관에 제출하는 것으로 긴 보고서의 형태를 취한다.

또한 외부로 유출되는 보고서이기 때문에 이런 보고서는 자신이 속한 기관을 대표하는 동시에 기관의 명예가 달려 있으므로 보고서의 외양이나 내용에 있어서 전문성을 띨 필요가 있다. 또한 그 기관의 직인(職印)을 반드시 찍어야 한다.

비격식적인 보고서는 받는 사람(To), 보내는 사람(From), 제목(Subject), 날짜(Date)를 보고서의 첫 페이지에 함께 기록하는 반면에, 격식적 보고서는 제목 페이지(Title page), 요약(Abstract), 목차(Table of Contents) 등의 순서로 이들을 각각 새로운 쪽에 작성한다. 물론 격식적 보고서도 서론(Introduction), 요약(Summary), 논의(Discussion)를 포함하고 있다. 이런 관점에서 보면 외부에 제출하는 형식적 보고서는 거의 한 권의 책(册)에 가까울 만큼 방대한 분량이 되는 경우가 많다. 제목 페이지(Title Page)는 보고서의 제목과 주된 내용을 기술하여 글을 읽는 사람들이 보고서를 읽어야 할지 말지를 결정하는데 도움을 준다.

제목 페이지(Title Page)에는 받는 사람(To), 보내는 사람(From) 등의 기본적인 내용 외에 아래와 같은 내용이 추가된다.

- 보고서를 받는 사람 또는 기관의 이름
- 보고서를 쓰는 사람의 이름과 기관의 이름
- 보고서의 제목
- 보고서 작성날짜
- 자금 지원기관
- 자금 지원 관리번호
- 과제를 시작하는 날짜와 마치는 날짜
- 보고서의 파일 번호

격식적 보고서의 형태는 위의 내용을 포함하되 보고서의 내용과 제출 기관에 따라 다소 달라질 수 있다.

결론적으로 격식적 보고서는 비격식적 보고서와 거의 형태가 유사하며, 단지 보고서의 내용에 따라 그리고 목적에 따라 달리 작성될 뿐이다. 일반적으로 국가에서 발주하는 연구과제에 대한 연구 결과보고서는 대부분 격식적 연구결과 보고서의 형식을 취한다.

### 9.4.4 비격식적 연구결과 보고서(Informal Report)

비격식적 연구결과 보고서는 형태적으로 볼 때 격식적 보고서와 매우 유사하나, 보고서의 내용이나 목적에 따라 간략하게 작성되는 것이 일반적이다. 그리고 보고서의 목적에 따라 길이나 형식에 구애받지 않고 자유롭게 작성되는 것이 특징이다.

chapter 10

# 학위논문 쓰기 전략

## 10.1 학위논문의 정의 및 특성

학위논문은 석사학위 논문과 박사학위 논문으로 나누어지며, 학위를 비준하는 기준이 되는 매우 중요한 글이다. 따라서 학위논문은 논문 심사에 참여하는 교수들의 심의를 통과해야 하기 때문에 심사위원들을 학술적으로 설득할 수 있어야 한다. 그러므로 학위논문 작성자는 연구의 학술적 전문성을 보여 줄 수 있어야 할 뿐만 아니라, 자신의 연구과제에 대한 통찰력과 깊은 이해력, 연구방향의 합리성과 연구방법의 정확성, 그리고 자신의 연구과제에 대한 분석 및 평가가 학위논문에 포함되어야 한다.

일반 논문과 달리 학위논문은 정해진 기간 내에 제출해야 하는 특성이 있기 때문에 충분한 시간을 가지고 작성해야 하며, 자신의 연구 활동을 구체적이고 자세하게 나타내야 한다. 특히 서론에서는 자신의 연구와 연관된 선행연구에 대해 비판적으로 자세히 고찰해야 하며, 연구방법에 대해서도 아주 상세하게 기록해야 한다.

또한 학위논문은 일반 대중이 읽는 글이 아니고 지도교수와 심사위원,

연구실 선 · 후배, 학위 내용과 관련된 전공교수 및 연구원 등이 주요 독자가 될 것이므로 해당 전공분야의 전문적인 학술용어를 사용하여 작성하는 것이 일반적이다. 그리고 서언에서 자신의 연구에 도움을 주었던 모든 사람들에게 감사의 글을 쓰는 것이 일반 연구논문과 다르다.

## 10.2 학위논문의 기본 구조

학위논문은 각 대학마다 일정한 양식을 제시하고 있는 것이 일반적이기 때문에 그 대학이 제시하는 양식에 따라 작성하면 된다. 하지만 학문의 성격과 전공에 따라 다소 융통성이 있다. 과학 논문은 기본적으로 IMRAD 형식을 따르고 있지만, 가장 중요한 것은 각 학부(학과)의 기준과 지도교수에게 달려 있다고 해도 과언이 아니다. 하지만 기본적인 표지형식과 글씨 크기, 초록 양식, 표와 그림의 양식 등은 엄격하게 규정하고 있으므로, 이 규정에 맞게 작성해야 한다. 학위논문의 일반적인 양식은 시대와 학문의 성격에 따라 다양하다. 이 책에서는 과학 분야에서 많이 쓰이고 있는 세 가지 양식을 소개하고자 한다.

- 첫째, 일반 학술 논문과 유사한 양식이다. 이는 서론, 재료 및 방법, 결과, 토의, 참고문헌, 부록(일반적으로 연구 결과물)의 순서로 작성하는 것이다.

- 둘째, 비슷한 연구를 대상만 바꾸어서 연구를 하는 경우에는 '서론'과 '재료 및 방법'은 전체적으로 작성하고 각 연구 대상별로 '결과 및 토의'를 나열하는 방법이다. 따라서 전체적인 구조는 다음과 같다.

[1] 서론

[2] 재료 및 방법

[3] 결과 및 토의(1), 결과 및 토의(2), 결과 및 토의(3) [………]

[4] 결론

[5] 참고문헌

[6] 부록

• 셋째, 최근에 많이 사용하는 양식으로, 서론 다음에 독립된 장을 나열하고 최종적으로 전체 결론을 내는 방식이다. 이때 각 독립된 장은 각각 서론, 재료 및 방법, 결과, 토의로 이루어져 있다. 전체적인 구조는 다음과 같다.

[1] 서론

[2] 제1장: 서론, 재료 및 방법, 결과, 토의

[3] 제2장: 서론, 재료 및 방법, 결과, 토의

[………]

[4] 결론

[5] 참고문헌

[6] 부록

이는 마치 학술논문을 몇 개 엮어 놓고 전체적인 서론과 결론을 첨가한 형태와 같다. 이는 최근에 형식적인 학위논문보다 학술지 논문을 더 중요하게 여기고, 또 학위논문 작성 이전에 이미 일부 결과가 학술지에 게재되는 것이 일반적이기 때문이다.

## 10.3 학위논문의 작성 요령

학위논문은 연구자가 수년에 걸친 연구결과를 기록해야 하기 때문에 많은 시간이 소요된다. 따라서 연구계획을 체계적으로 세운 후에 충분한 시간을 가지고 차근차근 논문을 작성하는 것이 바람직하다. 가장 효율적인 방법은 학위논문의 절대 부분을 차지하는 연구방법과 실험결과를 틈틈이 작성하여 워드(word) 파일로 관리하는 것이다. 실험노트를 작성할 때, 그 결과를 워드(word)나 아래아 한글을 써서 파일로 만들어 컴퓨터에 보관해 두면 학위논문을 작성할 때 유용하게 사용할 수 있다.

또한 지도교수는 항상 나의 우군(友軍)이라는 생각을 가지고 지도교수에게 도움을 요청하는 것이 바람직하다. 학위논문을 완벽하게 모두 완성하고 나서 지도교수에게 보여주겠다는 생각을 버려야 한다. 학위논문 작성기간은 학위 논문을 작성하면서 지도교수로부터 학문적 지도를 지속적으로 깊이 있게 받을 수 있는 마지막 기회이기 때문이다.

하지만 본인 스스로 수정 작업을 제대로 거치지 않은 논문을 지도교수에게 제출하고서 도움을 요청하는 것은 바람직한 태도가 아니다. 이런 일이 반복되면 본인의 학문적 역량을 의심 받을 수 있다. 학위논문을 작성하면서 자신의 학술적 전문성을 지도교수에게 보여 줄 수 있도록 최선의 노력을 다해야 한다.

또한 같은 연구실의 동료나 선배의 도움을 받을 수 있다. 지도교수에게 보여서 지도를 받기 전에 먼저 주위의 동료나 선배들에게 보여서 수정작업을 거치는 것도 바람직한 방법이다.

마지막으로 학위논문은 3~5인으로 이루어진 심사위원회의 심사를 거쳐야 되는데, 이 심사위원들은 다양한 전문분야의 전공자들일 수도 있으므로 이에 대해서도 철저히 대비해야 할 것이다.

chapter 11

# 그래픽 활용 전략

## 11.1 그래픽의 정의

그래픽(시각자료, Graphics)이란 그림, 숫자, 문장으로 이루어진 시각효과를 극대화시킨 것으로 본문의 내용을 측면 지원하는 기능을 한다. 연구를 통해 다양한 데이터(data)가 만들어지고, 연구자는 이 자료를 분석하고 해석한 결과를 글이나 그래픽을 사용하여 설명하는데, 글로 설명하는 것보다 그래픽으로 나타내는 것이 효과적일 때가 많다.

## 11.2 그래픽의 기능

- 첫째, 그래픽은 본문의 내용을 효율적으로 지원하는 역할을 한다.

특히 글만으로는 개념이나 사물을 설명하기 불가능하거나 설명이 비효율적인 경우에 그림, 도표와 같은 그래픽을 통해서 효과적으로 내용을 전달할 수 있다. 예컨대, 건축물 설계나 기계의 구조를 설명해야 하는 경우에는 자세한 설계 내용과 구조를 글로써만 독자들에게 전달하는 데는 한계가 있다.

따라서 이 경우에는 반드시 설계 도면이 명시되어야만 효과적으로 내용을 전달할 수 있다.

그리고 글로 써서 자세한 표현이 가능하다 하더라도 그래픽(graphics)을 사용하면 의미를 보다 더 쉽게 전달할 수 있는 장점이 있다.

- 둘째, 그래픽은 일반 글보다 오래 기억할 수 있다는 장점이 있다.

이는 중요한 내용을 글이 아닌 그림으로 효과적으로 표현할 수 있기 때문이다. 사람들은 글보다는 그림을 더 오래 기억하는 경향이 있다. 예컨대, 항암제인 Zetty란 물질의 항암 활성에 관한 결과를 기술하는 두 경우를 비교해 보자. 먼저 글로 되어 있는 경우는 다음과 같다.

> Zetty를 암세포에 주사한 쥐의 몸무게를 살펴보았는데, Zetty를 주사한 1개월 후의 무게 변화 결과는 다음과 같다. Zetty를 1, 2, 3, 4, 5, 6 μg을 주사하였을 때 쥐의 무게가 110, 109, 105, 100, 90, 83g으로 나타났으며, zetty를 주사하지 않은 쥐에 비해 몸무게가 가벼운 것으로 관찰되었다. 이는 Zetty에 의한 암 조직의 파괴로 인한 것으로 추측된다.

그리고 이 내용을 그래프로 나타내면 다음과 같다.

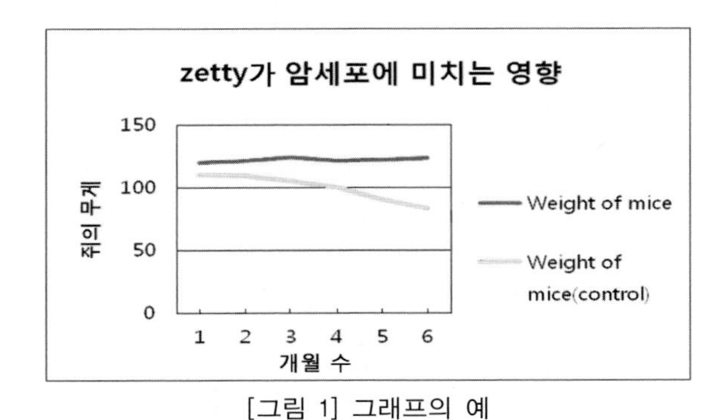


[그림 1] 그래프의 예

위의 두 경우는 Zetty가 암세포 조직을 파괴하여 결국 쥐의 몸무게가 가벼워지고 있음을 나타내고, Zetty의 농도에 따라 암 조직의 파괴 정도가 다르다는 것을 보여 주고 있는데, 글보다는 그래픽이 그 기술 목적을 더 정확하게 나타내고 있음을 알 수 있다.

- 셋째, **중요한 요점을 간단하게 정리하면서 강조하기 위해서 그래픽을 사용한다.**

그래픽은 시각효과가 높기 때문에 글 형태보다 독자들의 관심을 끌기가 더 쉽다. 따라서 중요한 요점들은 이와 같이 그래픽을 사용하여 전달하는 것이 더 효과적이다. 실제로 과학과 공학 분야에서는 그래픽을 사용하여 내용을 효율적으로 전달하고 있다.

- 넷째, **그래픽은 중요한 요점을 별도로 떼 내어 집중적으로 다룰 수 있게 해준다.**

여러 가지 복잡한 내용을 동시에 다루게 되는 결과(結果, results)와 토의(討議, discussion) 부분에서 그래픽을 효과적으로 사용할 수 있다.

- 다섯째, **어떤 중요한 요점을 강조하면서 정리하고자 할 때 사용한다.**

어떤 내용의 흐름을 설명하거나 무엇을 조립하는 순서를 설명하는 경우처럼 중요한 개념의 흐름을 설명하기 위해서는 흐름도(Flow chart)와 같은 그래픽을 사용하면 매우 효과적이다.

그래픽 자료의 효율성을 높이려면 어떻게 하면 그래픽(Graphics)을 효과적으로 만들 수 있을까 하는 것을 항상 염두에 두어야 한다. 만약 다양한 그래픽으로 설명이 가능할 경우에는 전달하고자 하는 내용을 가장 효과적으로 표현할 수 있는 그래픽을 선택하도록 해야 한다. 동일한 그래픽을 사용하더라도 데이터(data)를 어떤 방법으로 나열하느냐에 따라 그 효과가 매우 달라질 수 있다는 것도 명심해야 한다. 물론 그래픽의 종류에 따라 전달하는 이미지가 많이 달라지는 것은 너무도 당연하다.

그리고 언제 그래픽을 사용해야 하는가 하는 것도 염두에 두어야 한다. 이는 그래픽이 항상 필요한 것은 아니기 때문이다. 예컨대, 글만으로 내용을 충분히 전달할 수 있는데도 불구하고 굳이 그래픽을 사용하면, 오히려 그래픽이 눈에 거슬리고 출판을 했을 때 비용이 많이 들 뿐만 아니라, 그래픽을 만드느라 쓸데없이 에너지를 낭비하는 결과를 초래하기도 한다.

## 11.3 그래픽의 일반적 원리

- 첫째, 일반적으로 그래픽을 만드는 것은 글을 쓰는 것보다 시간과 노력이 많이 들기 때문에 공들인 만큼 그것이 명확한 기능을 수행할 수 있도록 만들어야 한다.
- 둘째, 그래픽은 데이터(data)를 정확하게 전달할 수 있어야 하고, 복잡한 관계를 간단하게 나타낼 뿐 아니라 독자들이 이것을 쉽게 이해할 수 있도록 만들어야 한다. 따라서 그래픽 내의 가로축과 세로축의 숫자들을 명확하게 표시해야 하고, 전체 내용을 효과적으로 전달할 수 있는 적절한 그래픽 방식을 선택해야 한다.

예를 들면, 시간의 흐름에 따른 어떤 자료의 변화 과정을 전달하고자 할 때는 선그래프(Line graph)를, 연도별로 그 절대값을 비교하고자 할 때는 막대그래프(Bar graph)를, 그리고 여론 조사와 같이 백분율을 표시하고자 할 때는 파이 다이어그램(Pie diagram)을 사용하는 것이 효율적이다.

- 셋째, 그래픽은 정보를 효과적으로 전달하는 것이 주목적이다. 따라서 그래픽 자체의 디자인보다는 어떻게 하면 독자들의 관심을 유도하고 효과적

으로 데이터(data) 정보를 전달할 수 있는지에 그 초점을 맞추어야 한다. 또한 그래픽을 지나치게 예쁘게 디자인하게 되면 독자들은 전달하고자 하는 내용보다는 그래픽의 아름다움에 더 관심을 갖게 되어 정보 내용을 전달하는 데 오히려 악영향을 미치게 된다는 것도 명심해야 한다.

• 넷째, 그래픽은 독자들로 하여금 본문의 내용이나 데이터(data)를 오해할 수 있도록 해서는 안 된다. 따라서 독자들에게 내용을 명확하게 전달하기 위해서는 아래의 사항을 준수해야 한다.

• [1] 본문에 있는 변수와 그래픽에 있는 변수의 수가 일치해야 한다. 본문에는 없는 변수가 그래픽 내에 있다든지, 그래픽 내에는 있는데 본문에는 그 변수가 없다든지 하는 경우에는 독자들이 혼란스러워 할 수 있으므로 주의를 기울여야 한다.

• [2] 데이터(data)의 변화나 비교를 잘 전달할 수 있도록 적절한 축척(縮尺, scale)을 사용해야 한다. 예컨대, 아래의 [그림2]에서처럼, 서울과 부산은 에너지 소비 차이가 매우 큰데 반해, 다른 도시는 에너지 소비의 차이가 그리 크지 않게 나타나 있다. 더구나 [그림2]에서는 소량이지만 제주지역(2.1)에서도 에너지가 소비되고 있음에도 불구하고 마치 에

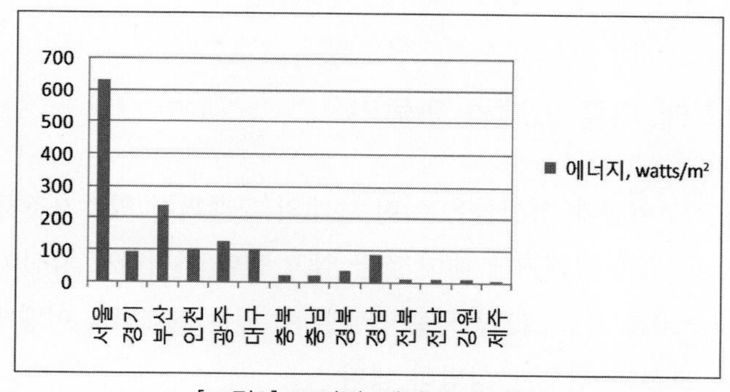


[그림2] 도시별 에너지 소비량

너지가 거의 소비되지 않는 것처럼 표시되어 있는데 이는 축척이 잘못되었기 때문이다. 따라서 서울 지역의 에너지 소비량을 따로 잘라서 표시하고, 다른 도시의 에너지 소비량을 적절하게 비교할 수 있도록 축척을 변경해야 한다.

• 다섯째, 그래픽들은 본문의 내용을 보충해 주는 것이 목적이므로 본문의 내용과 가까운 곳에 그래픽을 두어야 한다. 그래야 독자들이 전달하고자 하는 내용을 쉽게 이해할 수 있다. 과거에는 편집인이나 학술지의 출판사에서 편집을 하였으나, 최근에는 필자들이 직접 편집을 완료하여 PDF파일로 만들어서 학회에 제출하는 경향이 있기 때문에 그래픽 자료들을 본문 내용에 가까운 곳에 위치하도록 편집하는 것이 한층 쉬워졌다.

## 11.4 그래픽(Graphics)의 장점

- 첫째, 메시지를 강력하게 전달할 수 있도록 해 준다.
- 둘째, 본문의 중요한 요점을 간략하게 정리해 준다.
- 셋째, 내용을 오래 기억할 수 있는 형태의 자료로 정리해 준다.

## 11.5 상황에 따른 그래픽 만들기

일반적으로 이공계 학생들은 어떤 형태의 그래픽이 있는지조차 모르는 경우가 많이 있고, 그래픽에 대해 조금 알고 있다 하더라도 자신이 만들어 낸 데이터(data)를 가장 효과적으로 전달할 수 있는 그래픽을 어떻게 만들어야 할지를 모르는 경우가 상당히 많다.

따라서 과학 글쓰기를 제대로 하려면, 그 내용 정보에 알맞은 그래픽을 선택해서 자신에게 알맞게 그래픽을 만드는 방법을 알아야 한다. 그래픽을 만드는 원리는 다음과 같다.

- 첫째, 그래픽의 글은 왼쪽에서 오른쪽으로 진행된다. 일반적으로 그래픽에서 독립변수는 x축에 표시하는데, x값은 좌측에서 우측으로 갈수록 변수가 증가한다.
- 둘째, 중요한 것은 그래픽의 중심에 둔다.
- 셋째, 중요한 것은 앞쪽으로 배치한다.
- 넷째, 중요한 것은 크게 표시한다.
- 다섯째, 서로 밀접한 관계가 있거나 같은 내용이 연속되는 경우에는 같은 색, 같은 크기, 모양으로 일관성 있게 표시한다.

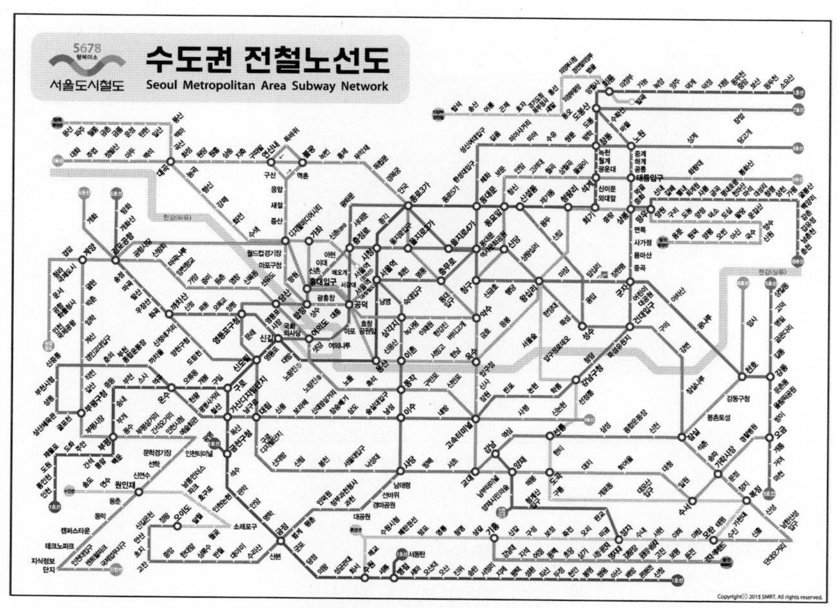


[그림3] 서울의 지하철 노선도

예컨대, [그림3]의 서울 지하철 노선도에서 각 노선들이 자주색, 초록색, 보라색, 파란색 등의 다양한 색으로 표시되어 있는데, 초록색은 2호선, 보라색은 5호선임을 나타낸다. 다시 말하면 초록색은 모두 2호선 역들로 연결되어 있다는 의미이고, 5호선은 보라색으로 연결되어 있다는 뜻이다.

## 11.6 그래픽의 종류

- 첫째, 선그래프(Line Graphs)

선그래프는 연속성과 방향성을 표현하는 데 가장 적절한 그래픽이다. 하지만 선그래프는 대단히 큰 변화가 있는 하나의 데이터 포인트(data point)나 매우 복잡한 여러 선의 관계, 혹은 여러 선이 만나는 점들을 표시하는 데에는 적합하지 않다.

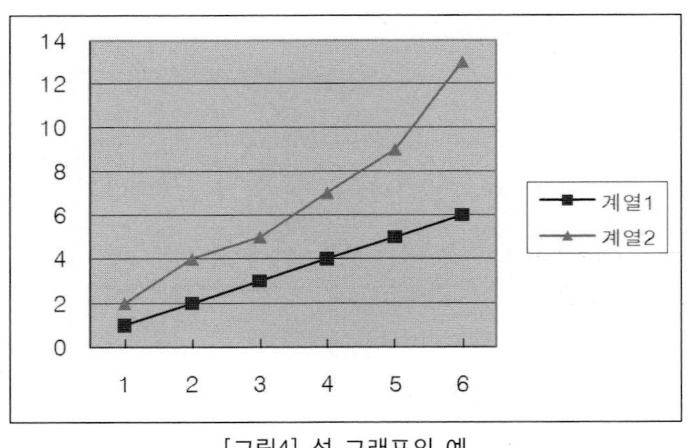


[그림4] 선 그래프의 예

- 둘째, 막대그래프(Bar Graphs)

막대그래프는 길이에 따라 양의 많고 적음을 표시하는 데 주로 쓰이기 때문에 방향보다는 전체 크기를 나타낸다든지, 연속성보다는 데이터(data) 간의 분리성을 나타내는 데 적절한 그래픽이다. 즉, 서너 가지 정보 데이터(data) 간의 관계를 동시에 비교한다든지, 작은 수와 큰 수를 비교한다든지, 유사한 숫자들 간의 차이점와 유사점을 비교한다든지 하는 데 효과적으로 쓰일 수 있다. 하지만 막대그래프는 데이터 포인트(data point)의 절대값이나 데이터(data)의 연속성을 표시하는 데에는 한계가 있다.

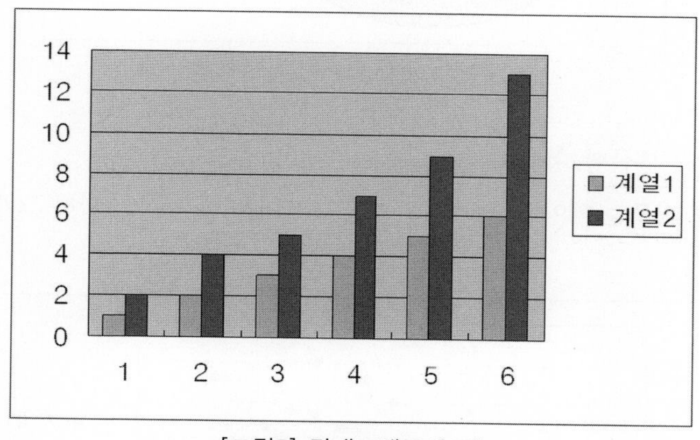


[그림5] 막대그래프의 예

- 셋째, 파이 다이어그램(Pie Diagram)

파이 다이어그램은 전체 합이 100%가 되는 서너 개의 정보 데이터(data)의 상관관계를 표시하는 데 적합하다. 하지만 자료들 간에 차이가 크게 나지 않을 경우에는 그 차이를 표현하기 어려울 뿐 아니라, 각 데이터(data)의 절대값을 표시하기가 어렵다는 한계가 있다.

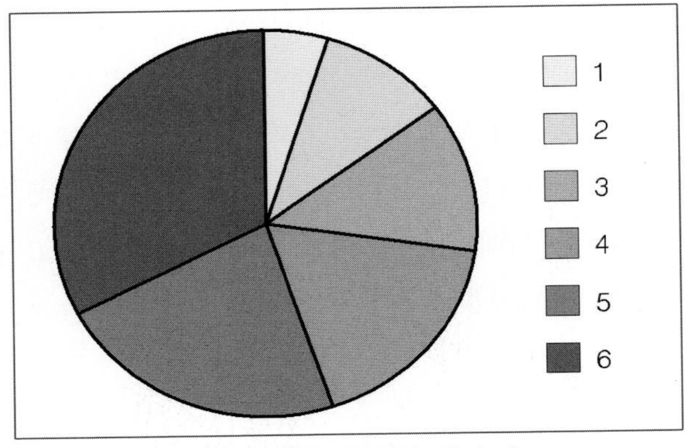

[그림6] 파이 다이어그램의 예

- 넷째, 분산형 차트(Scatter chart)

분산형 차트는 데이터(Data)의 분포를 나타내는 데 가장 적합한 그래프이다.

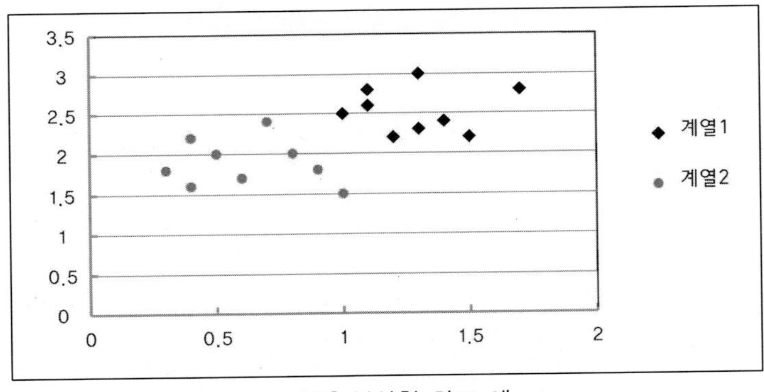

[그림7] 분산형 차트 예

- 다섯째, 표(Table)

표는 정확도를 요하는 자료와 데이터(data)의 절대값을 요하는 자료의 처리에 가장 적합한 방법이다. 하지만 표는 연속성이나 경향성을 표현하는 데에는 적합하지 않다. 또한 표는 시각적인 효과가 그리 크지 못하다는 한계가 있다.

따라서 표는 다른 종류의 그래픽에 비해 선호도가 가장 많이 떨어진다.

Table 1. Physical properties of various anionic lipid nanoparticles

| Lipid composition* | Anionic lipid | Mean particle size (nm) | Zeta potential (mV) | Loading efficiency (%) |
|---|---|---|---|---|
| HSPC : CHOL | **- | - | - | - |
| | DPPA | 118.5 ± 0.8 | -40.39 ± 1.9 | 88.2 ± 6.8 |
| | DMPA | 102.5 ± 5.5 | -36.18 ± 3.2 | 56.5 ± 2.3 |
| | DSPS | 140.7 ± 12.5 | -56.18 ± 3.5 | 45.5 ± 1.5 |
| | DSPG | 137.5 ± 2.5 | -66.18 ± 7.2 | 21.5 ± 2.8 |

*The lipid composition was composed of HSPC : CHOL at a mass ratio of 7 : 3. The data is shown as mean ± S.D. (n=3)
**Physical properties could not be characterized because of formation of lipid aggregates.

- 여섯째, 사진(Photograph)

사진은 저자가 시간과 돈, 또는 다른 그래픽을 사용할 수 있는 능력을 갖추지 못했을 때 사용하는 방법이다. 또한 연구 대상이나 연구 결과물의 겉모습을 강조하거나 다른 그래픽 방법으로 표현이 불가능한 경우에 사진이 가장 적절하게 사용된다.

Fig.1 Transparent unit cell

• 일곱째, 선(Line drawing)

선(線, Line drawing)은 크기나 위치 때문에 사진이나 그림 안에 내용을 자세히 표시할 공간이 없을 때 주로 쓴다. 또한 그림이나 사진에서 한 곳을 강조하기 위해서 사용하기도 한다.

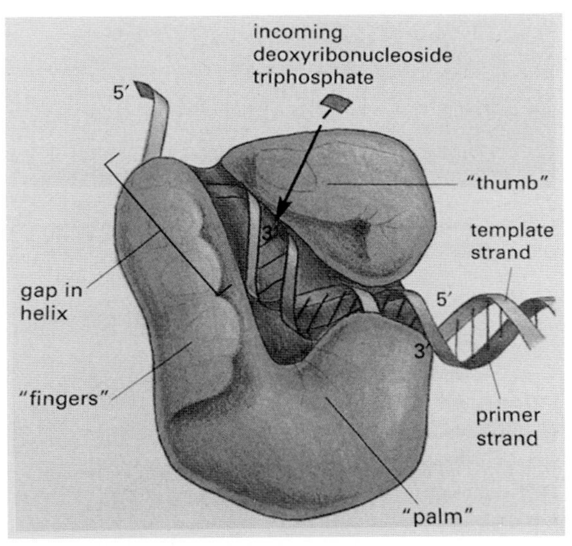


Fig.2 Line drawing의 예(DNA 복제과정)

• 여덟째, 흐름도(Flow chart)

흐름도(Flow chart)는 여러 단계의 과정을 차례대로 처음부터 끝까지 보여 줄 때 주로 쓴다. 흐름도에는 각 단계마다 적절한 일련의 표시를 해 주어야 하며, 흐름도의 방향은 왼쪽에서 오른쪽으로 혹은 위쪽에서 아래쪽으로 배열하는 것이 좋다.

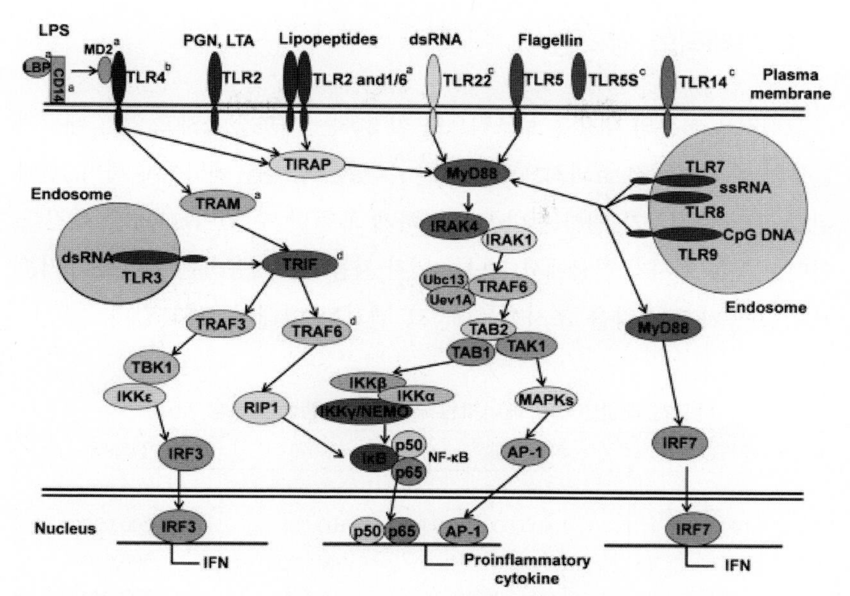


Flowchart 2. : Xuejun Li et al. 41, 2014, 380~388, Toll-like receptor recognition of bacteria in fish: Ligand specificity and signal pathways. Fish and Shellfish

## 11.7 그래픽의 제목

그래픽의 제목은 아래의 내용을 고려하여 만든다.

- 첫째, 제목은 그래픽의 내용을 가장 잘 설명할 수 있어야 한다.
- 둘째, 필요하면 부제(副題)를 사용할 수 있다.
- 셋째, 영어로 제목을 붙일 때는 첫 단어는 대문자로 시작한다.
- 넷째, 일반적인 약어(略語)를 제목의 시작으로 사용할 수 있다. 하지만 약어는 첫 단어를 대문자를 사용하지 않는다.

## 11.8 그래픽의 명확성

그래픽은 본문의 내용을 보조적으로 설명하는 기능을 가지고 있기 때문에 본문의 내용을 가장 효과적으로 설명할 수 있는 방법을 택하여야 하며, 선택된 그래픽은 저자가 원하는 바를 **명확하게 표현**할 수 있어야 한다. 예컨대, 어떤 자동차 회사가 한국에서 지난 20년간 자동차에 사용하는 에너지를 기준으로 자동차 생산량을 조사했는데, 그 결과는 아래의 표와 같다.

[표2] 대한민국의 에너지원 별 자동차 생산량(가상 자료)

| 연도 | 휘발유(대) | 경유(대) | 전기(대) |
|---|---|---|---|
| 1985 | 1,500,000 | 900,000 | 100,000 |
| 1990 | 1,400,000 | 1,100,000 | 200,000 |
| 1995 | 1,500,000 | 1,100,000 | 500,000 |
| 2000 | 1,200,000 | 1,000,000 | 700,000 |
| 2005 | 1,000,000 | 1,000,000 | 1,000,000 |

이 자료는 그 목적에 따라 다양한 방법으로 그래픽화 할 수 있다.

첫째, 연도별 자동차 총생산량의 증가에 초점을 맞추고 싶다면 어떤 형태의 그래픽이 가장 효과적일까? 가장 좁은 공간에 자동차 총 자동차 생산량을 표시하는 데는 그래프 형태가 가장 적합한데, 그렇다면 어떤 종류의 그래프가 가장 적절한 방법일까? 연도별로 비교하는 것이 주목적이므로 막대그래프가 가장 적절한 선택일 것이다. 그러면 막대그래프를 어떤 방식으로 나타내는 것이 바람직할까?

아마도 아래의 [그림8]과 같은 연도를 중심으로 나타낸 그래프가 자동차 총생산량의 변화를 가장 잘 기술할 수 있는 방법일 것이다.

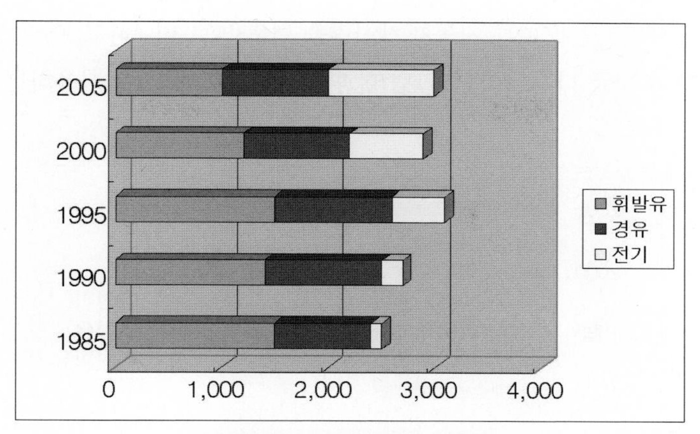


[그림8] 연도별 자동차 생산량

둘째, 약간 관점을 달리하여, 에너지원에 따른 자동차 생산량의 연도별 증감 추세와 연도별 생산량의 변화를 가장 잘 표현하기 위해서는 어떤 그래프가 가장 적절할까? 이를 위해서는 [그림9]와 같이 휘발유, 경유, 전기 등의 각 에너지원 별로 자동차 생산량을 나타내는 그래프를 그리는 것이 가장 적절한 방법일 것이다.

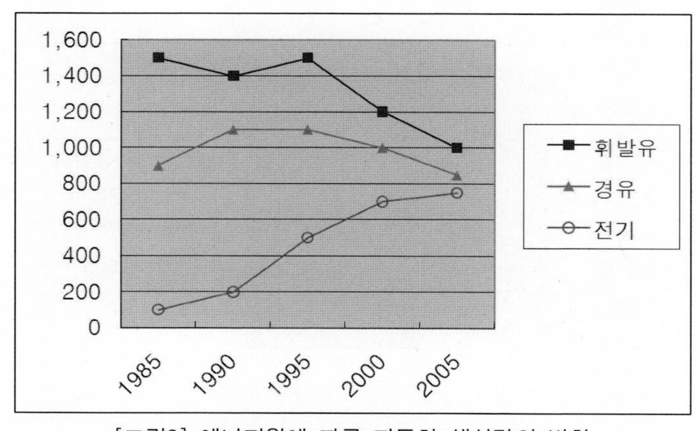


[그림9] 에너지원에 따른 자동차 생산량의 변화

셋째, 에너지원에 따른 자동차 생산량을 년도 별로 비교하고, 이와 동시에 그 변화 추세를 나타내려면 [그림10]과 같은 막대그래프를 사용하면 된다.

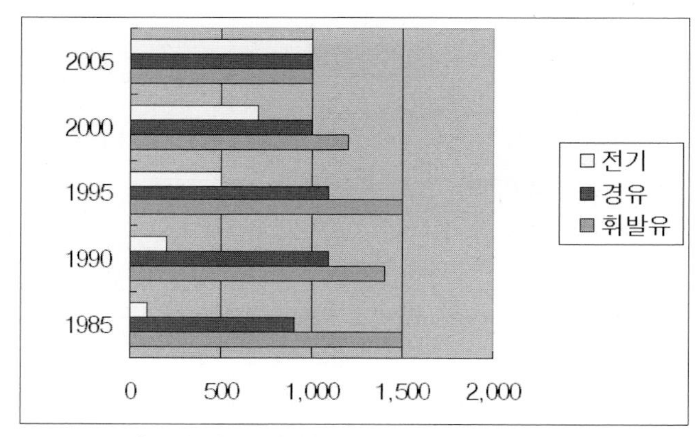


[그림10] 에너지원에 따른 자동차 생산량

넷째, 연도별 자동차의 총생산 량의 변화와 에너지원에 따른 자동차 생산량의 변화를 동시에 나타내고자 할 때에는 [그림11]과 같은 그래프가 가장 적절할 것이다.

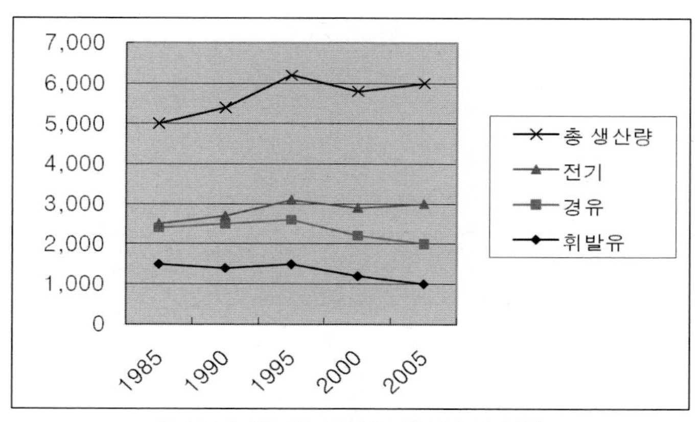


[그림11] 연도별 자동차 생산량의 변화

이상에서 살펴보았듯이 그래프를 사용해서 저자의 의도를 명확하게 전달하기 위해서는 그 중심 내용을 정확하게 나타낼 수 있는 적절한 방법을 선택해야 한다. 또한 그래프를 그리는 데 있어서 기술적으로도 명확하게 내용을 전달할 수 있어야 한다. 다시 말하면 그래프를 그릴 때 독자가 정확하게 저자의 의도를 파악할 수 있도록, 적절한 제목을 달고, 축(軸, axis)의 이름을 명시해야 하며, 이와 동시에 정보 내용(data)을 효과적으로 표시하는 데 필요한 그래픽 공간을 충분히 확보해 두어야 한다.

아래의 [그림12]는 그래프의 제목, 축 이름 등이 없어서, 이 그래프가 무슨 의미를 나타내는지 전혀 알 수 없는 그래프라고 할 수 있다. 따라서 이런 그래프는 제대로 된 그래프가 아니다.

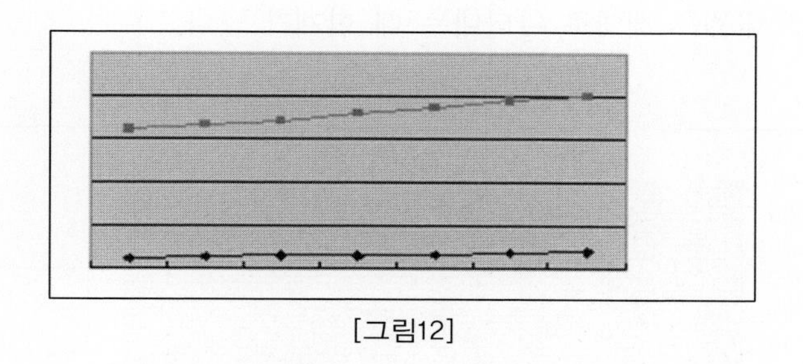

[그림12]

반면에 [그림13]은 그래프의 제목, X와 Y축의 이름을 갖추고 있으며, 범례를 통해 데이터(data)를 구별하였고, 빈 공간을 적절히 배치하여 독자들이 그 내용을 쉽게 이해할 수 있도록 배려한 잘 만든 그래프이다.

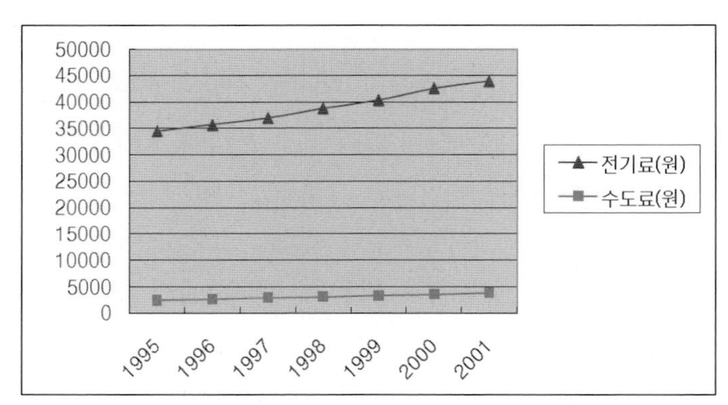


[그림13] 가구당 월별 수도 및 전기 요금

한편 [그림14]는 눈금이 너무 촘촘하고, 제목들이 지나치게 복잡하게 되어 있어서 그 내용을 제대로 나타내는 데 한계가 많다.

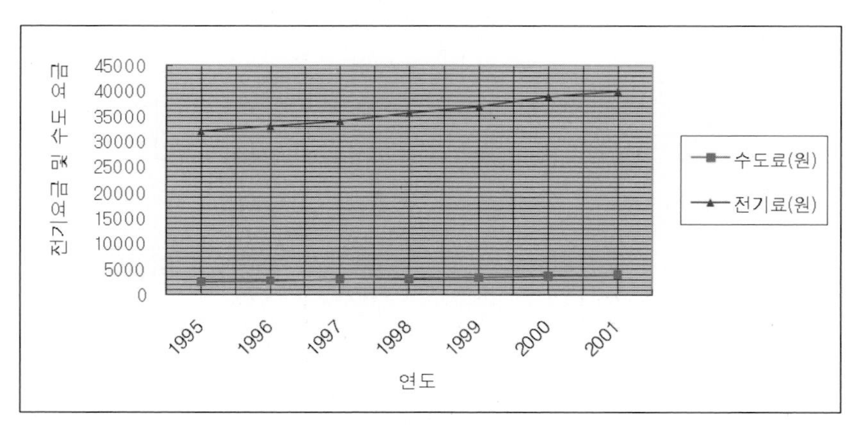


[그림14] 가구당 월별 수도 및 전기 요금

이상에서 살펴보았듯이 그래픽은 본문의 내용을 명확하게 전달할 수 있도록 여러 가지 측면을 고려하여 만들어야 한다.

이와 아울러, 그래프를 지나치게 과대(誇大) 혹은 과소(過小) 포장하거나, 필요 이상으로 다양한 색을 이용하거나, 3차원적인 막대그래프를 사용할 필요는 없다. 그렇게 기교를 부리다 보면 독자들의 관심이 엉뚱한 곳으로 유도되어 오히려 저자가 의도하는 바를 올바르게 전하는 데 장애가 될 수 있다.

chapter 12

# 자료 인용(Document Sources) 전략

## 12.1 인용을 하는 목적

기획서, 보고서, 논문 등을 작성하면서 참고한 자료는 모두 참고문헌(References)에 기록하는 것이 일반적이다. 자료 인용(引用)은 독자들이 기존의 자료를 참고하여 글의 내용을 더 잘 이해할 수 있도록 하는 데 도움을 줄 뿐만 아니라, 다른 사람의 견해와 자신의 견해를 비교함으로써 자신의 견해가 더 타당함을 입증하는 데 쓰이기도 하고, 다른 사람의 권위에 힘입어 자신의 견해가 매우 타당성이 있음을 강조하는 데 쓰이기도 한다.

인용은 두 곳에서 동시에 이루어지는데, 한 곳은 본문의 문장 중에서이고, 다른 한 곳은 논문이나 보고서의 마지막 부분에 있는 참고문헌(References) 부분에서이다. 참고문헌을 작성하는 방법은 매우 다양하지만, 어떤 방법을 택하든지 일관성을 지녀야 한다. 대부분의 과학 논문집은 참고문헌을 작성하는 데 대한 일정한 규정이 있다.

## 12.2 본문 속에 인용 표시하기

과학 논문의 경우, 참고한 논문이나 저서를 본문 속에서 인용하는 데는 첫째 "김영수(2007:45~52)에서는 HA1 부분의 변이가 HA2 부분보다 빈번히 일어나며 숙주 상피세포의 바이러스 결합과 수주 항체의 공격 대상이 된다고 보았다."에서처럼 저자의 이름과 출판연도, 그리고 참고한 쪽(page)의 수를 괄호 안에 넣어서 표시하는 방법이 있다.

이 방법은 필자가 논문을 써 가면서 인용한 내용을 수정하기가 매우 쉽다는 장점이 있다. 그뿐만 아니라, 독자들도 괄호 안에 들어있는 연도 확인을 통해 그 자료가 얼마나 오래된 것인지 쉽게 찾을 수 있기 때문에, 독자들이 연구를 진행함에 있어서 그 논문이 본인의 연구와 얼마나 연관성이 있는지 여부를 판단하는 데 도움이 될 수 있다.

둘째 "NA는 주로 receptor-destorying enzyme으로 불리며 인플루엔자 바이러스가 점막을 통과할 수 있게 해주며[8], 감염된 세포에서 바이러스가 방출될 수 있게 한다."에서처럼 참고한 문장이나 구절 뒤에 번호를 붙이되, 그 번호를 '소괄호'나 '대괄호' 안에 넣어서 표시하거나 그 번호를 '윗첨자'로 표시하고, 해당 논문에 대해 참고문헌(参考文獻)에 자세하게 제시하는 방법이다.

이 방법은 독자들이 논문을 읽어가는 도중에 방해를 받지 않고 그 논문의 요지를 파악하는 데는 도움이 된다. 하지만 나중에 본인의 논문을 교정하거나 수정하기가 매우 어렵고 복잡하다는 단점이 있다. 하지만 대부분의 과학 논문은 두 번째 방식을 취하고 있다.

## 12.3 참고문헌 작성하기

일반적으로 과학 논문의 경우에는 본문 속에서 논문이나 저서를 인용한 순서대로 [1], [2], [3] 등의 번호를 붙여서 참고문헌(References)을 작성하는 것이 원칙이다. 하지만 저자의 이름과 연도를 사용하는 경우는 알파벳 혹은 가나다 순서로 기록할 수도 있다. 개인적인 전화 통화나 대화 등의 내용은 참고문헌에 기입하지 않는다.

이에 대한 구체적인 예는 [부록2]의 대한기계학회의 논문 원고 집필 요령, [부록3]의 자연과학 논문 예시, [부록4]의 공학논문 예시를 참고하기 바란다.

## 12.4 표와 그림의 인용

만약 다른 자료로부터 복사(copy)하거나, 스캔(scan)한 자료를 본문에 사용하는 경우에는 아래 그림에서처럼 반드시 자료의 처음 출처(source)를 밝힘으로써 그 자료를 만든 원저자에게 공로(功勞)를 돌려야 한다. 그래야 연구 윤리 규정에 맞다.

Source: S.V. Cranberry. 2005. Anticancer activity of Zetty. Cancer Letter 123: 1234~1239.

## 12.5 전자정보의 인용(Citing Electronic Information Sources)

최근에는 컴퓨터와 인터넷의 발달로 인해 전자정보가 매우 풍부하게 유통되고 있기 때문에 어쩔 수 없이 전자정보 자료를 많이 활용하고 있다. 이런 자료를 인용할 때에도 자료의 출처를 정확히 밝히는 것이 바람직하다. 웹사이트(Website)에 올려져 있는 자료와 정보를 인용하는 경우에도 그것들을 검색한 연도와 날짜를 반드시 기록으로 남기는 것이 올바른 태도이다.

출처에 따른 여러 형태의 예를 제시하면 다음과 같다.

- 웹사이트(Website)

V. Gerasimov and E.

http://vadim.www.media.mit.edu/stt/bat.html (2009년 4월 6일 검색)

- 시디롬(CD-ROM)

Aquatic Sciences and Fisheries Abstracts 1988~1994. [CD-ROM] Cambridge Scientific Abstracts. Compact Disc. SP-160-010. Silver Platter.

http://www.silverplatter.com에서 열람 가능.

## 12.6 문장의 재구성(Paraphrases)

자신의 논문이나 보고서에 다른 연구자의 연구 결과를 따와서 쓰되, 따옴표 없이 그 연구물의 문장을 변형하여 사용하는 것을 '간접인용(間接引用)'이라고 하는데, 이 간접인용은 직접인용보다 훨씬 더 널리 쓰인다.

문장을 원문 그대로 인용하는 것을 '직접인용(直接引用)'이라고 하는데, 이 경우에는 따옴표(" ")를 사용해서 다른 연구물의 내용을 따왔음을 명확하게 표시해야 한다. 일반적으로 직접인용을 할 문장이 세 줄 이내인 경우에는 인용부호를 사용하는 것이 타당하나, 그 이상의 내용을 직접인용을 하는 경우에는 줄을 바꾸고 들여쓰기를 한 뒤, 즉 문단을 새로 만든 후에 글자 크기를 본문보다는 약간 작게 함으로써 그것이 인용한 문장임이 잘 드러나도록 해야 한다.

인용을 하는 데는 다음과 같은 양식이 보편적으로 사용된다.

- 첫째, 심사를 완료한 후 인쇄 중인 경우에는 "authors, in press (J. Org. Chem.)"과 같은 방법으로 기술한다.
- 둘째, 심사가 통과된 논문의 경우에는 "authors, to be published (J. Org. Chem.)"과 같이 곧 인쇄될 것이라는 표현을 사용한다.
- 셋째, 투고 중인 논문의 경우에는 "authors, submitted to (J. Org. Chem.)"과 같이 학회에 제출했다는 것을 명확히 명시해야 한다.
- 넷째, 투고를 하려고 준비 중인 논문의 경우에는 "authors, manuscript in preparation"과 같이 연구는 끝냈지만 아직 논문을 작성하고 있는 중이라는 표현을 해야 한다.
- 다섯째, 단지 구두상으로 문의한 경우에는 "authors, private communication"과 같이 기술한다.
- 여섯째, 아직 투고하지 않고 보관 중인 자료의 경우에는 "authors, unpublished data"과 같이 명시한다.

한편, 초록집(proceeding)은 비간행 논문(unpublished)으로 간주된다. 초록집은 다른 학술 논문과 달리 심사의 과정을 거치지 않는 경우가 대부분이기 때문이다.

일반적으로 저자의 수가 3인 이상인 경우, 본문에는 'Kim *et al.*'과 같이 공동저자의 이름을 생략할 수 있지만, 참고문헌에는 반드시 모든 저자의 이름을 명시해야 한다.

그리고 유사한 내용을 담고 있는 논저(論著)의 경우에는 먼저 나온 연구가 가장 중요할 뿐 아니라 다른 연구자들에게 큰 영향을 주었다고 판단할 수 있기 때문에, 참고문헌에는 출판년도가 오래된 논저부터 순서대로 적은 것이 바람직하다.

chapter 13

# 구두발표 전략

## 13.1 구두발표의 목적

이공계 전공자들은 논문이나 보고서 같은 글을 통해서도 서로 소통하지만, 구두발표(Oral Presentation)를 통해서도 학문적 교류를 나눈다. 즉, 각 학문을 대표하는 자연과학 학회(Scientific Society)에서는 1년에 몇 차례씩 정기적으로 학술대회(Conference)를 개최하여 학문적 교류하고 있는데, 구두발표도 연구결과를 바탕으로 학술대회에 참석한 연구자들을 잘 설득(說得)하는 것이 목적이기 때문에 이공계 전공자들도 설득력 있게 구두발표를 하는 법을 익히는 것은 매우 중요하다.

구두발표법을 익히기 위해서는 발표할 자료를 잘 준비하고 발표 연습을 많이 해서 발표 그 자체에 익숙해져야 한다. 구두발표를 잘하려면 아래와 같은 세 단계의 과정을 거치는 것이 일반적이다.

## 13.2 준비단계(Preparation)

대부분의 청중은 발표 내용에 오래도록 집중하지는 못한다. 따라서 발표가 끝날 때까지 청중들이 계속해서 발표자에게 관심을 쏟을 수 있도록 준비를 잘 해야 한다.

● 첫째, 청중 분석하기

청중들이 어떤 부류의 사람들인가 하는 것을 잘 파악하고 청중들의 지식수준과 경험에 알맞은 내용과 언어를 사용해야 한다. 이를 위해 다음과 같은 질문을 스스로 해 볼 필요가 있다.

- [1] 청중들은 발표 주제에 대해 어느 정도의 지식을 가지고 있는가?
- [2] 청중들은 발표를 통해 무엇을 얻고자 하는가?
- [3] 청중들은 얼마 정도 양의 정보를 소화하고 이해할 수 있는가?
- [4] 나의 발표를 통해 청중들은 무엇을 얻고자 하는가?
- [5] 청중들이 어떤 질문을 할 것인가?
- [6] 청중들의 주요 관심은 무엇인가?
- [7] 청중 속에서 가장 중요한 사람들은 누구인가?
- [8] 청중들이 발표 주제에 대해 큰 관심을 가지고 있는가?

발표 내용이 너무 어려워도 청중들의 관심을 잃을 것이고, 반대로 내용이 너무 쉬워도 청중들의 집중력이 떨어지게 된다.

● 둘째, 전달하고자 하는 요점 파악하기

주어진 시간 내에 전달하고자 하는 내용을 모두 파악하는 것은 매우 어렵다. 따라서 주어진 시간 내에 전달하고자 하는 요점을 정리하여 논리를 전개해 나가는 것이 중요하다. 이때 각 요점을 그 중요성에 비추어 시간을 적절하게 배정한다.

• 셋째, 청중들에게 전달할 내용과 수준을 명확하게 정하기

청중들에게 전달할 정보의 내용과 수준이 발표자의 머리 속에 미리 명확하게 잘 정리되어 있어야 효율적으로 발표할 수 있다. 그래야 주어진 시간 내에 발표를 끝낼 수 있고, 어떻게든 주어진 시간 내에 발표를 끝내야 청중들에게 좋은 이미지를 남길 수 있다.

• 넷째, 청중들에게 전달할 주제를 뒷받침할 수 있는 정보 자료 모으기

발표자는 주로 서너 가지의 주요 내용을 가지고 발표한다. 만약 발표자가 단지 이 서너 가지의 주요 내용만을 청중들에게 전달하려고 한다면 단 5분 이내에라도 모든 내용을 전달할 수 있다. 하지만 이는 결코 효율적인 전달 방법이 될 수 없다. 왜냐하면 그렇게 해서는 청중들이 그 서너 가지의 내용도 제대로 잘 이해하지도 못할 뿐 아니라, 이해를 했다 하더라도 그것을 오래 기억하지 못할 것이기 때문이다. 따라서 발표자는 청중들이 내용을 잘 이해하고 오래 기억할 수 있도록 여러 뒷받침 정보와 자료를 모으고 여러 가지 전달 방법을 개발해야 해야 한다. 아래 사항들을 고려하여 뒷받침 정보와 자료를 모으고 활용해 보자.

- [1] 어떤 정보와 자료가 주제를 뒷받침해 줄 수 있는가?
- [2] 청중들에게 강력하게 호소할 수 있는 정보와 자료에는 어떤 것들이 있는가?
- [3] 필요에 따라서는 발표 내용과 연관 있는 재미있는 일화(逸話)를 소개하는 것도 좋은 방법이다. 청중들은 발표시간 내내 집중 할 수는 없기 때문에 일화나 예시 등을 통해서 청중들의 머리를 잠시 쉬게 해 주는 것도 좋은 정보 전달 방법이다.

• [4] 실험에 관한 발표인 경우에는 논문을 쓰는 순서와 같은 순서로 정리한다.

• 다섯째, 적절하게 발표 내용 구성하기

주제를 청중들에게 효과적으로 전달하려면 발표할 내용을 체계적으로 구성하라. 물론 이 구성은 주제의 성격이나 청중의 특성에 따라 달라질 수 있다. 이때는 청중들이 가장 관심을 가질 만한 내용을 앞쪽에 배치하면 청중들의 관심을 집중시킬 수 있다.

• 여섯째, 대략적인 윤곽 잡기

주제를 뒷받침할 수 있는 요점들을 앞에서 정한 발표 내용의 구성순서에 따라 정리하여 발표 내용의 윤곽을 잡아라. 이는 전체적인 발표 논리를 세우는 데 매우 중요한 기능을 하며, 발표시간을 관리하는 데도 편리하다.

• 일곱째, 적절하게 시청각 자료를 활용하기

청중들의 관심을 발표자에게 집중시키는 방법 중의 하나는 시청각 자료를 적절하게 활용하는 것이다. 시청각 자료가 들어있지 않은 발표에는 청중들이 집중하기 어렵다. 또한 시청각 자료는 청중들이 그 발표 내용을 이해하는 데도 큰 도움이 된다. 과학자들이 최근에 가장 많이 활용하는 시청각 자료는 파워포인트(Power Point, 일명 ppt)와 동영상이다. 따라서 파워포인트를 만들거나 동영상을 사용하는 법을 익혀두는 것이 좋다.

시청각 자료는 청중들의 내용 이해를 돕기 위해 만드는 것이기 때문에 구성을 복잡하지 않게 만들어야 하고, 가능한 한 큰 글씨체를 사용하여 먼 곳에서도 잘 볼 수 있도록 해야 한다.

- [1] Overhead projector(OHP)
- [2] 슬라이드(Slides)
- [3] 칠판 또는 화이트보드
- [4] 유인물(Hand out)
- [5] 파워포인트(Power Point, ppt)
- [6] 동영상
- [7] 3차원 모델

### • 여덟째, 들머리(Introduction) 잘 준비하기

청중들이 발표 주제에 자연스럽게 접근할 수 있도록 하는 것이 들머리의 중요한 목적이다. 다시 말하면 본론에 들어가기 전에 청중들에게 발표의 주제와 요점 등을 미리 자연스럽게 알려 주면서 청중들의 관심을 끌어야 한다. 이때 재미있는 일화(逸話)나 자료(資料) 등을 통해서 자연스럽게 청중들을 발표 내용 속으로 끌어들여야 하며, 때로는 전문적인 용어에 대한 정의를 내리거나 요점을 미리 이야기함으로써 청중들의 호기심을 자극하는 것도 좋은 방법이다.

### • 아홉째, 마무리(Conclusion) 잘 준비하기

일반적으로 청중들은 발표 초기에 집중하다 중간에는 집중력을 잃고 마지막 부분에서 다시 집중력을 회복하는 경향이 있다. 즉, 청중들은 마지막 순간에 발표의 주요 내용을 다시 들을 것을 기대하고 있다는 것이다. 따라서 전반적인 발표 내용을 마무리 부분에서 다시 한 번 정리해 주는 것이 효율적인 구두발표 방법이다.

## 13.3 연습단계(Practice)

연습 단계에서는 다음과 같은 점에 주의해야 한다.

• 첫째, 연습을 통해 구두발표시간이 얼마나 걸리는지 점검하라.

발표시간이 정해진 것보다 오래 걸리거나 너무 짧아서는 안 된다. 발표 연습을 많이 해서 주어진 시간을 잘 맞추도록 해야 한다.

• 둘째, 여러 번 구두발표 연습을 하라.

발표 연습을 함으로써 발표 내용의 논리적 흐름이 자연스러운지 또는 더 첨가하거나 삭제해야 할 내용은 없는지 확인할 수 있기 때문에 여러 번의 발표연습 과정을 거치는 것이 바람직하다.

• 셋째, 구두발표 연습을 통해 자신감을 얻으라.

사실 발표장에는 낯선 사람들로 가득 차 있을 뿐 아니라, 분야별 전문가가 참석해 있기 때문에 긴장할 수밖에 없는데, 발표 연습을 많이 함으로써 이런 점들을 해소하고 자신감을 얻을 수 있다. 일단 자신감을 얻으면 발표를 자연스럽게 할 수 있으며, 이와 동시에 발표 내용을 효율적으로 잘 전달할 수 있다.

• 넷째, 가장 좋은 연습 방법은 동료들을 초대하여 그 앞에서 구두발표 연습을 하는 것이다.

발표연습에 참여해 준 동료들에게 본인의 발표가 다 끝날 때까지 질문하지 말고 기다렸다가 질문하도록 요청하고, 발표에 있어서의 미비점을 기록해 달라고 요청하라. 그래야만 구두발표에 소요되는 총시간을 측정할 수 있다.

• 다섯째, 동료들이 공감하기 어렵거나 이해하기 어려운 부분이 있으면 지적해 달라고 요청하라.

이때 동료들의 지적을 감사하는 마음으로 받아들이는 태도가 반드시 필요하다. 발표자 자신의 논리를 너무 내세우지 말고 동료들의 지적에 귀를 기울여야 한다. 이와 함께 자신의 구두발표 중 강점(强點, strength)을 지적해 달라고 요청해야 한다. 모든 구두발표에는 매우 중요한 부분과 일반적인 부분이 있기 마련인데, 이를 적절하게 조합하여 발표하는 것이 중요하다. 발표자 자신의 발표 내용 가운데 강점을 파악하는 것은 이런 계획을 세우는 데 도움이 된다.

• 여섯째, 비디오 카메라를 사용하는 것도 좋은 방법이다.

만약 자신의 구두발표를 들어줄 동료들을 구하기 어렵거나 동료들 앞에서 연습하기가 부담스러운 경우에는 자신의 발표 장면을 비디오 카메라에 담아 이를 다시 보면서 발표의 강점(强點)과 약점(弱點, weakness)을 파악해 이를 수정하는 것도 좋은 방법이다.

• 일곱째, 비디오 촬영이 어려운 경우에는 녹음기를 사용할 수도 있다.

비디오 촬영에 비해 그 효율이 떨어지기는 하지만 녹음 테이프는 이동성이 좋기 때문에 어디서든 수시로 청취가 가능하다는 장점이 있다.

• 여덟째, 구두발표 연습을 할 때는 아래의 사항을 반드시 고려하라.

- [1] 중요하다고 생각하는 요점은 여러 번 반복하라.
  하지만 너무 여러 번 반복하는 경우에는 청중들의 집중력을 떨어뜨릴 수 있으므로 주의해야 한다. 이런 경우에는 같은 내용이라 하더라도 다른 말로 풀어서 설명하는 것도 좋은 방법이다.

- [2] 부드럽게 연결하라.

  장과 장이 연결되거나 한 실험의 결과에서 다른 실험의 결과로 소재가 바뀔 때는 자연스럽게 논리가 전개되도록 적절한 표현법을 개발하라.

- [3] 발표에 등장하는 장비 및 기구들의 이름과 용도에 익숙해져야 한다.

  만약 발표자가 연구에 사용한 장비나 기구들의 이름을 모르면 청중들로부터 신뢰성을 잃게 되어 내용을 효율적으로 전달하기가 매우 어려워진다.

- [4] 자신에게 스스로 질문하라.

  청중들은 자신이 이해하지 못한 부분에 대해 질문할 것이다. 이때 발표자가 답변을 적절하게 하지 못하면 발표자에 대한 신뢰도가 떨어지게 된다. 또한 예상하지 못했던 질문도 발표자를 매우 당황하게 만들 수 있다. 따라서 청중들로부터 나올 예상 질문을 만들어서 적절한 답변을 미리 준비하는 것이 좋다.

  하지만 모든 질문에 대해 답할 필요는 없다. 때에 따라서는 어느 누구도 대답할 수 없는 질문이 나오기도 하기 때문이다.

  반면에 빈틈없이 완벽하게 구두발표를 함으로써 발표를 마친 후에 청중 중에 어느 누구도 질문하지 못하게 하는 것은 바람직하지 않다. 따라서 자신이 자신 있게 답변할 수 있는 내용에 약간 빈틈을 허용하여 청중들로부터 질문을 유도하는 것도 좋은 전략 중의 하나이다.

- [5] 자신만의 독특한 발표 방식을 개발해라.

  청중들이 발표 내용에 집중하도록 유도하기 위해서는 적절한 동작과 예화, 농담을 개발하라. 처음에는 이러한 것을 하는 것이 어색할 수 있기 때문에 동료들 앞에서 여러 차례 연습을 해보는 것이 좋다. 또한 가능한 한 발표자 자신의 불필요한 동작을 피해야 한다. 예컨대, 벽에 기대거나, 천정을 보거나, 창밖을 내다보거나, 마룻바닥을 쳐다보거나, 손톱을 물어뜯거나, 연필을 돌리거나 하는 행위 등은 매우 좋지 않은 버릇이다.

- [6] 자연스럽게 읽으라.
  경우에 따라서는 슬라이드에 있는 내용을 읽어야 하는 경우가 발생할 수 있는데, 이때는 글을 읽듯이 하지 말고 마치 말하듯이 자연스럽게 읽는 것이 좋다.

- 아홉째, 포인터(Pointer)를 잘 사용하라.

포인터를 잘 사용하면 청중들의 이목을 집중시킬 수 있으며, 주요 요점들을 하나하나 지적하면서 발표가 가능하기 때문에 청중들이 발표 내용을 차근차근 이해해 가는 데 큰 도움이 된다.

포인터는 일반적으로 레이저 포인터를 사용하는데 빛이 청중들의 눈에 비치지 않도록 특히 주의해야 하며, 사용하지 않을 때는 포인터를 꺼두는 것이 좋다. 계속 포인터를 켜두면 청중들의 집중력을 떨어트릴 수 있다.

## 13.4 구두발표 단계(Delivery)

구두발표를 할 때 가장 중요한 것은 긴장감을 푸는 것이다. 구두발표 준비와 연습을 아무리 많이 했다 하더라도 긴장감을 완전히 떨쳐 버리기는 매우 어렵다. 따라서 이런 긴장감을 오히려 발표에 필요한 에너지로 전환하는 것이 필요한데, 그렇다면 어떻게 하는 것이 좋을까?

여러 가지 좋은 방법이 있겠지만 일반적으로 알려진 방법들은 다음과 같다.

- 첫째, 발표준비를 철저히 하라.

특히 동료들 앞에서 모의 발표 연습을 여러 번 실행해 보라. 그러면 두려움이 사라질 것이다. 사람에 따라서는 너무 긴장한 나머지 발표를 앞에 두고 식사를 하지 못하는 경우도 있는데, 발표자는 에너지가 없으면 효율적으로 내용을 전달할 수가 없기 때문에 충분한 양의 식사를 하는 것이 바람직하다. 배가 너무 고프면 모든 신경이 위장으로 집중되기 때문에 두뇌 활동이 느려지게 되어 발표하고자 하는 내용을 전달하는 데 어려움을 겪을 수 있다. 따라서 소화가 잘되는 음식을 중심으로 충분한 양의 식사를 하는 것이 필요하다.

• 둘째, 복장은 깔끔하게 하는 것이 좋다.

가능하면 정장을 하는 것이 청중들에 대한 예의이다. 청중들은 외모(外貌)를 통해 사람들을 평가하기도 하기 때문이다. 발표자의 겉모습은 발표자의 신뢰도에 영향을 미칠 수도 있다.

• 셋째, 발표 전에 청중들의 일부를 만나려고 노력하라.

특히 초대자 또는 주최자와 짧은 대화를 통해 상대에 대한 편안한 느낌을 갖는 것이 매우 중요하다. 그리고 발표를 할 때에는 이들과 눈을 마주치며 발표하라. 이렇게 하면 아마 편안한 가운데 자연스럽게 발표를 마칠 수 있을 것이다. 특히 외부 초청 강의인 경우에는 예정된 강의시간보다 일찍 현장에 도착해서 구두발표를 하기 전에 초청자와 식사를 한다든지 차를 마신다든지 해서 사전에 친밀감을 높여주는 것이 좋다.

• 넷째, 자신감을 가져라.

항상 'I am the King in this talk.'라는 생각을 하라. 발표하는 내용에 대해서는 어느 누구보다도 발표자 자신이 가장 많이 알고 있음을 잊지 말라. 따라서 발표장에 입장을 할 때도 당당하게 입장하고, 발표를 할 때에도 어깨를 쫙 펴고 자신감 있게 발표하도록 노력하라. 필요에 따라 가끔 농담을 하는 것도 자신감의 표시이다. 내용에 적절한 또는 분위기에 적절한 농담이 생각나면 자연스럽게 농담을 표현하라. 하지만 농담하는 데 익숙하지 않는 발표자라면 무리하게 굳이 농담을 할 필요는 없다.

• 다섯째, 전달하고자 하는 주제 내용을 절대 잊지 말라.

구두발표 시간 내내 발표 내용 전체의 개요(概要)를 명심해야 하고, 각 실험 자료나 논리전개가 전체 주제와 틀을 벗어나서는 안 된다. 그리고 발표하고자 계획했던 모든 내용을 빠트리지 말고 전달하도록 노력해야 한다.

• 여섯째, 청중들에게 자신의 발표 내용이 매우 중요하다는 것을 적절히 각인시키라.

슬라이드 또는 파워포인터(ppt)를 사용하는 경우에는 청중들이 그 내용을 충분히 보고 이해할 수 있는 시간적 여유를 주라. 그리고 말의 속도도 적절히 유지하라. 발표의 속도가 너무 느리면 청중들은 지루함을 느껴 곧 관심을 다른 데로 돌리게 된다. 반면에 발표 속도가 너무 빠르면 청중들이 발표 내용을 따라오기 힘들기 때문에 이 역시 발표에 관심을 잃게 만든다.

• 일곱째, 발표 중에도 청중들에게 질문하도록 유도한다.

짧게 답변을 할 수 있는 질문에는 발표 중에 즉시 대답을 하고, 답변이 길어질 경우에는 질문 시간에 다시 질문해 달라고 요청한다. 질문을 받았을 때는 그 질문이 어렵거나 하찮아도 질문자에게 절대로 적대감을 보이면 안 된다. 혹시 발표자가 마음이 상하더라도 청중들 앞에서 적대감을 보이거나 언성을 높이지 말고, 발표를 모두 마친 뒤에 개인적으로 만나서 문제를 해결하도록 노력하라.

• 여덟째, 청중과 눈을 맞추어라.

청중과 눈을 맞추면서 발표를 하는 것은 청중으로부터 전문성을 인정받을 수 있는 기회이자 자신감을 가지고 발표하고 있다는 인상을 줄 수 있는 방법이다. 처음에는 청중들 가운데 잘 아는 사람과 눈을 맞추고, 그

폭을 발표를 진행하면서 서서히 넓혀 가는 것이 좋다. 이때 청중들의 표정이 좋지 않게 변하거나 청중이 구두발표 내용을 잘 이해하지 못하는 듯한 표정을 지으면, 그 부분을 천천히 다시 설명해서 청중들의 이해도를 높여야 한다. 필요하다면 "다시 설명해 드릴까요?"라고 물어보는 것도 지혜로운 방법이다.

chapter

# 14 이력서 및 자기소개서 쓰기 전략

일반적으로 학업을 마친 후 직장을 구하거나 상급 학교로 진학을 하게 되는데, 이때 필요한 글이 바로 이력서(Resume)와 자기소개서(Job letter)이다. 이력서와 자기소개서(Resume and Job letter)는 국내 기업체에 제출하는 국문 서식과 외국 기업체나 외국 소재 학교에 내는 영문 서식이 있는데, 이들 간에는 약간의 차이가 있다. 따라서 이 책에서는 국문과 영문 서식에 공통적으로 필요한 내용을 중심으로 서술하기로 한다.

## 14.1 이력서 및 자기소개서를 작성하기 전에 고려할 사항

회사에 지원하는 경우에는 이력서와 자기소개서를 작성하기 전에 구직자 자신이 하고 싶은 일이 무엇이지, 자신이 회사에 제공할 수 있는 기술이나 능력은 어떤 것이 있는지, 자신이 가고자 하는 회사가 하는 일은 무엇인지, 회사가 구직자에게 해 줄 수 있는 것은 무엇인지 등을 반드시 스스로 검토해 보아야 한다.

• 첫째, 자신이 원하는 일은 무엇인가?

무슨 일을 하든지 직장인은 스스로 자신의 일을 즐길 수 있어야 한다. 그러나 자신의 적성에 맞지도 않는 직장을 택하여 마음이 불편한 가운데 단지 돈을 버는 수단으로 직장을 다니고 있는 직장인들을 가끔 볼 수 있는데, 이는 결코 바람직한 현상이 아니다. 자신의 특성에 맞는, 자신이 즐길 수 있는 일을 스스로 찾아가는 적극적인 자세가 필요한 시대에 우리는 살고 있다.

자신이 하고 싶은 일이 무엇인지 알아보기 위해서는 가장 먼저 자신의 장단기 목표를 고려해 볼 필요가 있다. 예를 들면 3년 후에 외국으로 유학을 떠날 계획이라면 자신이 전공하고자 하는 학문 분야를 경험할 수 있는 쪽의 직장을 구하는 것이 자신의 미래에 유익하다. 경우에 따라서는 자신의 해외 유학을 위해서 단기간 국내 대학원에 다녀보는 경험을 하는 것도 나쁘지 않다.

그리고 지금까지 구직자 자신이 받아온 교육과 그 특성을 파악해야 한다. 이는 내가 가지고 있는 강점(强點)은 무엇이며, 자신이 가진 재능을 본인이 택한 직장에서 마음껏 발휘할 수 있을지를 깊이 고려해야 한다는 뜻이다. 본인이 받은 교육과 생활 경험을 통해 다른 사람들이 갖지 못한 강점이 자신에게 있는지 찾아보면, 아마도 자신도 놀랄 만큼 많은 강점과 재주를 자신이 가지고 있다는 사실을 발견할 것이다. 예컨대, 구직자 본인이 영국에서 2년간 살아 본 경험이 있다고 하자. 이것은 분명히 남들이 갖추지 못한 중요한 능력이다. 영어는 물론이고 영국의 문화와 영국인의 관습 등에 대한 자신의 지식과 경험은 남들이 갖지 못한 중요한 자산이다.

또한 본인이 '클라리넷'이라는 악기를 연주할 줄 안다고 생각해 보자. 이 또한 남들이 갖고 있지 못한 재주이자 장점이다. 구직자 본인의 직장에서 이런 재주를 살려 일할 수 있다면 자신의 직장 생활은 매우 즐거운 나날이 될 것이다.

이와 동시에 자신이 처한 재정적인 문제, 지리적인 문제, 또는 다른 개인적인 문제들도 고려해야 한다. 하지만 이런 고려 사항들에 일일이 답하기는 어려울 것이다. 그러므로 필요하다면 주변 사람들에게 조언을 구하는 것도 자신에 대해 파악하는 좋은 방법이다.

• 둘째, 관심 있는 기업이나 연구실의 상황을 파악하라.

구직자 본인이 관심을 가지고 있는 기업이 어떤 일을 하는 회사인지, 또는 구직자가 관심을 가지고 있는 그 대학 연구실에서는 어떠한 연구를 수행하고 있는지 파악해 보아야 한다. 일반적으로 기업체에 관한 정보는 기업체의 홍보자료나 기업의 웹사이트(website)에서 쉽게 구할 수 있으며 국회 도서관 등을 비롯한 여러 도서관에서도 결산보고, 연차 보고서 등의 자료를 구할 수 있다.

필요하다면 기업체의 관련자에게 직접 필요한 자료를 요청하거나 면담을 요청하여 해당 기업체를 자세히 분석할 필요가 있다. 대학의 연구실인 경우는 주로 연구실의 홈페이지 등을 통해서 자료와 정보를 구할 수 있으며, 그 연구실에서 제출한 논문을 읽어 보는 것도 좋은 방법이다. 물론 필요에 따라서는 연구실을 직접 방문하여 궁금한 사항에 대해 자세히 설명을 듣는 것도 한 방법이다.

• 셋째, 관심 있는 기업이나 연구실이 당신에게 제공할 수 있는 것은 무엇인가를 파악하라.

구직자 본인이 관심 있는 기업체가 본인에게 제공해 줄 수 있는 것이 무엇인가를 파악하는 것도 매우 중요한 문제이다. 보수, 직책, 업무, 퇴직금, 보험료, 이주비용 지원, 기타 사항 등에 대해 자세히 조사해 보아야 한다. 이런 지원제도는 회사마다 다르기 때문에 관심을 가지고 있는 회사의 일반 규정을 반드시 조사해 보아야 한다. 대학 연구실의 경우도 지원체계가 매우 다르기 때문에 먼저 보수, 근무 시간, 연구주제, 기타 지원 등에 대해 자세히 알아본 후에 지원 여부를 결정해야 한다.

## 14.2 이력서 및 자기소개서 작성의 일반적 유의사항

어떻게 하면 좋은 이력서를 쓸 수 있을까? 어찌 보면 참 어려운 질문이다. 하지만 입장을 바꿔 놓고 생각하면 그 답은 명확해진다. 만약 구직자 본인이 고용주(雇用主)라고 생각해 보자. 어떠한 사람을 뽑고 싶은가? 아마도 고용주는 그 자리에 가장 적합한 사람을 뽑고 싶을 것이다. 그러면 가장 적합한 사람이란 어떤 사람일까? 그 일에 합당한 능력을 갖추고, 믿을 만하고, 부지런하고, 정직하고, 건강하고, 논리적이고, 열심히 일하고, 재치 있고, 아이디어가 풍부한 인재가 가장 적합한 인재일 것이다. 따라서 구직자 본인이 이런 인재상에 적합한 자격을 갖추고 이력서와 자기소개서를 작성하면 본인이 원하는 직장을 누구보다 쉽게 구할 수 있을 것이다.

본인의 이력서(Resume)와 자기소개서(Cover letter)에는 자기 자신이 현재 지니고 있는 재능(才能)과 경력(經歷)에 대해 잘 쓸 수 있어야 한다. 위에서 열거한 여러 가지 능력도 중요하지만 당신이 가장 먼저 보여야 할 것은 본인의 글쓰기 능력(writing ability)이다. 본인이 아무리 업무 수행 능력이 좋고 우수한 자질과 경력을 갖추고 있다고 할지라도 당신의 글쓰기 실력이 엉망이라면 구직자 본인의 능력을 기업체에 온전히 전달할 수 없다. 더구나 인사 담당자는 구직 대상자를 만나기도 전에 1차적으로 그 대상자가 쓴 이력서(Resume)와 자기소개서(Cover letter)를 통해 대상자의 글쓰기 능력, 글을 통한 커뮤니케이션 능력부터 판단하게 될 것이다.

미국의 Penn State대학의 Davida와 Jack Rayman는 18명의 회사의 인사 담당자에게 72개의 이력서(Resume)를 평가해 달라고 요청하고 그 결과를 분석하는 연구를 수행하였다. 그 연구 결과에 의하면, 우수한 업무능력을 갖추고 있기는 하지만 문법이나, 단어 등에서 실수가 많이 있었던 구직자보다는 업무능력은 비록 조금 부족해도 이력서와 자기소개서를 잘 쓴 구직자를 인사 담당자들이 더 높게 평가했다고 한다. 따라서 구직자가 가장 먼저 갖추어야 할 능력은 좋은 글쓰기 능력이라 할 수 있다.

이력서와 자기소개서를 잘 쓰려면 다음과 같은 점에 유의해야 한다.

• 첫째, 널리 통용되는 일반적인 형식(Format)을 사용하라.

사람들은 각자 다양한 생각과 기대감을 가지고 살아가고 있기 때문에 다양한 형식의 이력서와 자기소개서를 쓸 수 있다. 구직자 자신의 특성을 잘 드러낼 수 있는 글을 쓰는 것이 중요하기는 하지만, 너무 생소한 형식을 사용하면 인사 담당자들을 오히려 불편하게 만들 수 있다. 그래서 가능한 한 많은 사람들이 널리 사용하고 있는 형식으로 이력서(Resume)와 자기소개서(Cover letter)를 작성하는 것이 바람직하다. 아무튼, 이력서와 자기소개서를 효과적으로 작성하려면 널리 통용되는 일반적인 서식(format)을 따르는 것이 좋다는 것이다.

회사나 연구소, 대학원에서 일정한 이력서와 자기소개서 양식을 제공하는 경우에는 반드시 그 양식에 맞추어서 작성해야 한다. 이를 따르지 않으면 입사 서류 자체가 접수되지 않는다.

• 둘째, 본인이 기업체나 연구실에 제공할 수 있는 것을 강조하라.

기업체나 연구실의 구인란을 자세히 분석해 보라. 필요하면 인사 담당자에게 전화를 하거나 전자메일(E-mail)을 보내서 기업체에서 요구하는 구체적인 자격(資格)이나 능력(能力), 경력(經歷)이 있는지 문의해 보라. 그리고 구직자 본인의 이력서(Resume)에는 해당 기업체나 연구소가 원하는 자격을 충분히 갖추고 있음을 강조하고 또 강조하라. 이는 구직자 자신이 그러한 능력이 있음을 알릴 뿐 아니라, 구직자가 그 기업체나 연구소에 깊은 관심을 가지고 있다는 것을 보여주는 것이다. 이를 위해 가능한 한 해당 회사나 연구소의 구인란에 나와 있는 단어와 표현을 사용하여 이력서와 자기소개서를 쓰는 것이 좋다.

• 셋째, **본인의 능력(ability)과 업적(accomplishment)을 강조하라.**

구직자 본인이 가지고 있는 현재의 능력과 그동안 이룬 업적(業績)을 강조하라. 그리고 이런 자신의 주장을 증명할 수 있는 확실한 자료를 제공하라. 예컨대 어학 시험 성적표, 추천서, 자격증 사본, 졸업장 등을 함께 준비하라.

또한 가능한 한 적극적이고 긍정적인 단어를 사용해서 문장을 만들어라. 특히 '기획했다(organized)', '개선했다(improved)', '창안했다(created)', '개발했다(developed)', '연구했다(researched)' 등의 단어를 사용하면 한층 더 적극적이고 긍정적인 문장을 만들 수 있다.

• 넷째, **인사 담당자 또는 연구실 담당자에게 면담을 요청하라.**

가능한 한 담당자와 전화로 통화할 기회를 갖고 이를 통해 최대한 정보를 얻으라. 구직자가 먼저 적극적인 태도를 보여야 한다. 담당자가 누구인지 잘 모르면 여러 방법으로 그가 누구인지 어떤 특성을 지닌 사람인지를 파악한 뒤 그 담당자와 만날 수 있도록 최선의 노력하라.

• 다섯째, **이력서(Resume)와 자기소개서(Cover Letter)를 예쁘게 포장하라.**

만약 구직자들의 이력서와 자기소개서의 내용이 매우 비슷한 수준이라면, 본인은 어떤 이력서와 자기소개서를 선택하겠는가? 본인도 사람이기 때문에 깔끔하고 멋있게 작성된 것을 선택하게 될 것이다. 인사 담당자도 마찬가지다. 이력서와 자기소개서를 전문가가 쓴 것처럼 멋있게 만들고, 특히 이들을 여러 번 점검하여 내용과 문법과 표현 면에서 실수가 없도록 주의하라. 특히 문법적으로 틀렸다든지 한글맞춤법에 맞지 않는 문장이 있으면 매우 부주의하고 산만하고 상식이 없는 사람으로 보이기 쉽다.

## 14.3 자기소개서(Cover Letter) 작성법

자기소개서(Cover letter)는 한 페이지 이내로 작성하는 것을 원칙이다. 그리고 간단하고 명료하게 작성하되 자기소개서의 밑단에 빈 공간을 많이 남기지 않은 것이 좋다. 만약 빈 공간이 생길 때에는 글자 크기나 줄 간격을 잘 조정하여 빈 공간을 최소화시키도록 해야 한다.

자기소개서(Cover letter)는 일반적으로 아래와 같이 다섯 부분으로 나누어져 있다.

- 첫째 부분 : 여는 글(Heading)

여는 글에는 구직자의 주소, 기업체 또는 연구실의 주소, 날짜를 기록한다.

- 둘째 부분 : 첫 문단(Introduction)

첫 문장에서는 간단한 인사와 더불어 자신을 소개하고, 자신이 바라는 바(career objective)를 명확히 밝힌다. 물론 이때 구직자가 갖추고 있는 능력이 기업체가 요구하는 조건과 일치한다는 것을 진정성 있게 기술해야 한다.

- 셋째 부분 : 둘째 문단(Main Body)

둘째 문단은 본론에 해당된다. 여기서는 주로 구직자 자신이 가지고 있는 경력(經歷)과 능력(能力)에 대해 기술한다. 물론 여기에 기술하는 경력과 능력은 기업이나 연구소에서 원하는 조건에 합당한 것을 중심으로 기록한다.

단순히 자신의 경험(experiences)을 기록하는 것보다는 자신의 업적(accomplishments), 구체적인 책무 이행 능력(responsibilities), 업무와 관련된 재능(work quality) 등을 기술하는 것이 더 효과적이다. 업적에는 학력(Education), 상벌 사항(Honors), 업무 경험(Work experience), 특기 사항(Special skill) 등을 기록한다.

그리고 자신이 기록한 능력이나 경력은 자격증(qualifications) 또는 시험 점수 등을 증빙자료로 첨부하여 기록한 내용이 모두 사실이라는 것을 명확히 할 필요가 있다. 객관적인 기록이나 자격증이 없을 때에는 기록된 사실을 입증해 줄 수 있는 추천인 또는 참고인의 이름과 소속, 연락처 등을 명시하는 것이 바람직하다.

자기소개서(Cover letter)는 이력서(Resume)와 달리 구직자의 모든 활동 경력을 기록하기보다는 구인란에 공고가 되어 있는 자격 요건에 부합되는 능력과 경력 위주로 작성한다. 하지만 일반적으로 이력서(Resume)에는 모든 경력을 모두 다 기록한다.

• 넷째 부분 : 닫는 글(Conclusion)

닫는 글에는 기타 사항을 짧게 기록하고, 면접을 볼 수 있으면 좋겠다고 간곡히 요청하라. 이를 위해 자신의 연락처와 연락이 가능한 시간대를 기록하는 것이 좋다.

• 다섯째 부분 : 끝 인사말(Greeting)

여기서는 간단히 '감사하다'는 말을 쓰면 된다. 영문 서식의 경우에는 'Sincerely yours, Very truly yours, Best wishes' 등의 인사말과 지원자의 이름을 쓴다.

## 14.4 이력서(Resume) 작성법

구직자 본인의 모든 경력과 경험, 능력을 이력서에 포함시켜야 한다. 따라서 자기소개서의 내용과 겹칠 수도 있지만, 이력서(Resume)는 자기소개서(Cover letter)와는 성격을 달리하는 문서이기 때문에, 자신의 경력과 능력 가운데 중요한 것들을 골라 이력서에서 강조할 필요가 있다. 다음의 사항을 잘 고려하면 이력서를 매우 성공적으로 작성할 수 있다.

- 첫째, 읽기 쉽게 작성하라.

이력서(Resume)는 짧고 명확하게 작성하는 것이 바람직하다. 따라서 좁은 공간에 가장 효율적으로 자신의 경력과 능력에 대해 적어야 하며, 소제목 등을 활용하여 인사 담당자가 쉽게 내용을 읽어 갈 수 있도록 해야 한다. 필요하다면 완전한 문장보다는 구(phrase)를 사용하여 공간을 최대한 활용할 수도 있다.

- 둘째, 자신의 개인적인 신상 기록을 모두 다 명시하라.

구직자의 이름, 주소, 전화번호, 이메일 주소 등을 기록하라. 과거에는 결혼 유무, 체중, 성별, 군필 여부 등을 기록하였으나 최근에는 개인의 사생활이 침해될 수 있기 때문에 자제하고 있는 실정이다. 그러나 필요에 따라서는 기록해야 한다.

- 셋째, 자신의 학력과 경력 등을 모두 다 기록하라.

구직자의 학력과 경력(업무와 연구 경력) 등을 기록하라. 경력과 학력의 분량이 많을 때에는 '학력(Education)'과 '경력(Work Experience)'을 분리하여 기록하는 것도 좋다. 이때 기업체나 연구실에서 요구하는 경력이나 학력을 가장 위에 기록해서 읽는 사람에게 강한 인상을 심어 주도록 하라.

만약 특정 분야의 박사학위 소지자를 뽑는 경우에는 구직자 자신의 학위와 연구경력을 가장 위에 기록하라. 인사 담당자는 위의 두 사항만으로도 만족할 수 있을 것이다.

하지만 학력에 비해 연구 경험이나 현장 근무 경험이 부족한 경우에는 학력을 더 강조하여 기록하라. 즉 자신의 단점은 감추고, 강점은 부각이 되도록 이력서를 구성해야 한다는 것이다. 반대의 경우도 만찬가지다.

특히 상장(賞狀)을 받은 적이 있으면 이것을 '수상 경력란(Honors and Activities)'에 별도로 기록한다. 이것은 구직자 본인이 다른 사람보다 우수한 능력과 자질을 가지고 있음을 증명하는 자료로 활용될 수 있다.

- 넷째, 추천인을 명기하라.

구직자가 기록한 것이 거짓이 아니라 모두 사실이라는 것을 입증해 줄 수 있는 추천인의 이름과 직위, 그리고 연락처를 기록하라. 물론 그렇게 하려면 사전에 추천인에게 양해를 구해야 함은 물론이다. 필요에 따라 인사 담당자가 추천인에게 연락을 해서 이력서에 기록되어 있는 내용의 사실 여부를 확인할 수 있기 때문이다. 국내에서는 이것이 아직 보편화 되어 있지 않지만 서구에서는 이미 보편적으로 쓰이고 있다.

또는 이력서를 받는 쪽에서 추천인에 관한 신상 정보를 요구하면 그것을 기꺼이 제공하겠다고 기록하는 것도 이력서의 신빙성을 높일 수 있는 좋은 방법이다.

chapter 15

# 과학 에세이 쓰기 전략

## 15.1 과학 에세이의 정의 및 특징

과학 에세이(scientific essay)란 과학적 내용을 에세이 형식으로 쓴 글을 말한다. 과학적 내용에는 여러 가지가 있을 수 있겠지만, 우선 과학적 사실, 과학의 발전, 과학에 대한 정책 등이 있다. 그리고 '에세이 형식'은 특정한 글의 형식에 얽매이지 않고 비교적 자유롭게 그리고 일반인들도 이해할 수 있을 정도로 쉽게 필자의 견해를 서술하는 것을 말한다.

과학 에세이는 과학적 사실을 대중들에게 알리고 또 공감대를 형성하게 하는 데 목적이 있기 때문에, 가능한 한 그 내용이 쉽게 이해될 수 있는 수준의 간결한 문장으로 작성하는 것이 매우 중요하다.

과학 에세이는 주로 논증 양식에 바탕을 두되, 설명과 묘사 양식을 가미하여 필자의 주장을 논리 정연하게 펼쳐나가는 것으로, 과학적 내용을 담은 신문의 칼럼이나 논술문을 가장 대표적인 과학 에세이의 예로 들 수 있다.

하지만 과학 에세이도 '에세이(essay)'라는 형식의 글이기 때문에 필자 나름대로 좀 더 자유스럽게 개성이 있는 글을 써 나갈 수도 있으며, 필자의 문체적

색깔이나 개성이 분명한 글을 쓸수록 더 좋은 과학 에세이가 되는 것은 당연하다.

그러나 에세이는 일반적인 독자를 대상으로 하는 글이기 때문에 필자의 생각이나 느낌을 독자가 쉽게 받아들일 수 있도록 하는 것이 중요한데, 그렇게 하기 위해서는 국한문을 혼용하는 것보다는 한글 전용을 하는 것이 낫고, 현학적이고 지나치게 어려운 한자어나 서구 외래어를 쓰는 것보다는 일상적인 평이한 단어를 쓰는 것이 좋다. 그리고 문장의 길이도 몇 번을 반복해서 읽어야 그 내용을 알 정도로 길어서는 안 되며, 여러 개의 절이 복잡하게 얽혀있는 복합문보다는 간결한 문장이 좋다. 그리고 독자를 대하는 어조(語調, tone)도 너무 딱딱하거나 권위적인 어조보다는 겸손하고 친근한 어조가 더 설득력이 있다.

## 15.2 주제 정하기

좋은 과학 에세이를 쓰기 위해서는 주제를 잘 정해야 하는데, 주제를 정하는 데는 '가치의 문제'와 '내용의 문제', 그리고 '구체화의 문제'로 나누어서 생각해 볼 수 있다.

첫째, 가치(價値)의 문제는 쓰고자 하는 과학 에세이가 독자들이 보았을 때, 독자들이 흥미를 가질 만할 뿐만 아니라 사회발전에 도움이 될 만한 것이어야 한다. 왜냐하면 과학 에세이를 읽고 그 가치를 판단하는 것은 결국 독자들의 몫이기 때문이다.

하지만 에세이는 주관적인 글이어서 필자가 가지고 있는 가치관(價値觀)을 충분히 담을 수 있도록 주제로 잡는 것도 중요한데, 이런 경우에는 진실되고 진지하게, 그리고 긍정적이고 발전적인 방향으로 여론을 이끌 수 있도록 해야 한다.

특히, 주제는 필자가 이 에세이를 통해 말하고자 하는 바이기 때문에, 왜 이와 같은 에세이를 쓰게 되었는가 하는 것이 문면에 명확하게 잘 드러나 있어야 하며, 이와 동시에 그 대답이 합리적으로 이해되고 인식될 수 있도록 내용을 구성해 가야 한다.

둘째, 내용의 문제는 쓰고자 하는 주제에 대해 필자가 얼마나 많이 알고 있고, 또 그에 대한 새롭고 분명한 식견(識見)을 가지고 있느냐의 문제이다. 독자들이 읽을 만한 글을 쓰려면, 어느 누구보다 필자는 그 주제에 대해 많이 알고 있어야 하고, 그에 대한 정확하고 새로운 자료를 많이 확보하고 있어야 하며, 필자 나름대로의 탁견(卓見)과 창의적 해결책을 가지고 있어야 한다.

셋째, 구체화의 문제는 글의 분량과 관계가 있다. 에세이를 주어진 분량에 맞게 쓰되, 보다 내용을 구체적이고 자세하게 쓸 수 있을 정도로 주제를 좁혀서 잡는 것이 매우 중요하다. 다루는 범위가 넓으면 애초에 필자가 쓰고자 했던 내용을 채 담기도 전에 글을 마무리해야 하기 때문에 독자 쪽에서 보았을 때 매우 평범하고 재미없는 글이 될 가능성이 많다.

## 15.3 생각을 정리하고 자료 모으기

주제가 정해지면, 일단 쓰고자 하는 내용을 정리해 보는 것이 필요한데, 이를 '내용 만들기'라고 해 두자. 내용 만들기는 일단 관찰하고 분석한 내용을 바탕으로 필자 자신이 과학 에세이 속에 넣을 내용을 생각나는 대로 써 보는 것을 말한다.

내용 만들기를 할 때 가장 중요한 것은 에세이 속에 들어갈 내용 순서에 상관치 않고, 그 주제에 대한 자신의 생각을 자유스럽게 써 보는 것이다. 단, 각 내용마다 (1), (2), (3) 등의 기호로 표시를 해 두면 글쓰기의 다음

단계인 '논리 개요도'를 작성하는 데 큰 도움이 된다.

내용 만들기 단계에서는 가능한 한 현재 상황에서 좀 더 자세히 그리고 구체적으로 써 두어야 하며, 단어(word), 구(phrase), 문장(sentence), 혹은 그림(picture), 도표(table) 등을 써서 내용 만들기를 해도 상관이 없다. 그리고, 적절한 예(example)가 있으면 그것을 반드시 써 두는 것이 필요한데, 이는 예를 들어서 설명하거나 논증해 가는 것이 매우 효과적인 방법이기 때문이다.

혹시 자료의 출처가 분명하지 않거나 근거가 불확실한 것은 '?'표를 해 두었다가 나중에 이를 확인해 두는 것이 필요한데, 이때는 인터넷, 신문, 잡지, 백과사전, 전문서적 등을 이용해서 필요한 자료를 최대한 모으도록 한다.

그리고 여유 시간이 있을 때는 찾은 자료를 자세히 읽어보고, 자료에 대한 자신의 견해를 메모해 두는 것도 내용 만들기를 하는 데 유용하다.

끝으로, 내용 만들기는 여러 차례를 반복해서 필자가 정한 주제의 글을 쓰는 데 필요한 만큼의 완성도를 높여 놓으면 에세이 쓰기가 그만큼 쉬워진다.

에세이를 쓰는 데 필요한 자료를 제재(題材)라고 하는데, 제재에는 일차적으로는 사건, 사실, 물건, 실례, 통계자료 등의 구체적 자료가 있고, 이차적으로는 이들에 대한 전문가들의 견해와 같은 추상적 자료가 있다. 제재를 선정할 때는 아래와 같은 점에 유의해야 한다.

- 첫째, 주제를 뒷받침하고 그것에 잘 어울려야 한다.
- 둘째, 가능한 한 풍부하고 다양하고, 새로운 것이어야 한다.
- 셋째, 출처가 분명하고 진실해야 한다.
- 넷째, 독자들의 관심을 끌 수 있는 것이어야 한다.
- 다섯째, 사실과 견해를 구분해야 한다.

## 15.4 논리 개요도 작성하기

주제를 구체화하기 위한 생각이 정리가 되고 관련된 자료가 모여지면, 이를 바탕으로 글을 어떻게 써 나갈지를 구성해야 하는데, 이것을 '논리 개요도 작성하기'라고 한다. 즉, 논리 개요도는 어떤 순서에 따라 필자의 생각을 펼쳐나갈지를 결정하는 것으로 일종의 '글의 설계도'라 할 수 있다.

논리 개요도를 작성할 때 가장 중요한 점은 필자가 말하고자 하는 바를 가장 효과적으로 잘 드러낼 수 있도록 해야 한다는 점이다. 논리 개요도는 쓰고자 하는 글의 특성에 따라 달라질 수 있는데, 기행적 과학 에세이는 '시간적 흐름'에 따른 논리 개요도를 작성하고, 건물의 구조나 기계의 모양이나 구성이나 특성에 관한 설명적 과학 에세이는 '공간적 질서'에 따른 논리 개요도를 작성하는 것이 바람직하다.

그리고, 과학 정책이나 과학적 활동 그리고 과학적 사실에 대한 주장을 하고자 하는 논증적 과학 에세이는 '서론-본론-결론'식의 3단 구성, '기(起)-승(承)-전(轉)-결(結)'식의 4단 구성, '문제제기-자신의 견해-반대 견해-반대 견해 논박-마무리'식의 5단 구성 등이 있는데, 이들은 '증거와 주장' 혹은 '원인과 결과'에 따른 종합적 논리 개요도라 할 수 있다. 실제로 대부분의 과학 에세이는 이와 같은 종합적 논리 개요도를 사용하고 있다.

논리 개요도를 작성할 때는 다음과 같은 점에 유의해야 한다.

- 첫째, 논리 개요도는 소주제를 중심으로 논리 정연하게 작성한다.
- 둘째, 설명 혹은 논증의 요점이 잘 드러나도록 작성한다.
- 셋째, 소주제와 제재가 잘 호응이 되도록 배열한다.
- 넷째, 논리 개요도만 보아도 글의 전체 내용을 짐작할 수 있을 정도로 자세하게 작성한다.

이와 같이 논리 개요도를 잘 작성한 뒤 에세이의 초고를 쓰게 되면, 필자는 강조점이 잘 드러나도록 글을 쓸 수 있을 뿐만 아니라, 표현할 내용을 전체로부터 세세한 부분에 이르기까지 빠짐없이 점검할 수 있기 때문에, 그만큼 더 구조가 치밀하고 생각이 깊은 에세이를 쓸 수 있다.

## 15.5 초안 작성하기

### 15.5.1 초안 쓰기의 일반적 유의사항

이와 같이 논리 개요도가 완성되면 이를 바탕으로 초안(草案, first draft)을 작성한다. 초안은 여러 번 고쳐쓰기를 하는 것을 전제로 한 것이기 때문에 너무 완벽한 과학 에세이를 써야겠다는 생각을 하지 말고, 차근차근 논리 개요도를 바탕으로 에세이를 써나가는 것이 바람직하다. 그러나 필자가 세워 둔 논리 개요도에 너무 얽매일 필요는 없다. 왜냐하면 논리 개요도에 지나치게 얽매이게 되면 에세이가 너무 경직될 가능성이 크기 때문이다. 예컨대, 에세이를 실제로 써가다 보면 새로운 아이디어가 떠오르기도 하고, 또 일부는 그 아이디어를 바꾸어야 되는 경우가 있는데, 이런 때에는 이것을 주저없이 충분히 반영해 가면서 초안을 써나가야 한다. 그러나 처음에 정해 놓은 주제와 논리 개요를 절대 잊지 말아야 한다.

초안을 작성할 때는 다음과 같은 점에 유의해야 한다.

- 첫째, 가능한 한 컴퓨터를 써서 작성한다.
- 둘째, 가능한 한 자세하고 구체적으로 쓴다.
- 셋째, 앞 문장 혹은 앞 단락의 말꼬리를 놓치지 않도록 한다. 즉, 내용 전개가 자연스럽게 되도록 한다.

- 넷째, 관련된 내용을 종합적으로 생각해 가면서 쓴다.
- 다섯째, 써 가다가 자료가 부족하면 적당한 표시를 해두었다가, 나중에 더 찾아서 보충한다. 그러나 찾기가 쉬운 자료면 즉시 찾아서 보충한다.
- 여섯째, 자료가 명확하지 않으면, 자료의 출처와 내용을 반드시 한 번 더 찾아본다. 확실하지 않은 것은 [?]표를 해 두었다가 나중에 점검해 본다.
- 일곱째, 사용하고자 하는 단어의 개념이 명확하지 않으면 사전을 찾아 확인한다. 인터넷에 공개가 되어 있는 '표준국어대사전'을 이용하는 것이 좋다.
- 여덟째, 예정된 분량보다 좀 더 길게 쓴다. 그래야 교정하기가 좋다. 내용을 삭제하는 것은 쉬워도 더 보충해 넣기는 힘들다. 특히 시간이 쫓기는 경우에는 더 힘들다.
- 아홉째, 생각이 잘 나지 않거나 글이 잘 풀려나가지 않으면 조금 쉬었다가 쓴다. 그러나 그 자리를 멀리 떠나지 말아야 한다.
- 열째, 종결어미를 다양하게 쓰려고 노력한다. 종결형에는 '평서형, 의문형, 명령형, 청유형, 감탄형'이 있다.
- 열한째, 비유법을 좀 더 다양하게 쓰려고 노력한다. 직유법, 은유법, 풍유법, 의인법, 대유법 등이 있다. 비유를 하려고 노력하고, 또 그런 비유의 예를 찾아보면 의외로 많고, 그런 비유를 한두 번 써보면 그런 기술도 는다.
- 열두째, 강조법도 다양하게 쓰려고 노력한다. 영탄법, 열거법, 점층법, 대조법, 강조법 등이 있다.
- 열세째, 변화법도 다양하게 쓰려고 노력한다. 도치법, 설의법, 대구법, 문답법, 반어법, 인용법 등이 있다.
- 열네째, 정의(定義), 예시(例示), 비교(比較), 대조(對照), 일반화(一般化), 묘사(描寫), 분류(分類), 분석(分析) 등의 다양한 방법을 써서 문장

과 문단을 써나가야 한다.

### 15.5.2 들머리 쓰기를 잘하는 법

과학 에세이는 그 내용도 좋아야 하지만 독자의 흥미를 끌 수 있어야 한다. 그렇게 해야 많은 사람의 공감대를 형성할 수 있기 때문이다. 이를 위해 들머리에서는 글을 쓰는 목적과 범위, 글에서 다루어질 자료 등을 제시하여 이 에세이가 쓰여질 방향을 대략적으로 알려주어야 한다.

들머리를 쓰는 데는 일정한 규칙이 있는 것은 아니다. 그러나 과학 에세이에서 주로 쓰는 방식을 소개하면 다음과 같다.

- 첫째, 글의 화제(話題, Topic)를 미리 밝힘

이러한 들머리 쓰기 방식은 설명적 혹은 논증적 과학 에세이 작성에 주로 쓰이는데, 독자들에게 글의 화제가 무엇인지를 명확히 한 후에, 본문에서는 그 화제와 관련된 문제에 대한 해결책을 제시하기 때문에 독자들이 글을 매우 편하게 읽어갈 수 있다.

아래 글은 '신종 인플루엔자(H1N1)'란 어떤 것인가를 설명하는 글의 들머리인데, 들머리의 마지막에 글의 전체 화제에 해당되는 "신종 인플루엔자에 대한 진실을 살펴본다."라는 말을 직접 제시해 두고 있다.

신종 인플루엔자(H1N1)가 확산되면서 전 세계가 혼란에 빠졌다. 초기에는 돼지 인플루엔자 바이러스로 불리며 지난해 유행했던 조류 인플루엔자 바이러스에 이어 인수공통질병이 확산되는 게 아니냐는 불안을 불러 일으켰다.

현재 신종 인플루엔자 바이러스를 치료하는 항바이러스제로 타미플루와 릴렌자가 쓰이고 있다. 하지만 두 제품의 제고가 턱없이 부족하다. 백신을 개발하기까지는 앞으로 몇 달이 더 걸릴 전망이다. 약제에 내성을 가진 바이러스가 생기지 않을까, 전문가들 사이에서는 이번 사태가 인플루엔자 대유행의 전초전이 아닐까 하는 이야기도 나오고 있다. 그러면 신종 인플루엔자 바이러스에 대한 진실을 살펴보기로 하자.

〈이준덕 기자, 신종 인플루엔자 바이러스의 진실〉

이어서 본문에서는 신종 인플루엔자 바이러스는 총 8개의 RNA 절편을 가지고 있는 RNA바이러스이며, 바이러스 H1N1의 의미, 계절 독감의 의미, 신종 인플루엔자 바이러스의 돌연변이가 일어날 확률, 돼지 독감이 사람에게 감염되는 이유, 타미플루의 복용 시기, 타미플루와 릴렌자의 치료 메커니즘, 앞으로 세계적 유행의 가능성 등에 대해 구체적으로 설명을 함으로써, 이 에세이를 통해 신종 인플루엔자 바이러스에 대해 자세히 알 수 있도록 하고 있다.

• 둘째, 글의 소재나 사건을 제시함

아래 글은 고등학교 과정에서 문과를 이과를 구별을 없애고 통합형 교육을 해야 한다는 글의 들머리이다. 이를 위해 글쓴이는 웹사이트 '페이스북'을 창업한 미국의 마크 저크버그(Mark Zuckerberg)라는 인물이 성공한 것을 소개하면서 에세이의 실마리를 풀어가고 있다.

마크 저커버그(Mark Zuckerberg). 많은 사람에게는 아직 생소한 이름일지 모르지만, 시쳇말로 요즘 '뜨는' 인물이다. 미국의 시사주간지 타임이 2010년 '올해의 인물'로 선정하였고, 지난주에는 이명박 대통령의 주례 라디오 · 인터넷 연설에 등장하기도 하였다. 저커버그는 하버드대학 재학 중 사이버 공간에서 친구들과 만나고 정보를 교환할 수 있는 웹사이트 '페이스북'을 창업했다. 이 회사가 최근 인기몰이를 하고 있는 소셜네트워크서비스(SNS)의 대표적 기업으로 성장하면서 올해 26세의 나이로 재산이 8조원에 달하는 미국 35위의 부자가 되었다. 우리가 잘 아는 마이크로소프트의 빌 게이츠나 애플의 스티브 잡스를 잇는 IT산업의 새로운 스타가 탄생한 것이다.

〈오세정 교수, 이과 · 문과를 없애야 저커버그 나온다〉

이어서 본문에서는 빌 게이츠, 스티브 잡스, 저크버그 등이 공학기술에만 빠져 있었던 것이 아니라 심리학, 철학, 문학 등에도 눈을 떴기 때문에 남들이 생각하지 못한 새로운 사업을 일으킬 수 있었음을 강조한 뒤, 이와 같은 인재를 우리나라에서도 양성하기 위해서는 과학기술과 인문 사회적 능력을 고루 갖출 수 있도록 교육을 개혁해야 한다고 하고 있다.

다음은 '응급환자 이송체계를 바로 잡아야 한다'는 글의 들머리인데, 2010년 12월 말에 장 꼬임 증세가 있던 4살 여자 아이가 병원 4곳을 찾아 헤매다가 끝내 사망한 사건을 예로 들면서 글을 시작하고 있다. 이같이 세간의 화제가 되었던 사건을 제시함으로써 독자들의 주의를 환기시키고 있다.

작년 12월 말 장 꼬임 증세가 있던 4세 여자 아이가 2개 대학병원 등 병원 4곳을 찾아 헤매다가 끝내 사망했다. 이 사건의 충격이 채 가시기도 전인 새해 첫날, 같은 지역에서 뇌출혈 환자가 5시간 동안 '수술 병원' 4곳을 전전하다가 의식불명 상태에 빠진 일이 발생했다. 응급의학을 전공하는 의사로서 비통한 마음이 든다. 이 모든 게 비효율적인 응급환자 이송 체계 문제점이 오랜 기간 누적돼 빚어낸 비극이다.

〈서길준 이사장, 또 사람 잡은 응급환자 이송체계〉

• 셋째, 핵심용어나 낱말의 뜻을 규정함

과학 에세이에서 사용할 중요한 용어나 낱말이 있을 경우, 이를 미리 설명하거나 정의를 내림으로써 들머리를 시작하는 방식이다. 특히, 어려운 개념을 일반인들에게 설명해야 하는 경우에 이런 방식이 자주 사용된다. 핵심용어나 낱말의 뜻을 규정하는 일은 그 자체만으로 들머리 전체를 이루는 경우는 매우 드물고, 들머리의 일부분으로 들어가는 경우가 대부분이다.

카오스 이론을 한 마디로 정의하기는 어렵지만, 단순화시켜서 말하면 불규칙하고 무질서하게 보이는 예측 불가능한 현상에서 모종의 규칙성을 찾는 것이다. 원래 카오스(chaos)는 코스모스(cosmos)와 대비되는 개념으로 조화로운 자연이 창조되기 이전의 무질서한 상태를 가리킨다. 하지만 오늘날 과학 용어로서 카오스는 예전과 달리 겉보기에 무질서해 보이지만 그 배후에는 어떤 결정론적인 법칙이 지배되는 경우를 말한다.

예를 들어 물이 끓는 현상, 담배 연기가 공중으로 올라가다가 소용돌이 치며 흐트러지는 것, 회오리바람, 태풍, 갑작스런 전염병의 확산, 복잡한 대기와 해류, 특정 생물의 개체수는 매우 복잡하고 불규칙적이고 불연속적이고 변덕스럽게 변화하는 카오스 현상이다. 결정론적인데도 예측이 불가능하고 초기 조건에 민감하다는 특징을 갖는 카오스 이론은 물리학 및 수학뿐만 아니라 생물학, 화학, 지질학, 공학, 생태학, 사회학, 경제학, 과학 철학 등 다양한 분야에 폭넓은 영향력을 미치고 있으며, 카오스 이론에 대한 연구는 컴퓨터의 발전과 더불어 급속도로 진전하고 있다.

〈박경미 교수, 무질서 안에서 질서를 찾다_라이프 게임과 카오스 게임〉

이 들머리에 이어, 본문에서는 나비효과, 박테리아 번식, 로렌츠 끌개, 로렌츠의 물레방아, 라이프 게임, 카오스 게임 등을 예로 들면서 카오스 이론의 타당성에 대해 설명하고 있다.

• 넷째, 화제가 되고 있는 말이나 일화를 소개함

이와 같은 방식은 어떤 사람이 직접 경험한 사실을 독자들에게 이야기하듯이 들머리를 시작하는 것이기 때문에 매우 친근감 있게 그리고 현실성 있게 에세이를 써 갈 수 있다.

아래 글은 이른바 '사이버 마약'의 사용을 억제해야 한다는 글의 들머리인데, 사이버 마약이라 불리는 mp3파일을 체험했다는 어느 누리꾼의 말을 인용함으로써 글을 풀어가고 있다.

"자다 말고 갑자기 눈이 떠졌어요. 이내 몸이 공중으로 붕 뜨더니 점점 천장과 가까워지더라고요. 무서웠어요. 몸부림을 치니까 쿵 하는 느낌과 함께 바닥에 몸이 떨어졌습니다. 그런데도 몽롱한 느낌은 여전했어요."

이른바 '사이버 마약'으로 불리는 mp3파일을 체험했다는 어느 누리꾼의 사용 후기 내용이다. 최근 국내 인터넷을 달구고 있는 사이버 마약은 독특한 소리가 담긴 mp3파일을 재생해 뇌파를 조작, 마치 마약을 복용한 것과 비슷한 효과를 낸다는 게 핵심이다. 현재 인터넷에서 급속히 확산돼 거의 매일 사용 후기와 다운로드 방법을 묻는 글이 올라오는 실정이다.

사이버 마약은 외국에 근거지를 둔 아이도저라는 회사에서 제작했다. 이 회사에서 제공하는 mp3파일은 10개 항목, 총 73개에 이른다. 파일당 재생시간은 5분에서 40분. 이 가운데 28개 파일에 마약 효과가 있다고 아이도저는 소개한다. 코카인, 헤로인, 모르핀 등 일반인도 이름쯤은 흔하게 들어봤을 마약이 컴퓨터 파일의 이름으로 거론된다.

〈이정호 기자, 사이버 마약의 진실〉

이어서 본문에서는 듣는 마약이 국내에서 논란이 될 수밖에 없는 이유와 이 마약의 국내유입 과정, 그리고 사이버 마약의 효과와 증상을 자세히 소개하고, 마무리에서는 이런 마약의 일상화를 경계해야 한다고 하고 주장하고 있다.

- 다섯째, 글의 주제와 관련된 내용을 직접 제시함

아래 과학 에세이는 천재는 자신의 피나는 노력과 생활환경에 의해서 만들어진다는 글의 들머리인데, 주제에 해당되는 "천재는 특정 분야에 철저히 몰두하고 독특한 관점으로 문제에 접근한다"라는 것을 직접적으로 제시하면서 에세이를 시작하고 있다.

모차르트, 아인슈타인, 피카소 같은 천재들은 보통사람과 무엇이 어떻게 다를까? 천재는 창조적인 상상력으로 자신이 속한 시대를 앞지르는 족적을 남긴 독보적인 존재이다. 그들은 문학, 예술, 과학 등 특정 분야에 철저히 몰두하고 독특한 관점으로 문제에 접근한다.

〈이인식 과학평론가, 천재는 머리보다 땀이다〉

이어서 본문과 마무리에서는 미국의 심리학 교수인 앤더스 엑릭슨 교수의 "천재는 태어나는 것이 아니라 만들어진다."라는 말을 소개한 뒤, 천재로 널리 알려진 리처드 파인만, 아인슈타인, 피카소, 다윈, 고흐, 고갱, 차이코프스키, 버나드 쇼, 모짜르트 등이 사실은 매우 노력파였음을 예로 들어서 설명하고 있다.

### 15.5.3 본문 쓰기를 잘하는 법

본문은 들머리에서 제기한 문제나 화제에 대하여 글쓴이 자신의 독창적인 사고(思考)를 바탕으로 본격적으로 서술하는 부분으로, 바로 이 본문의 완성도(完成度)에 따라 에세이의 가치가 결정된다.

그러면 과학 에세이의 본문을 잘 쓰는데 필요한 몇 가지를 알아보기로 하자.

- 첫째, 주제에 초점이 맞도록 해야 한다.

모든 과학 에세이에는 글쓴이의 목적과 의도가 들어있기 마련인데, 이것을 주제라 한다. 주제는 주제문으로 나타나고, 이 주제문은 여러 개의 소주제문에 의해서 구체화된다. 따라서 모든 소주제문은 주제문을 잘 뒷받침할 수 있도록 적절하게 설정해야 하며, 또한 소주제문을 이루는 각 문장들은 소주제를 구체화하는 데 도움이 되도록 작성해 나가야 한다. 즉, 어떤 내용을 서술하더라도 그것들은 모두 이 주제를 구체화하는 데 도움이 될 수 있도록 해야 한다.

- 둘째, 화제의 내용과 범위에 맞도록 해야 한다.

주제를 구체화하기 위해서는 논의의 내용과 범위를 주어진 에세이의 분량에 맞게 잘 설정해야 한다. 과학 에세이에서 다룰 내용과 범위는 일반적으로 들머리에 제시되고, 본문에서는 이를 바탕으로 그 에세이의 특성과 분량에 맞게 제재를 사용하고 단락을 설정하여 미리 정한 주제에 대해 깊이 있게 글을 씀으로써, 본문에서 구체적으로 다루지 않은 부분까지도 포괄적으로 유추해석이 가능하도록 글을 써 나가야 한다.

과학 에세이의 가치는 분량의 많고 적음에 달려 있는 것이 아니라, 얼마나 안목(眼目)이 깊고 통찰력(洞察力, insight)이 담겨 있느냐에 달려 있다. 따라서 주제가 제시하는 범위 안에서 관련 자료를 깊이 있고 통찰력 있게 분석 비평하여서 다른 이들이 찾아내거나 느끼지 못한 것을 밝히고 보여 주는 노력을 끊임없이 해 나가야 한다.

• 셋째, 단락 전개가 긴밀하게 되도록 해야 한다.

과학 에세이의 주제문은 소주제문에 의해서 구체화되며, 이 소주제문은 하나의 단락을 이루기 마련인데, 이때 단락들이 주제를 중심으로 형식과 내용면에서 상호 간에 긴밀하게 매이면 매일수록, 즉 결속성(結束性)이 강하면 강할수록 짜임새 있는 글이 되고 주제가 잘 부각된다.

또한 각 단락의 논지(論旨) 전개가 논리적이고 합리적이어야 단락 전개 또한 긴밀하게 될 수 있으므로 논지들 간의 관계를 특히 주의 깊게 살펴보아야 한다.

단락 전개를 긴밀하게 위해서는 처음에 과학 에세이를 구상하는 단계에서부터 구상메모를 자세하게 하고, 이 구상메모에 따라 글을 차근차근 써가게 되면 단락 간의 관계가 긴밀한 본문 쓰기를 할 수 있다.

• 넷째, 새로운 인식에 따른 독창성 있는 내용을 담도록 해야 한다.

독자들은 본인이 읽은 과학 에세이를 통해 무엇인가 새로운 정보를 얻거나 신선한 느낌을 받고자 한다. 따라서 독자가 새로운 정보를 획득하거나, 설득력 있는 사실을 발견하거나, 신선한 충격을 통한 지(知)적인 즐거움을 얻을 수 있도록 과학 에세이의 본문을 전개해 나가야 한다.

상식적으로 알고 있는 내용이라면 새로운 면을 부각시키거나 참신한 방법론을 모색해야 하며, 글의 전개 방식이 전통적인 것이면 새로운 자료를 제시함으로써 지금까지 알지 못하고 느끼지 못했던 무엇인가를 독자에게 줄 수 있어야 한다.

또한 신빙성 있는 자료와 정보를 제시하고, 이를 정확하게 해석해서 진실성 있는 내용을 각 단락에 담으면서 본문을 써나가야 한다는 점도 잊지 말아야 한다.

• 다섯째, **글의 갈래에 따른 자연스러운 단락 전개가 되도록 해야 한다.**

글의 갈래에 따라 단락 전개 방식이 다를 수 있는데, 본문은 이들의 특성에 따라 자연스럽게 써 나가도록 해야 한다. 예컨대 논증적인 과학 에세이라면 논지를 '정(正)-반(反)-합(合)'의 변증법적 방식으로 전개시켜 나가는 것이 바람직하고, 특정한 과학자의 생애에 대한 글이라면 시간적 순서에 따라 단락을 전개시켜 나가는 것이 좋다.

• 여섯째, **글의 형식이 다양하고 리듬감이 있도록 해야 한다.**

단순하고 반복적인 노동은 피로감을 더할 뿐이지만, 다양하고 다변적인 힘의 강약에 따른 운동은 삶에 새로운 활력을 불어 넣어 준다. 과학 에세이도 마찬가지다. 즉 서술문, 의문문, 청유문, 명령문 등이 글의 갈래에 따라 다양하게 쓰이고, 비유법, 강조법, 변화법 등의 표현기교가 적절하게 구사되어야 단조로움을 극복하면서 글을 생동감 있게 만들 수 있다.

사실 좋은 본문 쓰기란 특정한 한 부분만을 잘했다고 해서 되는 것이 아니다. 위에 제시한 여러 조건을 충족시킬 때 비로소 잘 쓴 글, 좋은 과학 에세이라고 할 수 있다. 이에 대해서는 계속 글 읽기와 쓰기 연습을 통해서 스스로 익혀가야 한다.

그러면, 들머리 쓰기 부분에서 소개한 서울대 오세정 교수의 이과와 문과의 구별을 고등학교 과정에서 없애야 저커버그 나온다는 과학 에세이의 본문 전개 방식을 살펴보도록 하자.

(가) 이들 IT산업의 스타들은 모두 기업으로 큰돈을 벌기는 했지만, 우리나라 재벌기업가와는 다른 면이 있다. 한국 대기업들은 대부분 자동차나 가전제품처럼 이미 존재하는 시장에서 남보다 조금 앞선 경쟁력을 키워 성공했다. 반면 이들은 개인용컴퓨터나 아이폰, SNS 등 과거에 존재하지 않던 새로운 시장을 창출하는 아이디어로 성공했다. 물론 이 과정에서 본인들도 엄청난 부를 축적했지만, 여러 사람을 고용하는 새로운 기업을 만들어 사회의 부 축적에도 크게 기여하였다. 우리나라가 최근 기존 제조업의 경쟁력이 후발국가에게 위협당하고 있고 선진국과의 원천기술 격차는 아직도 극복하기 힘겨움을 절감하고 있기에 이처럼 창조적인 기업가 출현을 고대하는 것이다.

(나) 한국판 저커버그는 곧 나타날 수 있을까? 사실 이들 IT스타들에게는 몇 가지 공통점이 있다. 우선 미래를 이끌어 갈 기술에 대해 잘 알고 있었다는 점이다. 빌 게이츠는 어릴 때부터 컴퓨터 소프트웨어에 능했고, 스티브 잡스는 전자기기를 수리하거나 만드는 일을 잘했다. 그러나 이들이 보통 기술자와 달랐던 것은 기술에만 빠진 게 아니라 기술과 사회, 기술과 인간의 관계를 파악하는 능력이 뛰어났다는 점이다. 빌 게이츠는 컴퓨터라는 기계보다 그 안의 소프트웨어가 앞으로 사회를 이끌어갈 것이라는 점을 간파하고 뛰어난 사업전략을 세웠다. 스티브 잡스는 대학에서 철학과 서체(書體)를 공부한 것이 애플에서 컴퓨터를 만들 때 크게 도움이 되었다고 했다. 소셜네트워크 혁명을 주도하고 있는 마크 저커버그는 대학에서 심리학과 컴퓨터과학을 전공하였으며, 고등학교 때에는 그리스신화 등 서양고전에

폭 빠져 있었다고 한다. 이처럼 기술에만 외곬으로 빠진 것이 아니라 인문사회 분야에도 눈이 떠 있었기 때문에 남이 생각지도 못한 아주 새로운 사업을 일으켜 사회를 바꿀 정도로 크게 성공할 수 있었던 것이다.

(다) 이러한 경향은 앞으로 더욱 심화될 것으로 예측된다. 전자제품도 기술적으로 우수한 성능을 넣는 것보다 소비자의 감성에 맞춘 하이터치(High Touch) 제품이 점점 인기를 끌고 있고, 이에 따라 제품·서비스 개발에서 과학기술만이 아니라 인문사회적 지식이 중요해지고 있다. 과학기술과 인문사회적 능력을 고루 갖춘 인재를 키우기 위해서는 학제를 넘나드는 교육이 필수다. 그러나 우리 교육제도에서는 그런 교육이 매우 어려운 것이 현실이다. 고등학교 때부터 학생들을 이과와 문과로 나누어 지식의 편식을 강요하고, 대학은 전공 사이의 벽이 너무 높아 융합형 인재를 키우는 데 실패하고 있기 때문이다. 오죽하면 초빙석좌교수로서 서울대를 2년간 지켜본 뉴욕주립대의 김성복 교수가 전공별 벽 쌓기를 "봉건적 할거주의와 다름없다"고 비판하였을까.[본문]

앞의 들머리 부분에서 살펴보았듯이 이 글의 들머리에서는 미국의 청년 IT 스타 저크버그를 소개하고, 이어서 본문에서는 이 같은 인재를 한국에서도 길러내려면 최소한 고등학교 과정에서 문과와 이과의 구별을 없애고 통합적인 교육을 해야 한다는 것을 주장하고 있다.

먼저, 본문 (가)단락에서는 현재 한국 기업들의 현실은 후발국가에 위협을 당하고 있고, 선진국과의 원천기술 격차가 커서 극복하기 어려운 상황이라고 한 뒤, 이를 극복하기 위해서는 전통적인 제조업보다는 컴퓨터나 아이폰, 그리고 SNS 등과 같은 새로운 분야를 개척해 가야 하며, 이를 위해서는 저크버그와 같은 창조적 기업가가 출현해야 한다고 하고 있다. 본문 (나)단락에서는 저크버그, 빌 게이츠, 스티브 잡스 같은 인물들은 미래를 이끌어갈 신기술에 대해 잘 알고 있었을 뿐만 아니라 인문 사회 분야에도 눈을 떠 있었기 때문에 남들이 생각하지 못했던 아주 새로운 사업을 일으켜서 성공했다고 했다. 본문 (다)단락에서는 앞으로 이러한 경향은 더 심화될 것으로 예측이 되기 때문에 과학 기술과 인문 사회적 능력을 고루 갖춘 인재를 양성해야 하는데 우리나라 고등학교와 대학교 교육현실은 전혀 그렇지 못하다고 우려를 표하고 있다.

그리고 이 뒤에 이어질 결론인 (라)단락에서는 다행히 이런 벽을 허물려는 노력의 하나로 이른바 '통합형' 교과서가 도입이 될 예정인데, 이것이 잘 이루어지기를 바란다고 보충 설명을 하면서 글을 맺고 있다.

위의 과학 에세이는 '(가)단락 : 한국의 대기업들의 상황의 어려움과 창조적 기업가의 출현 고대 → (나)단락: 창조적 기업가는 과학 기술과 인문 사회 분야의 지식을 가지고 있었음 → (다)단락: 과학 기술과 인문 사회적 능력을 고루 갖춘 인재를 키우기 위해서는 학제를 넘나드는 교육이 필수적이지만, 한국의 교육상황은 이와 같은 인재를 양성하기에 매우 부적합함[주제 단락] → (라)단락: 하지만 학제간 교육을 위한 약간의 싹이 보임[보충 단락/마무리]'과 같이 내용 전개가 논리적이고 자연스럽게 이어지고 있을 뿐만 아니라, 내용적으로도 후반부로 갈수록 점점 주제를 심화시킴으로써 독자들이 이 에세이의 내용에 공감하도록 매우 효과적으로 유도하고 있음을 알 수 있다.

따라서 위의 과학 에세이는 '과학 기술과 인문 사회적 능력을 고루 갖출 수 있도록 하는 통합형 교육을 하자'는 주제에 모든 단락이 초점이 잘 맞추어져 있으며, 위의 주제를 구체화하는 데 필요한 내용과 범위가 적절할 뿐만 아니라, 단락 간의 관계가 비교적 긴밀하고 단락 전개가 매우 자연스럽다고 할 수 있다. 그리고 문장 형식은 대부분 '평서문'이어서 다소 단조로운 면이 없지 않으나, "한국판 저크버그는 곧 나타날 수 있을까?"와 같은 설의법과 문장 길이의 절절한 조정을 통해 변화를 꾀하고 있는 점은 높이 살 만하다.

### 15.5.4 마무리 쓰기를 잘하는 법

과학 에세이의 마무리는 들머리에서 제기되고, 본문에서 깊이 논의된 사실들을 마지막으로 점검하고 종합 정리하는 부분이다. 마무리는 개인의 특성, 글의 갈래, 시대에 따라 다르기는 하지만, 일반적으로 말하자면 독자들에게 에세이가 깔끔하고, 타당성이 있고, 설득력 있다는 느낌을 줄 수 있도록 해야 한다.

따라서 마무리를 잘 짓는다는 것은 글의 들머리를 어떻게 시작해야 할까 하는 것만큼이나 어렵고도 중요한 일이다.

- 첫째, 본문 내용을 보충함으로써 마무리하기

완결된 한 편의 과학 에세이를 완성하는 데 있어 내용상 빠졌거나 부족한 경우에는 그 내용을 보충하는 글을 마무리에 덧붙이는 방식으로 끝을 맺을 수 있다.

아래 글은 앞에서 살펴본, 오세정 교수의 이과와 문과의 구별을 고등학교 과정에서 없애야 저커버그 같은 뛰어난 인재가 나온다는 과학 에세이의 마무리 부분인데, 본문의 마지막 단락에서 밝힌 '학제간의 통합적 교육이 필요하다'는 내용을 보충하는 형식을 취하고 있다. 즉, 마무리에서 고등학교 교육과정에 이른바 '통합형' 교육이 시도될 것이라는 사실을 언급함으로써, 본문에서 강력히 주장한 '통합형' 교육이 결실을 거둘 수 있기를 바란다는 뜻을 전하고 있다. 이와 같이 함으로써 에세이의 완결성을 높이고 있다.

다행히 우리나라에서도 이런 벽을 허물려는 움직임이 서서히 나타나고 있다. 교과부는 최근 수학 · 과학 교육에 예술교육을 접합해 창의력과 예술적 소양을 갖춘 인재를 기른다는 목표를 내세웠고, 공학과 디자인학을 연계한 전공을 육성하겠다고 한다. 또한 고등학교 1학년의 국민공통 과학과목은 물리 · 화학 · 생물 · 지구과학의 구분을 허물고 주제별로 학습하는 '통합형' 교과서가 곧 도입될 예정이다. 그러나 언제나 그렇듯 세상은 빛의 속도로 변화하는데 우리 교육은 거북이의 속도로 움직이는 것이 문제이다. 그나마 여러 이해관계자의 훼방으로 뒤로 가는 일은 일어나지 않기를 바랄 뿐이다.

아래 글은 들머리 부분에서 살펴본 이준덕 기자의 '신종 인플루엔자 바이러스의 진실'이라는 과학 에세이의 마무리 부분인데, 마지막으로 이러한 신종 인플루엔자를 잡을 수 있는 백신주를 세계 최초로 국내 연구진이 개발했다고 보충 설명을 함으로써 에세이를 한층 더 깔끔하게 끝맺고 있다.

충남대 수의학과 서상희 교수팀은 지난 5월 15일 유전자 재조합 기법을 이용해 세계 최초로 인체 백신주를 개발했다고 발표했다. 서 교수팀은 미국 질병관리센터(CDC)에서 분양 받은 신종 인플루엔자 표준 바이러스의 RNA 유전자에서 HA와 NA 유전자를 추출했다. 이 두 개의 유전자를 일반 독감 백신이나 유행성 독감 백신을 생산하는 데 쓰이는 6개 유전자와 재조합시킨 뒤, 사람과 원숭이에게서 유래한 세포에 접종시키고 나서 이를 배양했다. 서 교수팀은 CDC에 백신주를 개발했다는 사실을 통보했으며, 이 백신이 인체에 대해 안전하다는 사실이 확인되면 대량생산을 할 예정이다.

- 둘째, 본문을 요약함으로써 마무리하기

가장 기본적인 마무리 쓰기 방식이다. 들머리에 글을 쓰는 목적이나 주제를 제시하고, 본문에서 그 내용에 대해 깊이 논증 혹은 설명하고, 마무리에서 이것을 요약하는 것인데, 이렇게 하면 독자들은 이 글이 매우 논리적이라는 인상을 갖게 된다. 이런 마무리를 이끄는 말로는 '지금까지 무엇에 대하여 살펴보았다. 이 같이 무엇은 어떠하다. 결국 무엇은 어떠하다.' 등이 주로 쓰인다. 요약을 잘하면 마무리 부분만 읽어도 에세이 전체 내용을 대략 짐작할 수가 있다.

요약함으로써 과학 에세이를 마무리하는 데에는 다음과 같은 세 가지 방식이 있다. 먼저, 글쓴이의 생각을 더 이상 첨언하지 않고 단순히 본문에서 다룬 내용 및 주장을 줄거리 쓰듯이 단순히 요약하는 방식이다. 이 경우에는 내용 전달의 객관성과 글의 통일성을 유지하는 장점이 있으나, 자칫하면 글이 느슨해질 염려가 있다. 그리고 본문의 내용을 요약하되, 그 본문 전체의 내용을 아우르는 문장을 마무리 글의 앞이나 뒤에 덧보태는 방식이다. 이것은 본문에서 다룬 내용을 다시 하나의 주제문으로 초점화하여 제시하는 방식이기 때문에, 독자들이 글의 내용과 필자의 주장을 잘 파악할 수 있다는 것이 장점이다. 끝으로, 본문의 내용을 요약하되, 줄거리를 그대로 옮기지 않고, 내용을 추상화하거나 암시적이거나, 혹은 본문에서 말한 것과는 전혀 다른 각도에서 요약한 뒤, 이를 통해 주제와 관련된 본문의 일부 혹은 글의 제목을 다시 초점화하는 방식이다. 이것은 신문의 칼럼과 같은 과학 에세이에 주로 쓰인다.

아래 글은 한국여성들이 왜 출산을 꺼리는가 하는 문제를 집중적으로 논한 과학 에세이의 마무리 부분이다. 필자는 이 글의 본문에서 '교육비, 보육비, 출산휴가, 육아휴직, 사회안전망 구축' 등이 마련되어야 출산율을 높일 수 있다고 주장하고 있다. 그리고 마무리 부분에서 마음 놓고 아이를 출산, 양육할 수 있는 사회환경과, 아이를 키우면서 자신의 일을 함께 할 수 있는 일과 가족양립을 지원하는 정책들이 지원되는 사회를 만들어야 한다고 본문의 내용을 다시 한번 요약한 뒤, 이것을 전체적으로 아우를 수 있는 가족

친화적인 사회로 우리 사회가 발전해 가야 한다고 역설함으로써, 글의 설득력을 높이고 있다.

> 아이 키우기가 힘들거나, 불안한 일이 아니라 행복하고 축복받은 일이 되는 사회가 되어야 한다. 고령화 사회로 나아가면서 우리 사회는 2050년이 되면 노인인구가 전체인구의 37.7%를 구성할 것으로 통계청은 예측하고 있다. 물론 증가하는 노인 인구의 성공적인 노화(successful ageing)도 중요하지만, 어떤 사회이든지 아이가 부족한 사회는 활기가 넘치지 않는다.
>
> 마음 놓고 아이를 출산, 양육할 수 있는 사회환경과, 아이를 키우면서 자신의 일을 함께 할 수 있는 '일과 가족의 양립'을 지원하는 정책들이 제공되는 사회라면 굳이 출산 기피, 혹은 출산포기와 같은 현상이 나타나지는 않을 것이다. 마지막으로 이러한 변화는 가장 중요하게는 우리 사회의 지나치게 '일중심적인' 시계추를 '가족친화적인' 사회로 방향을 조정하게 하는 노력이 그 기반에 있어야 할 것이다. 이것이야말로 저출산 사회에 대응하는 가장 근본적인 해법이다.
>
> 〈홍승아 연구원, 행복한 아이양육을 위한 다섯 가지 제언〉

• 셋째, **제언이나 전망을 덧붙임으로써 마무리하기**

과학 에세이의 본문을 단순히 요약해 놓는 방식으로 마무리를 하면 그 에세이가 밋밋해 지는 경우가 많기 때문에, 본문 내용을 바탕으로 어떤 정책을 실시하자는 제언이나, 앞으로 이렇게 될 것이라는 제언을 덧붙이는 경우가 있다. 이렇게 하면 본문의 내용이 보다 분명해지고 논점이 뚜렷해지는 효과가 있다.

이러한 제안이나 전망은 과학 에세이 전체의 주제가 되는 경우가 많다. 이렇게 되면 본문은 사실상 마무리 부분에 제시된 이 주제를 말하기 위한 전제 역할을 하므로, 에세이의 마무리 부분이 없는 듯한 느낌이 들기는 한다.

그러나 들머리와 본문의 내용이 마무리의 '주제' 부분으로 초점이 모아지기 때문에, 필자가 이 에세이에서 말하고자 하는 바를 보다 분명하게 드러내는 효과를 볼 수가 있다.

아래 과학 에세이는 들머리 부분에서 살펴보았던 서길준 이사장의 '또 사람 잡은 응급환자 이송체계'라는 글의 마무리 부분인데, 여기서 필자는 응급환자를 위한 이송체계를 제대로 세우려면, 첫째 119와 1339가 긴밀한 협조체계를 갖춰서 응급환자의 경중을 가려서 환자를 분산할 것, 둘째 환자 이송시 법규를 위반하면 처벌할 수 있는 법규를 만들 것, 셋째 보건복지부 행정안전부 지방자치단체 병원 등이 유기적 관계를 유지할 수 있도록 할 것 등을 제언함으로써 글이 강한 인상을 받을 수 있도록 하고 있다.

당장 119와 1339가 긴밀한 협조체계를 갖춰 응급 환자 경 · 중증을 가려 환자들을 분산해야 한다. 병원은 1339에 병상과 의료진 정보를 신속히 제공해야 하고 병원 간 환자 이송시 법규를 위반하면 즉각 이를 제재할 조항도 마련해야 한다. 응급의료는 보건복지부 · 행정안전부 · 지방자치단체 · 병원 등 각 분야가 연관돼 있다. 유기적으로 서로 연결되지 않게 되면 앞의 두 사건과 같은 불행한 일은 언제, 어디서든 생긴다

아래 글은 '또 사람 잡은 응급환자 이송체계'라는 에세이의 본문 부분인데, 응급환자의 이송체계가 잘 안 되어 있는 점, 대형병원으로만 환자가 몰린다는 점, 응급의학 전문의가 부족하다는 점, 처벌 규정이 없다는 점, 응급의료정복 센터가 있기는 하지만 제대로 역할을 하지 못하고 있다는 점을 하나하나 잘 지적해 두고 있다.

이러한 문제점을 해결하기 위한 필자 나름대로의 제언을 마무리에서 덧붙이는 형식으로 과학 에세이를 마무리하고 있는데, 이런 방식이 요즘은 많이

사용되고 있다.

(가) 응급환자가 어떤 과정을 거치는지 살펴보면 무엇이 문제인지 알 수 있고 해결책도 나온다. 주변에 응급환자가 발생하면 119구급대를 부른다. 구급대는 환자의 상태에 맞는 병원으로 이송해야 한다. 경증(輕症)은 작은 병원, 중증(重症)은 큰 병원으로 가야 한다. 하지만 현실은 환자의 상태와 상관없이 환자 측이 원하는 병원으로 가야 한다. 이게 119구급대의 지침이다. 민원(民願) 때문이다.

(나) 환자와 가족이 직접 응급실을 찾는 경우에도 적절한 치료 시설이나 인력이 있는지에 대한 정보가 없다. 결국 응급환자는 모두 대형병원으로 몰린다. 대형병원 응급실이 경증·중증환자가 뒤섞여 도떼기시장이 되는 이유다. 그러니 우선적으로 치료받을 중증 응급환자들이 제대로 치료받지 못하게 되는 것이다.

(다) 응급실은 주로 응급의학과 의사들이 담당한다. 현재 국내에 있는 응급의학 전문의는 660여 명. 전국 응급의료기관이 460여 개인 것을 감안하면, 한 기관에 평균 1.4명인 셈이다. 이런 인력으로 24시간 365일 응급실을 지킨다는 건 누가 봐도 불가능하다. 미국은 기관당 6.2명이다. 아예 응급실 전문의가 한 명도 없는 곳이 전국에 93개 시·군이나 된다. 환자들은 불만이 터져 나오고, 의료진은 의료진대로 과중한 업무에 시달린다.

(라) 응급 처치가 이루어지면 해당 진료과에서 수술·입원 등을 정하게 된다. 하지만 외과·흉부외과·산부인과·소아청소년과 전공의 숫자가 급격히 줄면서 이마저도 꼬였다. 최종 치료를 결정할 의사가 없으니 환자를 서로 떠넘기게 되는 것이다. 장비·인력 부족으로 다른 병원으로 환자를 보내야 할 경우, 병원은 법규에 따라 환자를 인계할 병원과 협의해 이송해야 한다. 하지만 이를 위반해도 처벌할 규정이 없으니 환자 이송도 주먹구구다.

(마) 전국 12개 권역응급의료센터에는 응급의료정보센터(전화번호 1339)가 있다. 이곳에서는 질병 상담뿐만 아니라 응급 환자용 병상 정보도 제공

응급환자들이 이용할 가장 효율적인 수단이지만, 홍보 부족으로 잘 이용되지 않고 있다. 그러나 1339 역시 의료진 정보를 실시간으로 얻지 못해 실질적인 정보를 제공하는 데는 역부족인 경우도 많다.

## 15.6 교정하기

'교정하기'는 초고로 쓴 과학 에세이를 독자의 입장이 되어서 다듬는 것을 말하는데, 퇴고(推敲)라고 하기도 한다. 에세이의 완성도를 높이기 위해서는 본인이 애초에 쓰려고 마음먹은 것이 제대로 글 속에 담겨있는지를 독자의 입장에서 꼼꼼이 따져 보아야 한다.

교정은 가능하면 여러 번 하는 것이 바람직하고, 또 자기 자신보다는 다른 사람에게 부탁을 하는 것이 좋은데 이는 그만큼 객관적 입장에서 에세이를 바라볼 수 있어서 글의 장단점을 잘 발견할 수 있기 때문이다. 그리고 자신이 교정을 해야 할 때는 가급적 시간 간격을 두고서 하는 것이 좋다. 그래야 자신의 주관적 편견에서 벗어날 수 있다.

교정은 아래와 같이 내용면, 구성면, 표현면으로 나누어서 아래와 같이 내용을 살펴보아야 한다.

### 15.6.1 내용면에서의 교정

- 첫째, 주제의 선명성

글쓴이가 나타내고자 하는 주제가 분명하게 드러나 있는가? 즉 어떤 문제나 사건, 일에 대한 글쓴이의 태도나 견해가 선명하게 드러나 있는지 그리고 얼마나 주제가 참신하고 설득력이 있는지를 살펴본다.

• 둘째, 글 전체 내용의 통일성

서로 모순이 되거나, 논점에서 벗어나거나, 불필요하거나, 빠진 내용은 없는지를 점검한다.

• 셋째, 제재의 타당성

주제를 드러내는 데 쓰인 제재가 객관적이고 타당한지를 살펴본다.

• 넷째, 내용의 창의성

주의 깊은 관찰과 깊은 사색이 들어 있는지 얼마나 새로운 관점에서 해석하고 있는지를 점검한다.

### 15.6.2 구성면에서의 교정

• 첫째, 단락 나누기

단락이 소주제문을 중심으로 잘 나누어져 있는지, 뒷받침 문장들이 소주제문을 잘 뒷받침해 주고 있는지를 점검한다.

• 둘째, 단락간의 연결

단락과 단락의 연결이 긴밀하고 자연스러운가? 그리고 동일어나 동의어, 지시어, 문장 접속어, 생략 등의 단락을 엮어주는 요소를 적절하게 사용하고 있는지를 살펴본다.

### 15.6.3 표현면에서의 교정

• 첫째, 어휘사용의 적절성

정확하고 적절한 어휘를 사용하고 있는지를 점검한다.

• 둘째, 문장의 정확성

문법에 어긋난 문장이나, 뜻이 모호한 문장은 없는지 살펴본다.

• 셋째, 표현의 다양성

비유법, 강조법, 변화법 등을 풍부하고 다양하게 사용하고 있는지 점검한다.

- 넷째, 문체의 적절성

논증, 설득, 설명, 묘사, 서사 등 글의 갈래에 적합한 문체를 사용하고 있는지 살펴본다.

- 다섯째, 맞춤법 규정 준수

한글 맞춤법 통일안에 맞게 글이 쓰였는지 살펴본다.

이상이 과학 에세이를 교정할 때 유의해야 할 기준인데, 이들 여러 항목은 글 전체와 유기적 관계를 가지는 것이 보통이기 때문에, 종합적으로 글 전체 과정을 꼼꼼하게 되짚어 볼 필요가 있다.

그리고 내용면, 구성면, 표현면 등에서 교정을 한꺼번에 모두 하기는 매우 어려우므로, 보통 이들을 각각 나누어서 교정하면 매우 효과적이다.

## 15.7 제목 정하기

글의 제목은 사람으로 말하면 '얼굴'과 같기 때문에 제목을 잘 정하는 것은 글을 잘 쓰는 것만큼이나 중요한 일이다. 제목은 독자들이 한 번 읽어 보았으면 좋겠다는 생각이 들도록 붙이는 것이 핵심인데, 너무 기계적이고 경직된 제목은 자칫 글에 대한 흥미를 떨어뜨릴 수가 있고, 너무 기교를 부린 제목은 글의 내용과 동떨어지게 되어 역효과가 낼 수 있기 때문에, 주제를 가장 잘 드러낼 수 있는 창의성 있는 제목을 찾도록 노력해야 한다.

제목은 글의 갈래에 따라 달라질 수 있는데, 논증문, 설득문, 비평문, 설명문 등과 같이 주장이나 설명을 목적으로 하는 글은 명시적인 제목을, 묘사문, 서사문과 같은 느낌이나 감동을 전달하는 것을 목적으로 하는 글은 암시적인 제목을 붙이는 것이 좋다. 과학 에세이는 대체로 전자와 같은 특성을 지니고 있기 때문에 명시적인 제목을 붙이는 것이 좋다.

제목은 구조면에서 볼 때, 단어(單語) 형태, 구절(句節) 형태, 문장(文章) 형태로 나눌 수 있고, 내용면에서 볼 때 글의 주제나 목적과 관련된 형태, 글의 제재와 관련된 형태로 나눌 수 있으며, 표현면에서 볼 때 명시적인 형태와 암시적인 형태로 나눌 수 있다.

chapter 16

# 과학 비평문 쓰기 전략

## 16.1 과학 비평문의 정의

과학 비평문(scientific critique)란 과학적 내용이 담겨있는 책이나 기사(記事, article), 영화, 과학적 발견물, 과학적 생활방식이나 동향 등에 대해 평론(評論, review) 형식으로 쓴 글을 말한다. 평론이란, 일정한 기준에 따라 평가 대상의 '가치(價値, value)'를 매기는 글이기 때문에, 기본적으로 저자나 제작자들이 제시하는 견해와 정보를 정확하게 확인해야 하며, 이를 바탕으로 비평자 본인의 시각에서 그 내용을 객관적으로 평가해야 한다.

특히, 과학 비평문은 특정한 글의 형식에 얽매이지 않고 비교적 자유롭게 서술할 수 있기는 하지만, 과학적 사실을 담고 있는 책이나 기사, 과학적 발견문 등의 가치를 '평가한다(evaluate)'는 표현 의도를 나타내는 글이므로, 이들이 궁극적으로는 현재의 지식체계(知識體系)와 사회를 발전시키는 데 얼마나 기여하고 있는지를 총체적으로 파악하여 평가하는 것이 중요하다.

또한 '과학 비평문'은 과학적 사실의 가치를 대중들에게 알리고, 그 과학적 가치를 대중들이 판단하도록 하는 데도 목적이 있음을 감안하여, 가능한 한 과학 전문 용어를 풀어 써서 대중들이 그 내용을 쉽게 이해할 수 있도록 하고, 문체도 가능한 한 간결하게 하는 것이 좋다.

따라서 과학 비평문은 과학적 사실에 대한 '설명'과 '해설'도 해야 하지만, 이러한 단순한 설명과 해설 차원을 넘어서는 수준 높은 '비평' 내용을 담는 것이 중요한데, 이를 위해서는 비평자가 사전에 비평하고자 하는 대상에 대한 폭넓은 지식을 습득하고, 비평 대상의 본질을 꿰뚫어 보는 안목을 갖추어야 한다.

## 16.2 과학 비평문의 갈래 및 특징

과학 비평문은 과학적 내용을 담은 책이나 기사처럼 구체적인 텍스트가 있는 것과 영화나 연극, 과학적 발견물, 유행 등과 같이 텍스트가 없는 것이 있는데, 어떤 것이든 비평의 대상이 될 수 있다.

과학 비평문은 형식에 구애됨이 없이 비교적 자유스럽게 쓰는 수필적 형태, 머리말-본문-맺음말과 같은 일정한 격식을 갖추어서 쓰는 논증적 형태, 그리고 서론-본론-결론의 격식에다 요지-각주-참고문헌 등도 갖춘 전문적이고 학술적 수준의 논문적 형태의 비평문이 있을 수 있다.

### 16.2.1 수필적 과학 비평문

수필적 형태의 과학 비평문은 비평하고자 하는 대상의 전체 내용을 다루기보다는 그 대상이 지니고 있는 것 가운데 가장 중요하다고 생각되는 한두 가지를 중심으로 비평을 하는 것을 말한다. 예컨대, 수필적 과학 서평의 경우라면, 대상이 되는 책의 장별 내용 하나하나를 모두 비평의 대상으로 삼지 않고, 그 책에서 가장 중심이 되는 소재(素材)나 주제(主題)를 중심으로 비평문을 작성하는 형태이다.

그리고 '수필' 양식이 기본적으로 가지고 있는 특성, 예컨대 형식과 내용을 자유롭게 하되, 필자가 가지고 있는 주관적이고 사적(私的)인 세계관, 심리상태, 현실 상황 등을 비평하고자 하는 대상에 적절하게 녹여 넣어서 다소 주관적으로 비평을 하는 형태이다. 하지만 지나치게 주관적이고 사적인 글이 되지 않도록 늘 주의해야 한다.

또한 수필적 과학 비평문도 궁극적으로 비평 대상의 가치를 평가하는 것이 중요한 목적고, 이와 동시에 대중들이 현재의 과학기술이 가지고 있는 문제 상황에 대하여 바르게 가치판단을 하도록 유도하는 글쓰기라는 점을 명심할 필요가 있다. 즉, 수필적 과학 비평문은 대중들이 부담 없이 과학적 지식에 접근할 수 있도록 할 뿐 아니라 과학에 대한 바른 가치관을 가지도록 만드는 것이 무엇보다 중요하다는 것이다.

그러면, A.P. 휘트만 & A.H. 휘터만이 저술한『성서 속의 생태학』이라는 책에 대한 아래 서평을 살펴보자.

환경친화적인 이미지를 얻는 데 성공한 불교와 달리 기독교는 환경 파괴에 정신적 빌미를 제공한 종교로 낙인 찍혀 있다. 지난 수백 년은 지구 역사를 통틀어 가장 대대적인 환경 파괴가 일어난 시기다. 그리고 그 엄청난 만행의 배후에는 "땅을 정복하라"는 창세기 1장 28절의 구절이 버티고 있다고 믿는 이들이 적지 않다.

하지만 독일 괴팅겐 대학의 임학과 교수인 알로이스 P. 휘터만과 그의 아들이자 화학자인 알로이스 H. 휘터만이 저술한『성서 속의 생태학』(황소걸음)에 따르면 기독교의 누명은 나름 억울한 면이 있어 보인다. 초기 기독교에 막대한 영향을 미친 사도 바울의 생물학적 지식 부족으로 신교가 구교에 비해 덜 생태적이 된 것은 사실이지만, 구약에 기록되어 있는 고대 유대인들은 지금 기준으로 봐도 지속 가능성이 대단히 높은 삶을 살았다.

나무가 자라 열매를 맺기 시작할 때부터 첫 3년 동안에는 열매를 수확하지 않고 그대로 썩게 만들어 토양을 기름지게 하고(레위기 19장 23~25절) 일주일에 하루씩 안식일을 갖듯이 7년마다 한 해씩 수확 안식년을 가졌다(레위기 25장 8~13절). 물속에 사는 동물 중 "지느러미와 비늘이 없는 것을 먹어서는 안 된다"(레위기 11장 9~11절)는 계율은 모기를 비롯하여 온갖 해충을 잡아먹는 개구리를 보호하는 생태학적 지혜를 담고 있다. 아울러 썩은 고기를 먹어 치우는 독수리와 까마귀, 그리고 들쥐와 집쥐를 잡아먹는 솔개 등의 맹금류도 보호하라 이른다.

고대 유대인들은 개인의 토지 소유를 49년으로 제한했다. 당시 유대인들의 평균 수명이 50년 남짓이었음을 감안하면 이는 토지 세습을 막아 토지의 사유화로 인한 환경 파괴를 원천적으로 봉쇄하려는 정책이었다. 이 세상에 유대인만큼 까다로운 음식 계명을 갖고 있는 민족도 별로 없을 것이다. 좁고 척박한 땅에서 먹지 말라는 것 투성이인 율법을 지키며 과연 그들은 어떻게 수백 년 동안 살아남은 것일까? 저자들은 한 마디로 풍부한 생태 지식에 기반한 그들의 지속 가능한 생활태도 덕이었다고 말한다.

이명박 대통령은 최근 '저이산화탄소 녹색성장'을 국가 미래 비전으로 내놓았다. 대통령은 곧이어 청정에너지와 녹색 기술에 대한 총력투자를 다짐했다. 혹시 우리 삶은 전혀 녹색이 아닌데 어떻게든 녹색 기술만 개발하면 된다고 생각하시는 것은 아닌지 은근히 걱정된다. 나는 요즘 기후변화 시대의 현실과 대책에 대하여 '아주 불편한 진실, 조금 불편한 삶'이라는 제목의 강연을 하러 다니느라 분주하다. 현실은 앨 고어가 알린 『불편한 진실』보다 훨씬 더 불편해 보인다. 아무리 대단한 녹색 기술을 개발하더라도 우리 생활의 색깔이 녹색이 되지 않으면 지구온난화를 피할 수 없다.

기독교인들 중에는 당신이 믿는 종교가 애당초 환경 친화적이지 못하다고 생각하고 21세기형 시민이 되길 지레 포기하는 분들이 계시지만 기독교는 결코 자연 정복의 종교가 아니라는 걸 믿으시기 바란다. '저이산화탄소 녹색성장'의 패러다임이 대운하사업을 되살리려는 눈가림이라는 흉흉한 소문이 사실이 아니길 바라며 기독교 장로인 대통령께도 이 책을 권한다.

삶이 회색인데 '녹색 기술' 만 개발하면 될까? 최재천(이화여대 교수)

이 책은 성경을 생물학적인 관점에서 연구한 것으로, 고대 유대인들이 자연을 얼마나 생태학적으로 이해했는지, 자연의 생태 시스템을 유지하기 위해 얼마나 노력했는지, 그리고 생물학적 지식수준 또한 얼마나 높았는지를 밝혀내고 있다.

서평자는 이 책의 중요 내용을 몇 가지를 소개하고 그에 대한 본인의 평가적 견해를 보다 쉬운 단어와 표현을 써서 제시했을 뿐 아니라, 이에 더하여 약간은 사적(私的)으로 보일 수도 있는 본인의 강연 이야기와 한국의 기독교인들이 스스로 인식을 바꾸어야 한다는 것, 그리고 책의 내용을 현재적 상황과 연결시켜서 이명박 정부에서 현재 추진 중인 5대강 사업이 대운하사업이 아니라 진정으로 환경친화적인 사업이 되기를 바란다는 것을 간접적으로 전하고 있는데, 이것은 수필적 서평의 한 특징이라 할 수 있다.

### 16.2.2 논증적 과학 비평문

논증적 과학 비평문은 비평하고자 하는 대상을 전체적으로 조망하고 그 내용을 비평하되, 객관적이고 타당한 논거를 제시해 가면서 논증 양식으로 비평문을 쓰는 것을 말한다. 즉, '논증문'이 가지고 있는 특성, 예컨대 보다 정제된 '머리말-본문-맺음말'의 형태를 갖추어야 할 뿐 아니라, 결론에 이르기까지의 추론 과정이 논거(論據)에 입각해서 합리적으로 진행이 되어야 하며, 비평 대상을 다면적(多面的)으로 분석하고 그에 대한 가치를 총체적(總體的)으로 판단해야 한다는 것이다.

또한 논증적 과학 비평문은 객관성을 확보하는 것이 중요한 관건인데, 이를 위해서는 비평하고자 하는 대상과 관련된 이론적 설명이나 전문가들의 견해, 나아가 국내외의 사례와 동향까지 잘 확보해야 한다.

그러면, 『생태위기와 녹색의 대안』(문순홍 지음, 나라사랑, 1992년)에 대해 쓴 아래 서평을 살펴보자.

생태(生態) 위기는 오늘날 전 인류가 당면하고 있는 가장 심각한 문제일 것이다. "빈곤으로부터의 해방"이라는 기치를 내걸고 정신없이 몰아 부친 근대화 · 산업화의 몸부림은 결국 지구를 병들게 하고 사람의 생존까지 위협하는 기막힌 상황을 초래하고 말았다. 사람의 기본 욕구 충족을 위한 빈곤타파의 논리가 인위적 필요의 충족을 위한 '편리한 삶'의 논리로 둔갑되었기 때문이다.

생태문제에 대한 진단과 처방은 포괄적 차원에서 이루어져야 한다. 행사 수준의 자연보호운동이나 표피적 · 지엽적 차원에 의한 접근으로는 실효를 거둘 수 없을 것이다. 생태문제에 보다 효과적으로 대응하기 위해서는 근본적 차원에서 의식의 대전환, 즉 제대로 된 실제(reality) 인식과 이를 바탕으로 인간 삶에 대한 재정향(再定向)이 전제되어야 한다.

주지하듯이 현대문명은 뉴튼 · 데카르트적 세계관(또는 實在인식)의 산물이다. 이는 (자연이 아니라) 사람이 만물의 척도(Protagoras)라는 인간중심주의와 만물의 상호연계성을 부인하는 비(非)관계적 자연인식이 그 바탕을 이루고 있다. 사람의 사유(思惟)와 행동의 기준이었던 자연질서나 신의 섭리 대신 인간의 선호(또는 취향)가 자리하게 되었고, 전일적(全一的) 상관성의 논리가 비관계적 개체성의 논리로 대체되었다. 비관계적 개체의 자기 주장적 취향이 무규범 세계의 행위 주역이 되었고, 테크놀로지를 무기로 인간의 인위적 필요 충족을 위한 자연정복의 대장정이 빚어 낸 결과가 바로 오늘의 생태문제인 것이다.

그런데 기계적 실재인식의 한계와 부적절성은 20세기의 과학, 특히 물리학에 의해 지적되고 있다. 아인슈타인을 비롯하여 하이젠버그(Heisenberg), 봄(Bohm), 보어(Bohr) 등에 의해 주도되는 현대물리학의 실재인식은 만물의 상호연계성을 주장하는 논리이고, 이는 동양적 사유와 일맥상통하는 실재인식이다. 이러한 전일적 세계관을 바탕으로 인간 삶에 대한 근본적 재인식이 전제되지 않고서는 생태문제에 대한 근원적 접근은 불가능할 것이다.

문순홍(文順弘) 박사의 『생태위기와 녹색의 대안』은 생태문제를 심도 있게 다룬 우리글로 된 최초의 본격적이며 포괄적인 저서이다. 이 책은 단순히 생태문제를 이해한다는 차원에 머무르지 않고 생태문제에 대해 본격적 접근을 시도하는 다양한 녹색적 사유를 나름대로의 시각에서 체계적으로 분석하고 이의 궁극적 돌파구는 전지구적 차원에서의 정치적 해결에서 찾아야 한다고 주장한다.

저자는 머릿글에서 "현재의 환경문제는 시행착오를 허용할 만큼 시간적 여유를 갖고 있지 못하다. 또 우리 사회는 이제 더 이상 하나의 독단적 논리에 휩쓸려서는 안 된다. 〈중략〉 지금 우리에게 필요한 것은 우리 주변의 세계를 바라보는 이론적 다양성이며, 사회문제 해결에서 요구되는 것은 이론들의 비헤게모니적 의식과 협동작업이다. 즉 생태위기에 직면한 우리 사회가 요구하는 것은 다양한 견해들 간의 결합과 한국적 상황에서의 실험이고, 이를 통해 한국적 상황에 맞는 이론과 집단적 해결능력을 확보하는 것이다. 〈중략〉 이를 위해 우리는 일찍이 서구의 생태위기 상황에서 생성·확산된 서구의 녹색적 사유를 가능한 한 빠른 시일 내에 검토하고 현실에서 검증해 보아야 한다."고 호소하고 있다. 그리고 우리들의 환경의식은 대개 사회적 실천이 수반되지 않는 개인적·관념적 수준을 뛰어넘지 못하고, 해결의 주체가 바로 '사회 속의 나 자신'이라는 의식으로는 발전하고 있지 못하다고 한다. 그래서 우리의 환경운동은 한 걸음 더 나아가 새로운 운동양식을 필요로 하며 사전 예방적 차원에서의 논의 주체로 자신을 회복시켜야 할 필요가 있다고 주장한다.

『생태위기와 녹색의 대안』은 전부 5장으로 구성되어 있다. 제1장은 현 시기를 우리로 하여금 '결단을 내릴 것'을 요구하는 생태위기의 시대로 규정하고, 왜 생태문제에 대한 접근이 정치적일 수밖에 없는가를 기술하고 있다. 이곳에서 저자는 생태계 파괴의 의미를 다음과 같이 기술하고 있다. "어떠한 해석을 택하든 생태계 파괴로 인한 위기의 의미는 생태적 순환고리가 근본적으로 변화될 수 있다(지구의 파괴)는 데 문제가 있음을 지적하는 것이며, 이 문제가 야기된 근거로 생태파괴적인 과학 · 기술, 이런 과학 · 기술을 가능하게 한 세계관, 이 세계관 위에 세워진 정치 · 경제 · 문화 체제를 지적하며, 따라서 그 위기의 폭이 보편적이고 다차원적이어서 1980년 이후 위기의 성격에 적합한 것으로 자리 잡는다. 그러므로 생태위기라는 용어를 선택할 경우, 논의는 분명히 철학적인 영역과 동시에 현재의 사회 · 경제 체제를 뒷받침해 주는 이데올로기 영역, 그리고 구체적인 현실영역으로 이어질 수밖에 없다." 그리고 이러한 위기를 가져오는 구체적 근거로 ①인구 증가, 자연의 지하자원 고갈 및 농업생산의 한계, ②온난화와 이로 인한 기후조건의 변화 및 오존층의 파괴, ③엔트로피의 증가로 인한 지구 생태계의 파괴 등을 지적하고 있다. 그리고 생태문제에 대한 해결이 자연과학적 영역에만 머무는 것이 아니라 인간의 공적 삶의 영역과 관련된 그 어떤 것의 변화를 요구하고 있는 상황과 관련되며, 동시에 그것은 생태문제를 초래한 지배적 세계관의 보급, 과학의 이용, 그리고 군사적 · 경제적 결정에 개입된 정치적 과정이 밝혀져야 한다는 요구를 의미한다. 이렇게 생태문제의 정치적 이해에 대한 요구는 기존 정치제도에 대한 문제제기와 더불어 그 제도를 뒷받침해 주는 이론 및 세계관의 변화에 대한 요구와 상승적으로 맞물려 있다고 한다.

제2장에서는 다양한 '녹색적 사유'를 나름대로의 분류 기준에 따라 근본생태론자, 사회생태론자, 생태사회주의자, 그리고 생태마르크스주의자로 구분하고, 이를 비교 · 분석하고 있다. 이곳에서 특히 관심을 끄는 부분은 생태문제를 보는 다양한 사유 간의 차이를 우화형식으로 풀이한 '생태위기: 청이와 홍이가 망가뜨린 사과창고'이다. 이는 복잡하고 난해한 여러 입장을 알기 쉽게 풀이한 깊이 있는 철학적 우화로서 저자의 학문적 경지를 가늠할 수 있는 부분이기도 하다.

제3장에서는 '녹색적 사유'의 실재인식, 곧 자연관이 다루어지고 있다. 이곳에서 저자는 자연에 대한 개념을 역사적으로 접근하면서 얻은 결론을 정

정리하고 있는데 이 중 일부를 소개하면, "철학사적으로 근대는 세계를 해석하는 대립되는 두 견해의 투쟁의 장이라고 볼 수 있다. 17~18세기 자연과학의 융성, 데카르트의 이원적 실재론과 물질개념, 경험론, 칸트 등을 중심으로 근대의 기계적 · 이원화된 세계관이 형성되었던 반면, 이에 대한 도전은 18세기 독일 낭만주의와 쉘링, 19세기 전반부의 관념론으로 이어졌다.

그러나 19세기 중반부에 유물론, 후반부에 신칸트주의가 다시 등장하면서 이것이 주도적 입장으로 부상되었다. 20세기로 들어서자마자 생의 철학, 현상학, 관념론적인 실재론 등이 신칸트주의에 대한 대결을 시도하게 된다. 현대 환경문제에 대한 철학적 기반을 구성해 주고 있는 자연과 인간해석에 대한 논쟁은 근대형성 이후 지속적으로 대결해 온 데카르트 경험론과 칸트를 통해 굳어진 원자론적 · 기계론적 · 이원적 세계관을 한 축으로 하고, 전일적 · 유기적 · 일원적 세계관(스피노자, 라이프니츠, 쉘링, 헤겔, 베르그송)과 하이데거, 후설, 화이트헤드를 또 다른 축으로 하는 논쟁의 현대적 재판인 셈이다.

시대로 구분하자면, 근대적 세계관에 대한 고대적 세계관의 부흥이다. 그러나 이들 논의는 현대라는 등장조건에 따라 과거의 논리와는 다른 측면을 가지고 있다. 우선 20세기 후반 들어 절박하게 나타난 '환경문제'가 이들이 지배적인 자연관으로 자리잡을 상대적 우위를 부여하고 있다. 또한 이들은 현대과학의 산물인 현대물리학이나 신생태학에서 논의를 출발시켜 결과적으로 유기적 · 일원적 자연관과 동일한 결론에 도달한다."고 주장하고 있다.

생태문제의 근원적 해결은 결국 우리의 실재(實在) 인식(곧 '자연관')에서 찾아야 하는 만큼 이 부분은 매우 중요하며, 저자도 이에 대한 연구에 무척 고심했을 것이다. 이 부분은 피상적 연구가 대종을 이루고 있는 우리 학계에 신선한 충격일 수 있을 정도로 깊이 있고 짜임새 있는 귀한 학문적 업적이라 할 수 있다.

그러나 한 가지 아쉬운 것은 저자가 녹색적 사유의 자연관이 "그들의 주장대로 과연 새로운 것인가를 전자연 개념사와 관련지어 논의해 보는 데"에 초점을 맞추고 있는 점이다. 이도 물론 의미 있는 작업이겠으나, 보다 중요한 것은 오늘의 위기와 무관치 않은 근대적 자연관과 녹색적 사유의 그것과는 차이가 있다는 점일 것이기 때문이다. '새롭다'는 주장이 동서고금의 사유전통 중 유일하고, 고유하다는 의미에서라기보다는 오늘날 풍미하는 주도적 자연관과 다르다는 의미에서가 아닌지 질문하고 싶다.

4장은 녹색적 사유의 정치논의가 지닌 특성을 조명하는 데 초점을 맞추고 있다. 구체적으로 보면 녹색적 정치논의가 현대라는 상황에서 정당성을 확보할 수 있는가를 검증하기 위해 정치에 관한 논의를 역사적으로 살펴보는 가운데 근대 이후의 정치논의가 지닌 한계가 집중적으로 지적되고, 또한 녹색적 정치논의가 내포하고 있는 새로운 측면이 다각적으로 논의되고 있다.

이를 통해 저자는 녹색적 자연관에서 찾아볼 수 없었던 녹색적 사유의 새로움은 정치논의에서 확보될 가능성이 상당히 높다고 평가한다. "물론 시간을 달리해 보면 자연관의 경우처럼 녹색적 사유의 '정치적인 것'에 관한 논의도 근대적 상황에서 음지로 밀려날 수밖에 없었던 '패자 또는 주변적인 정치관'일 수 있다. 따라서 녹색정치적 논의는 고대적 특성으로의 회귀를 지향하고 있다고 평가할 수 있으며, 이 또한 나름대로의 의미를 가진다.

그러나 녹색정치는 분명히 근대 이후 실체로서의 민중이 사장되고 국가로 잠식된 정치에 대한 대대적 도전으로 평가할 수 있으며, 현대처럼 거대화되고 복잡화된 사회상황에서 고대 정치적인 요소들을 회복해 냄으로써 현대 정치제도들과의 대결을 자신의 몫으로 하고 있음을 알 수 있다. 바로 이 점에서 녹색적 사유의 새로운 꽃은 만개를 눈앞에 두고 있다. 물론 이러한 만개는 자신의 정치제도적 논의에 인간과 자연의 합일이라는 대전제를 확보한다는 것을 전제로 한 것이다."

마지막 5장에서는 기존제도에 대한 도전으로서 녹색운동의 이념, 등장배경, 녹색당의 정치활동과 녹색위기론이 집중적으로 다루어지고 있다.

마지막 5장에서는 기존제도에 대한 도전으로서 녹색운동의 이념, 등장 배경, 녹색당의 정치활동과 녹색위기론이 집중적으로 다루어지고 있다.

『생태위기와 녹색의 대안』은 저자의 기대 - 우리나라에서 민주화 논의를 다시 한 번 부흥시키고 사회문제로서의 생태문제에 관한 이론적 논의를 확장시키는 - 를 충족시킬 수 있을 것임은 물론 생태문제 논의의 본격적 장(場)을 마련한 보기 드문 역저(力著)이다.

'녹색정치를 위한 사상적 모색' , 임효선(성균관대 교수)

이 글은 『녹색평론』(통권 제8호, 1993년)에 실려 있는 임효선 교수의 서평인데, 비평의 대상이 되는 『생태위기와 녹색의 대안』이라는 책의 전 부분을 비평의 대상으로 삼고 있을 뿐 아니라, 이 책을 총체적으로 분석 비평하고 있다. 먼저 비평자는 들머리에서 '생태문제'가 발생하게 된 근본적이 원인에 대해 진단하고, 이 문제를 해결하기 위해서는 근본적으로 자연을 바라보는 의식의 대전환이 이루어져야 함을 역설했으며, 본문에서 이 책의 각 장별 내용을 하나하나 자세히 분석 비평했다. 마무리에서는 이 책이 우리나라에서 생태문제를 논의하는 본격적인 장을 열었다고 호평(好評)을 하고 있다.

이와 같이 논증적 비평문은 비평 대상이 되는 텍스트나 상황을 총체적으로 분석 비평하고, 그것이 담고 있는 가치나 한계를 종합적으로 지적한 뒤에 현재의 문제와 지식체계를 발전시키기 위한 노력을 해야 한다는 점에서 매우 지적(知的)인 글쓰기라 할 수 있다.

아래 글은 1994년에 발표한 미국의 환경사학자 도널드 워스터의 『생태학, 그 열림과 닫힘의 역사』(강헌 · 문순홍 옮김, 아카넷 2002년)에 대한 서평인데, 논증적 서평이기는 하지만 위의 것과는 다소 다른 형태를 취하고 있다.

높이 90여 미터의 넓적한 봉우리 두 개를 가진 난지도 쓰레기 매립장은 안정화가 아직 완벽하지 않은 처지에도 불구하고 새로운 분칠을 거듭 준비하고 있다. 이름도 예쁜 '하늘공원'으로 개과천선하여 현재 상암 월드컵 축구경기장을 다정하게 내려다보는 한쪽 봉우리뿐이 아니다. 작년 월드컵 경기 기간 내내 관광객을 모았던 하늘공원과 마찬가지로 두툼한 고무 장판을 깔고 쓰레기 더미 위에 조성한 이웃의 봉우리는 이른바 '생태 골프장'을 준비하고 있는 것이다. 생태골프장? 생태, 즉 얼리지 않은 명태가 골프를 치는 게 아니라면, 골프 라운딩을 마친 골퍼들이 일제히 생태찌개를 끓여먹으므로 생태골프장인가? 그럴 리 없다. 골프장의 이미지 개선을 위한 개발업자의 의도일 것이다.

한때 '혼을 담는 시공'이라는 간판을 달아 부실공사의 이미지 개선에 주력하려 했던 토목건설업체들은 요즘 걸핏하면 '생태'를 주장한다. '생태마을', '생태도시', '생태주거단지'와 같은 도시계획의 학술용어가 세간에 긍정적으로 퍼져나가면서 나타난 시대적 현상이다. 언제는 '환경'을 부르짖더니, '환경'이 담고 있는 이미지보다 '생태'가 더욱 강력하고 근본적이라는 인식을 간파한 토목건설업체들의 상업적 의도일까. 아마 그리 틀리지 않을 것이다. 수려한 생태계를 허물고 들어서는 아파트 단지와 안정화가 불확실한 쓰레기 매립장에 만들어지는 골프장 선전구호에도 '생태'가 난무하는 요즘, '환경'을 타고 너머 이제 '생태'까지 남용되는 사태를 본다.

내 주변을 의미하는 '환경'보다 근본적이라고 막연히 짐작하는 '생태'는 어떤 개념일까. 생태가 남용되는 골프장과 아파트 단지는 그렇다 치고, '생태마을', '생태도시'와 더불어 '생태정치', '생태경제', '생태철학'들에 사용되는 '생태'는 어떤 의미를 담고 있을까. '근본 생태주의' 또는 '생태 근본주의'와 같이 정신 바싹 차리고 들여다보아도 헷갈리는 여러 가지 주의와 주장들은 데이비드 페퍼의 『현대 환경론』(한길사 1989)이나 문순홍의 『생태 위기와 녹색의 대안』(나라사랑 1993)을 살펴보면 어렴풋이 짐작할 수 있으리라 믿고 일단 넘어가기로 하자. 아무래도 '생태'는 생태학을 알아야 짐작이 가능할 것이다. 생태는 'Ecology'에서 비롯된 접두사에서 따오지 않았나.

작년 7월에 아카넷을 통해 번역 출간된 『생태학, 그 열림과 닫힘의 역사』는 생태학에 대한 우리의 갈증을 상당부분 풀어준다. 1994년에 발표한 미국의 환경사학자 도널드 워스터의 노작을 수원대학교의 강헌 교수와 대화문화아카데미 바람과 물 연구소의 문순홍 소장이 공동으로 번역한 『생태학, 그 열림과 닫힘의 역사』는 영국과 미국을 중심으로 한 생태학의 역사를 흥미롭게 조명하고 있다. '생태학' 하면 '먹이사슬'과 '편리공생'부터 떠올리는 일반 독자는 물론, 생태계의 순환과 다양성을 연구하는 대학원생도, '생태사상'에 골머리 아파하는 인문사회학도도, 생태학에 얽힌 다양한 논쟁과 사고의 흐름을 폭넓고 깊게 이해할 수 있도록 유연한 필체로 친절하게 안내하고 있다.

생태학에 과한 상식이 있는 사람이라면 생태학이라는 용어는 생태학의 Ecology와 경제학의 Economy가 모두 'Eco'라는 접두사를 붙이고 있는 것과 무관하지 않게, '자연의 경제'라는 개념으로 1800년대 중반부터 시작되었다는 것을 알고 있을 것이다. 또한 'Eco'는 집이라는 뜻을 가진 'Oikos'에서 출발한다는 것쯤도 알고 있을 것이다. 그런데 도널드 워스터는 생태학이 현재와 같은 학문의 반석 위에 올라선 것은 이후 100년이 지나서부터였지만, 영미권에서 생태학이라는 용어를 사용할만한 역사는 기록상 17세기 중반으로 거슬러 올라갈 수 있다고 주장한다. 산업혁명과 제국주의 확산으로 환경과 국제정세가 어지러웠던 영국에서 그 시원을 찾으려 한다. 런던에서 80킬로미터 정도 떨어진 한적한 시골마을 셀본의 교구 보조 목사였던 길버트 화이트의 목가적인 자연 기록에서 도널드 워스터는 생태학을 읽기 시작한다.

73세로 죽은 후에 명성을 얻은 길버트 화이트의 노작 『셀본의 자연사』 이전에는 생태학을 연상할만한 기록이 없었을까. 도널드 워스터는 영미권 생태학의 흐름을 방대하게 분석하지만 독일과 프랑스의 기록은 제시하지 않아 『생태학, 그 열림과 닫힘의 역사』만으로 짐작이 불가능하다. 노자 장자 사상으로 잘 알려진 중국과 우리 민족의 생태사상도 물론 언급하지 않았다. 독자들은 오직 영미권의 생태학만이 『생태학, 그 열림과 닫힘의 역사』의 주제라는 점을 잊으면 안 된다.

도널드 워스터는『생태학, 그 열림과 닫힘의 역사』에서 영미권 생태학의 흐름을 6가지로 구별해 인물 위주로 분석하고 있다. 길버트 화이트와 칼 린네로 대표되는 목가주의와 이성주의 생태학을 조명 대비하는 제1부를 시작으로, 제2부는 헨리 데이비드 소로의 낭만적 생태학을 짚어보고, 제3부에서 다윈의 생태학적 이론을 꼼꼼하게 살펴보고 있다. 여기까지가 영국을 중심으로 하는 생태학이라면 제4부부터 미국을 중심으로 학문의 반열에 오른 20세기의 생태학을 분석한다. 극상 이론과 모델을 정리한 프레더릭 클레멘츠를 중심으로 한 생태학의 흐름을 정리한 제4부를 지나면 제5부는 유기체론을 기반으로 하는 알프레드 노스 화이트헤드와 대지의 윤리를 강조하는 알도 레오폴드를 조명하고, 마지막으로 제6부는 제2차 세계대전 이후의 복잡한 생태학자들의 이론적 논쟁을 리뷰하고 있다.

도널드 워스터는 이상으로 구분한 6가지를 "자연에 대한 옛 모델이 무너지고 새로운 모델이 그 자리를 차지하는 '패러다임 변환'으로 특징지을 수 있"는 '에피소드'라고 서문에서 이야기하고 있지만, 생태학에 대한 패러다임 변환을 단순히 에피소드로 평가하는 것은 좀 가볍지 않을까 싶다. 과학의 반열에 올랐던 아니던, 생태학에 얽힌 당시의 사상을 펼치는데 따르는 정반합적 변형, 즉 기존 이론에 대한 모순을 극복하는 학자들의 논의 과정에서 발생한 우연과 필연의 흐름이 아니었을까. 사실이 그렇다면, 1994년에 집필한『생태학, 그 열림과 닫힘의 역사』의 후속 편을 출간할 경우, 도널드 워스터는 20세기 후반부터 사회적으로 강력하게 대두된 환경운동을 논의하여 걷잡을 수 없이 악화되는 생태계의 위기를 극복하려는 시민들의 움직임도 추가하여 주목해야 옳을지 모른다.

영국의 시골 목사의 목가적 기록에서 영미권 생태학의 기원을 찾은 도널드 워스터는 당시를 관통하는 사상을 끌어내며 목가주의와 이성주의의 갈등에 이어 소로의 낭만주의와 프란시스 베이컨과 랠프 왈도 에머슨의 인간 위주 경험주의의 갈등을 차례로 소개하는데, 중립적 서술로 일관하면서도 은근히 생태주의를 지지하는 속내를 숨기지 않는다. 많은 현대의 생태주의자들이 진화를 진보로 해석하는 다윈주의를 비판하고 있음에도 찰스 다윈의 작업을 생태적으로 추켜세우는 도널드 워스터의 해석도 다분히 의도적이다. 말년의 찰스 다윈이 보여준 '강자에 의한 지배로서 문명을 노골적으로 옹호한 것'은 빅토리아 시대의 분위기와 무관하지 않음을 애써 변명하기도 한다. 이는 "역사란 편견일 뿐!"이라고 자신의 책 『오만한 제국』(당대 2001)에서 강조한 또 한 명의 미국 역사학자 하워드 진의 화술을 보는 듯하다.

'Ecology'이라는 신조어를 만들어 생태학을 학문의 반열에 오르게 한 독일의 에른스트 헥켈에 대해 무표정하게 또는 싸늘하게 언급하는 도널드 워스터는 그가 미국인이기 때문인지, 제4부부터 미국 생태학자들의 논의를 노골적으로 주목한다. 물론 학문의 무게 중심이 유럽에서 미국으로 옮겨진 것과 무관하지 않겠지만, 자칫 잘 못 읽다가 생태학 논의는 영국과 미국, 그 중에서 미국 없이 아무 것도 생각할 수 없다고 독자들이 오해할까 은근히 걱정이 될 정도다. 개체 생태학과 군집 생태학의 개념을 도입한 미국 생태학자들과 극상군집의 개념을 도입하여 아직도 대부분의 생태학 교과서에서 그 이론을 확인할 수 있게 하는 미국 생태학자들이 두드러지게 강조되고 있으며, 그 이론의 근거로 미국에서 연구된 자료를 여기저기 제시한다. 이는 20세기 초부터 계속된 미국의 생태학 연구가 그 동안 얼마나 적극적이고 주도적이었는지 도널드 워스터가 암암리에 드러내는 것일 텐데, 아직까지 생태학 연구의 지원과 실적이 초라하기 짝이 없는 우리나라의 생태학자들은 부러움을 넘어 부끄럽지 않을 수 없으리라.

생태학은 순환과 다양성으로 요약할 수 있다. 농촌을 물론 도시 근교에도 다람쥐와 족제비가 흔했을 1960년대, 주택의 인분은 농촌으로 직행했고 그 농촌에서 생산한 각종 채소와 곡물은 우리 식탁으로 다시 올라왔다. 영농회사에 맡겨 몇 가지 안 되는 품종을 파종하여 중간 상인에게 밭떼기로 파는 요즘의 자본집약적 '환금농업'이 아니라 자급자족을 원칙으로 한 다품종 소량생산이 농촌을 노동집약적으로 주도했던 시절, 농촌의 농작물은 물론, 들녘과 산간에 분포하는 동식물의 개체 수와 종류는 지금보다 현저히 많았다. 남보다 더 많은 돈을 더 빨리 벌어들이기 위해 도입한 살충제 제초제 화학비료는 봄을 알려주던 개구리도, 아침을 깨우던 새들도 다 사라지게 했다. 이제 젊은이가 사라진 농촌에 아기 울음소리마저 없다. 이른바 '침묵의 봄'이 도래한 것이다.

『모래땅의 사계』(푸른숲 1999)를 쓴 알도 레오폴드는 유희 삼아 쏘아 죽인 늑대의 푸른 눈이 차차 사그러드는 모습을 보고 1900년대 초반 대지의 윤리를 강조했고, 레이첼 카슨은 『침묵의 봄』(에코리브르 2002)을 통해 농약으로 인한 생태계의 죽음을 1960년대에 강력하게 경고했다. 알도 레오폴드와 레이첼 카슨이 중요한 저작을 발표할 당시, 산하에 수많은 동식물이 건강했고 개구리와 새들로 잠을 설쳤던 우리는 지금 적막강산이다. '잘 살아보자'며 생태계를 분별 없이 파괴한 필연적인 대가일 것이다. 그래서 우리는 잘 살게 되었는가. 생태계의 산물인 우리는 자연에서 더욱 소외되기만 하는 것은 아닐까. 만신창이가 된 곳은 도시 근교와 농촌뿐이 아니다. 국립공원과 백두대간도 예외가 아니다. 다양하고 수많은 철새들의 도래지이자 어패류의 산란장인 갯벌은 어떤가. 조상이 물려준 갯벌은 후손의 자산이자 생명이건만 오늘도 거듭 매립되고 있다. 높은 생산성을 위한 불가피한 개발이라고, 후손을 위한 조치라고 개발세력은 강조한다.

진정한 생산은 생태계에서 나온다. 도널드 워스터는 생태학에서 빼놓을 수 없는 생산자와 소비자에 관한 생태학자들의 논의를 제5장에서, 생태학의 시대를 맞아 생존을 위해 우리가 공부해야 할 생태학의 역사적 논의를 제6장에서 공들여 설명한다. 환경보호를 위한 근본적인 생태학적 시각을 우리에게 요구한다. 그런데, 새만금 갯벌 매립을 높은 생산성을 위한다는 개발세력의 논리는 과연 온당할까. 수천 년 이상 육상의 오염물질을 정화해주는 각종 어패류의 서식처인 갯벌의 생산성은 어떠한 농지보다 높건만 갯벌을 매립해 농사를 짓다 나중에 더 생산성이 높은 공업단지로 바꿀 수 있다는 저들의 논리를 어떻게 해석해야 할까. 자원을 대량으로 채굴·정제·운송·제조·사용·폐기하는 과정에서 쏟아지는 폐기물은 생태계의 순환과 다양성을 저해하는데, 사용하다 폐기해야 하는 공산품을 생산(生産)한다고 해석해도 무방한 것일까.

도널드 워스터는 '열림과 닫힘의 역사'로 영미권 생태학을 흥미롭게 조명했지만, 『생태학, 그 열림과 닫힘의 역사』를 읽은 독자는 저자가 아직 조명하지 못한 제7장, 다시 말해, 생태계의 순환과 다양성의 고통 어린 역사를 마음으로나마 곱씹었으면 한다. 우리와 우리 후손의 생존을 위해 고통 받는 생태계를 치유해야 하기 때문이다. 미국은 물론, 영국을 포함한 전 세계의 생태학자들이 해마다 무수한 연구논문을 관련 학회지에 발표하는 것과 무관하게 생태계의 고통의 정도가 갈수록 더해지는 현상은 무엇을 웅변할까. 가슴으로 참여하지 않는 학자들이 생태계를 차가운 머리로 대상화하기 때문이 아닐까.

1994년에 발표한 도널드 워스터의 『생태학, 그 열림과 닫힘의 역사』를 통해 '생태학'과 '생태철학'의 흐름을 이해하게 되었다면, 이제 우리는 생태계를 위한 행동에 나서야 한다. 생태계는 우리의 능동적인 참여로 치유될 수 있다. 바로 생태행동이다. 건강한 생태계 없이 생태학 논의는 공허한 노릇이기 때문이다.

생태학, 그 열림과 닫힘의 역사, 박병상(생태학자)

이 비평문은 생태학자인 박병상 님이 『생태학, 그 열림과 닫힘의 역사』라는 책에 대해 쓴 서평인데, 비평자는 이 책이 생태학에 얽힌 다양한 논쟁과 사고의 흐름을 폭넓고 깊게 이해할 수 있도록 하는 책일 뿐 아니라, 일반 독자는 물론 대학원생, 인문사회학도 등에게도 유익한 책이라고 밝힌 뒤, 이 책의 내용에 대해 자세히 비평을 하고 있다.

특히, 이 비평문은 『생태학, 그 열림과 닫힘의 역사』에 대한 서평이기는 하지만, 이와 관련이 있는 생태학 문제를 다루고 있는 데이비드 페퍼의 『현대 환경론』이나 문순홍의 『생태 위기와 녹색의 대안』, 레이첼 카슨은 『침묵의 봄』 등을 함께 소개하면서, 비평의 주요 대상이 되는 『생태학, 그 열림과 닫힘의 역사』를 총체적으로 분석 비평함으로써 비평 내용의 신뢰도를 높이고 있는데, 이는 비교독서를 통한 논증적 비평문 쓰기의 한 전형이라 할 수 있다.

## 16.3 과학 비평문을 쓰기 위한 준비

과학 비평문을 제대로 쓰기 위해서는 아래와 같은 몇 가지를 준비해야 한다.

- 첫째, 비평하고자 하는 과학 분야의 정보를 가능한 한 많이 수집해야 한다.

만약, 과학 서평을 쓴다면, 서평의 대상이 되는 책과 동일한 분야 혹은 관련된 분야의 정보를 많이 수집해서 그에 대한 폭넓은 지식을 가지는 것이 중요하다.

- 둘째, 비평을 할 과학적 대상이 주어지면, 먼저 그 대상을 자세히 분석(分析, analysis)하여 무엇이 중요한지를 파악하고, 그 가운데 구체적으로 어떤 것을 비평 대상으로 삼을 것인지를 정해야 한다.

서평의 경우에는 비평 대상이 되는 책을 분석하여 필자가 궁극적으로 말하고자 하는 핵심 주장이 무엇인지, 그리고 책의 어떤 부분이 중요한지를 파악한 뒤에 그 부분들이 책 전체와 어떤 유기적 연관성이 있는지를 파악해 두어야 한다.

• 셋째, 수강을 하고 있는 특정 교과목에서 비평과제를 부여하면서 그에 대한 비평 지침을 미리 알려 주는 경우에는 이 비평 지침을 염두에 두고 비평 대상물을 분석해야 한다.

예컨대, 서평을 쓰는 과제를 부여 받을 경우에는 비평할 책을 비평 지침을 염두에 두고 읽어가야 효과적으로 책을 읽을 수 있을 뿐 아니라, 그것을 이용해서 특정 과목에 최적화된 서평을 쓸 수 있다.

• 넷째, 비평 대상이 되는 책이나 자료를 읽을 때는 적절하게 메모를 하는 것이 필요하다.

보통 책은 분량이 많고 다루는 쟁점들이 많기 때문에, 적절히 메모를 해 가면서 읽지 않으면 그 책에서 중요하게 다루고 있는 것이 무엇인지, 쟁점이 무엇인지를 잘 알 수 없으며 결국에는 제대로 된 비평문을 쓸 수가 없게 된다.

## 16.4 과학 비평문 쓰기의 과정

비평문을 쓰는 과정은 특별히 정해진 것은 없다. 하지만 책이나 기사의 경우에는 다음과 같은 과정을 통해 비평문 쓰기를 준비하면 된다.

• 첫째, 창조적이고 비판적으로 자료를 읽고 분석하기

책을 읽을 때는 책의 내적 상관성(相關性)과 흐름에 주목하면서 읽어야 한다. 즉, 그 책의 핵심적인 주장은 무엇인지, 필자의 주장이 명확한 증거에 의해 뒷받침이 되는지, 엉뚱한 주장이나 설득력 없는 내용이 없는지, 앞뒤의 내용이 조화롭게 잘 연결되는지, 그리고 내용상의 오류가 없는지를 점검해 가면서 읽어야 한다.

보다 비판적으로 자료를 읽고 분석하기 위해서는 육하원칙(六何原則), 즉 '누가(who), 언제(when), 어디서(where), 무엇을(what), 어떻게(how), 왜(why)'라는 질문을 던져가면서 읽는 것도 도움이 될 수 있다.

• 둘째, 필자가 주장하는 바를 뒷받침하는 데이터나 사실을 확인해 보기

데이터 가운데는 필자가 데이터를 잘못 제시하는 경우도 있고, 비평자가 잘못 알고 있는 경우도 있기 때문에 의심이 되는 자료는 항상 원자료를 찾아서 사실 여부를 확인해 볼 필요가 있다. 특히, '의견(opinion)' 자료의 경우에는 그 의견의 타당성 여부를 여러 측면에서 살펴서 참된 의견인지 여부를 잘 판별해야 한다.

• 셋째, 데이터와 자료의 내용을 요약하고 메모하기

요약을 하는 목적은 읽은 자료나 책의 내용을 제대로 이해하고 그 내용들 사이의 관계를 파악해서 필자의 주장과 논거를 비평하기 위해서이다. 요약하거나 메모를 하지 않고 자료를 읽다 보면 자료의 중요 부분을 자칫 놓칠 위험이 있을 뿐 아니라, 비평문을 쓸 때에 다시 그 해당 부분을 찾아서 읽어야 하는 불편함을 겪을 수 있다.

요약과 메모를 하는 방법은 여럿이 있을 수 있는데, 자료나 책의 내용 가운데 중요하다고 생각되는 부분이나 좀 더 논의 및 검토를 해 볼 필요가 있는 부분에 적절하게 표시를 하고 그에 대한 비평자의 생각을 간단히 메모를 해 놓거나, 별도의 용지에 해당 내용을 요약하고 그에 대한 비평적 견해를 써 두면 된다.

단, 요약을 할 때는 자료나 책의 요지만을 단순히 써두지 말고, 반드시 비평자의 관점에서 바라본 본인의 견해를 써 두어야 비평문을 쓸 때 이것을 효과적으로 이용할 수 있음을 잊지 말아야 한다.

• 넷째, 비평 대상의 가치를 평가하기

비평문은 말 그대로 비평 대상의 가치(價値)를 평가하는 양식의 글이기 때문에, 무엇보다 비평자의 관점에서 비평 대상물을 통찰력 있게 바라보고 그 가치를 판단하는 것이 중요한데, 이를 위해서는 비평 대상이 가치가 있다면 왜 가치가 있고, 반대로 가치가 없다면 왜 가치가 없는지를 평가해야 한다. 단, 그 가치 평가는 주관적이고 감상적이어서는 안 되며, 항상 이론적이고 객관적 자료에 근거해서 이루어져야 한다.

• 다섯째, 비평문을 작성하기 위한 기획서 만들기

기획서는 비평문을 어떻게 써 갈 것인지를 안내하는 설계도(設計圖, blue print)와 같다. 설계도 없이 제대로 된 건물을 지을 수 없는 것처럼, 비평문을 쓰기 위한 기획서 없이는 비평문을 제대로 쓰기가 어렵다. 비평문 쓰기를 위한 기획서에는 다음과 같은 요소가 들어가는 것이 일반적이다.

[1] 비평문을 쓰기 위한 대상 선정

서평의 경우에는 왜 본인이 굳이 이 책을 대상으로 서평을 쓰는지, 그리고 어떤 아이디어를 중심으로 서평을 써 갈지에 대해 간단히 작성해 둔다. 과제로 주어지는 것이면 왜 그런 과제가 주어졌는지, 즉 과제의 지침과 핵심 내용이 무엇인지에 대해 서술해 두면 보다 쉽게 비평문을 쓰기 위한 초안을 잡을 수 있다. 비평의 대상이 되는 책이나 자료의 지은이, 자료/책 이름, 만든곳/출판사, 출판년도 등을 기본적으로 써 두어야 한다.

[2] 비평문의 주제 및 개요 작성

자료 혹은 책 가운데 가장 중점적으로 비평할 내용을 정하고 난 뒤에, 어떤 방향으로 비평문을 쓸 것인가에 대한 개요(概要, synopsis)를 정한다. 개요는 가능한 한 주제뿐만 아니라, 각 내용단락에 들어갈 소주제문과 요지도 함께 써 두면 앞으로 만들어 갈 비평문의 전체 그림을 그려 가는 데 유익하다.

[3] 비평문 쓰기를 위한 자료의 수집

비평문을 제대로 쓰기 위해서는 가능한 한 많은 자료를 수집해야 한다. 자료는 직접적인 비평 대상이 되는 자료 내의 것을 포함해서, 그 비평 대상이 되는 자료와 관련이 있는 주변 자료를 포함한다. 또한 자료에는 사실(fact) 자료와 의견(opinion) 자료가 있는데, 먼저 수집하고 분석해야 하는 것은 사실자료이다.

그리고, 자료는 다음(Daum, http://www.daum.net), 네이버(Naver, http://www.naver.com), 구글(google, https://www.google.co.kr) 등의 포털사이트나, 한국학술정보(KISS, http://kiss.kstudy.com), 학술연구정보서비스(RISS, http://kiss.kstudy.com), 국가전자도서관(http://www.dlibrary.go.kr), 국립중앙도서관(http://www.nl.go.kr/nl), 국가과학기술정보센터(NDSL, http://scholar.ndsl.kr) 등의 전문 학술 사이트를 이용하면 생각보다 쉽게 양질의 자료를 구할 수 있다.

[4] 자료의 분석 및 비평

자료의 수집만큼이나 중요한 것이 자료를 분석하고 비평하는 것이다. 자료를 분석하는 것은 자료가 가지고 있는 의미와 가치를 파악해서 비평의 근거로 삼기 위해서이다. 이런 의미에서 자료 분석한다는 것은 분석 그 자체에서 그치는 것이 아니라, 일정한 이론적 기준과 틀을 바탕으로 자료를 깊이 들여다봄으로써 자료 속에 들어있는 숨은 뜻과 체계를 발견하고 비평하는 것이기 때문에 비평문 쓰기의 필수 과정이라 할 수 있다.

자료를 분석 방법에는 스왓(SWOT) 분석, 브레인 스토밍(Brain storming), 트리즈(Triz) 등 여럿이 있는데, 자료의 특성에 따라 이들을 적절히 이용하면 된다. 하지만 이들보다 더 중요한 것은 서평 대상이 되는 자료 혹은 책의 내용을 중심으로 전체와 부분 간의 관계, 각 부분들 간의 상관성, 내용의 신빙도, 자료나 책 내용의 현재적 의미, 제기된 문제에 대한 해결책의 유효성 등을 다각도로 분석하고, 이것을 바탕으로 그러한 지식이 현재의 지식체계를 발전시키는 데 얼마나 유용한 것인지를 평가하는 것이다.

[5] 비평문의 프레임(frame) 만들기

앞서 작성해 둔 개요(槪要)와 분석 자료를 바탕으로 어떤 순서대로 비평문을 써 갈지, 즉 비평문의 서술 목차를 정리하게 되는데, 이를 글의 '프레임(frame)' 혹은 '논리 개요도(論理 槪要圖)'라고 부른다. 비평문의 '논리 개요도'는 서론, 본론, 결론으로 구성되는 것이 일반적인데, 이 프레임을 만들 때는 보통 이보다는 더 자세히 세부적인 절(節)과 항(項)까지 명시해 두는 것이 좋다. 이에 더하여 각 절과 항에 들어갈 세부 내용까지 적절하게 써 두면 비평문을 작성하기가 훨씬 수월해진다.

- 여섯째, 초안(first draft) 쓰기

논리 개요도와 앞서 수집한 자료를 바탕으로 초안(草案)을 작성하게 되는데, 초안은 초안일 뿐이므로 너무 처음부터 잘 쓰려고 하지 말고 논리 개요도에 따라 하나하나 차례대로 써 나가는 것이 중요하다.

하지만 논리 개요도에 너무 얽매이지 말고, 마음을 열고 여유 있게 한 문장 한 문장을 써 나가되, 글의 양식이 비평(批評, criticism)임을 잊지 말아야 한다. 물론, 비평 양식의 글이라 해서 글 전체가 비평 양식으로만 채워지는 것은 아니다. 다시 말하면, 비평문은 전체적으로 보았을 때는 '비평' 양식의 글이기는 하지만, 아주 많은 분량의 설명(說明) 양식이 쓰이고 때로는 논증(論證)과 묘사(描寫) 양식이 함께 쓰이기도 한다.

또한 초안을 쓸 때는 한 문장의 길이를 어느 정도로 할 것인가 하는 것도 중요한데, 한 줄에서 네 줄짜리의 문장을 적당히 섞어서 사용하는 것이 좋다.

이렇게 하면 독자들이 리듬감을 느끼면서 글을 읽어나갈 수 있기 때문이다. 이때 하나의 문장은 비교적 완전하고 독립된 언어표현 양식을 갖추어야 할 뿐 아니라, 그 문장만으로도 일정한 의미를 전달할 수 있어야 한다는 사실을 명심할 필요가 있다.

### • 일곱째, 교정하기

교정은 퇴고(推敲)라고도 하는데, 비평문을 독자의 입장에서 다듬는 것을 말한다. 제대로 교정을 하기 위해서는 여러 번 교정을 해야 하며, 가능한 한 그 비평문과 관련된 전문적 소양을 지니고 있는 사람에게 교정을 부탁하는 것이 좋다.

그리고 한꺼번에 교정을 하는 것보다는 내용면, 구성면, 표현면으로 나누어서 교정을 해야 세밀하게 교정을 할 수 있고, 또 약간의 시간적 간격을 두고 교정을 해야 좀 더 객관적 관점에서 교정을 할 수 있다.

#### [1] 내용면에서의 교정

- 비평하고자 하는 대상의 가치를 제대로 평가했는가?
- 자료나 책의 주요 내용을 잘 포착하여 비평했는가?
- 정확하고 다양한 논거를 사용해서 비평했는가?
- 비평을 위한 추론과정이 합리적인가?
- 현재의 시대 상황에 맞추어 비평했는가?

#### [2] 구성면에서의 교정

- 문단이 기본요건에 맞게 잘 나눠져 있는가?
- 문단들이 서로 유기적(有機的)으로 잘 연결되어 있는가?

[3] 표현면에서의 교정

- 정확하고 적절한 어휘를 사용하고 있는가?
- 짧은 문장과 긴 문장을 균형 있게 사용하고 있는가?
- 국어문법과 한글맞춤법에 맞게 문장이 작성되어 있는가?
- 참신하고 멋있는 문장이 있는가?
- 비평적 문체(style)를 사용했는가?

## 16.5 비평문의 일반적 형식과 내용

### 16.5.1 들머리 쓰기

들머리(Introduction)는 '서두(序頭), 들어가는 말' 등으로 불리기도 하는데, 들머리의 가장 기본적인 기능은 독자들로 하여금 흥미를 불러일으켜 이 비평문에 대한 공감대를 형성하게 하고, '본문'에서 본격적으로 비평하기 전에 독자들에게 비평 대상에 대해 개괄적인 정보를 제공하는 것이다.

비평 대상에 대한 개괄적인 정보로는 지은이, 책이나 자료의 구성, 책을 이해하는 데 필요한 배경 지식, 비평의 기준이나 전제 등이 있는데, 이들을 모두 다 들머리에 넣어야 하는 것은 아니며 필요에 따라 선별해서 넣으면 된다.

특히, 강의시간에 과제로 주어지는 비평의 경우에는 과제의 특성에 맞게 들머리를 작성해야 한다. 예컨대 특정한 쟁점이나 테마와 관련하여 비평을 하라든가, 동일한 주제를 다루고 있는 책과 비교해서 비평을 하라든가, 특정한 현재의 사건과 관련지어 비평을 하라든가 하는 경우에는 반드시 그 지침에 따라야 하며, 들머리에 이와 같은 정보를 넣어야 한다.

들머리 부분에 들어갈 내용을 다시 정리하면 다음과 같다. 하지만 아래 내용이 모두 다 들머리에 들어가야 하는 것은 아니다.

- 지은이의 생몰년도, 주요 경력 및 업적, 지은이가 살았던 사회상황에 대해 소개한다.
- 비평 대상 자료/책에 대해 개괄적으로 설명한다.
- 자료/책의 장별(chapter) 구성을 간단히 소개한다.
- 자료/책의 주제나 중요한 쟁점들에 대해 간략하게 소개한다.
- 비평자가 이 글을 쓰게 된 계기나 목적을 밝혀 둔다.
- 이 자료/책과 관련된 배경 지식을 제공한다.
- 비평의 기준을 제시한다.
- 비평자의 견해를 간략하게 기술한다.
- 이 책/자료와 관련되어 있는 과거-현재-미래의 시대 상황에 관해 서술한다.

### 16.5.2 본문 쓰기

본문(Main body)은 앞서 서술한 머리말을 바탕으로 본격적으로 비평 대상의 내용을 검토하고 그에 대한 진위(眞僞)나 가치(價値)를 따지는 부분인데, 본문을 구성하는 데는 다음과 같은 두 방식이 있다.

- **첫째, 자료/책의 차례대로 본문을 구성하는 방식**

이것은 비평 대상의 각 장과 절의 내용을 모두 비평의 대상으로 삼는 것으로, 비평 대상을 총체적으로 바라보고 내용 하나하나를 빠짐없이 비평한다는 점에서 장점이 있다. 이렇게 하면 각 장과 절의 특성이 모두 드러날 뿐 아니라, 장과 장, 절과 절 간의 유기적 연관성을 파악할 수 있다는 점에서 아주 유용한 방식이라 할 수 있다.

하지만 이 방식은 비평 대상이 되는 자료나 책의 중요도(重要度)에 따른 쟁점이 잘 부각이 되지 않을 수 있기 때문에 비평자는 항상 비평의 강도와 비평문의 분량 등을 잘 조절하여 독자들로 하여금 비평 대상 가운데 어느 것이 더 중요하고 덜 중요한지를 구별할 수 있도록 해야 할 뿐 아니라, 글이 평면적으로 나열되어 있다는 느낌이 들지 않도록 해야 한다.

● 둘째, **선택한 몇 개의 주요 쟁점을 중심으로 본문을 구성하는 방식**

이 방식은 비평이 되는 대상 자료 혹은 책 전체를 비평하는 것이 아니라, 그 저자가 중요하게 다룬 쟁점을 중심으로 비평을 해 나가는 것을 말한다. 이렇게 함으로써 이 자료나 책에서 강조하고자 하는 것이 무엇인지, 그리고 우선적으로 강조하고자 하는 것들이 무엇인지를 중심으로 비평문을 써 갈 수 있다는 점에서 장점이 매우 많다. 특히, 이러한 방식은 짧고 간결한 비평문을 써야 하거나 수필적 비평문을 써야 하는 경우에 적합하다.

그러나 이 방식은 서평 대상 전체를 다루지 않다 보니, 쟁점 가운데 일부가 누락되거나 무시될 수밖에 없는 한계가 있기 때문에 이러한 점에 주의를 기울일 필요가 있다.

이러한 방식으로 본문을 작성할 때는 아래의 몇 가지를 유념해야 한다.

- 지은이가 중요하게 다루고 있는 논점은 무엇인가?
- 이 논점들은 서로 어떤 관계가 있는가?
- 지은이는 이 논점들을 뒷받침하기 위해 어떤 근거 혹은 자료를 제시했는가?
- 이 근거 혹은 자료는 설득력이 있는가?
- 편향된 자료는 없는가?
- 지은이의 편견이 드러나 있거나, 논지를 비논리적으로 전개하거나, 문맥에 맞지 않는 증거를 제시한 곳은 어디인가?
- 이 자료 혹은 책에서 가장 설득력이 있는 부분은 어디이고, 가장 설득력이 없는 부분은 어디인가? 그 까닭은 무엇인가?

- 자료 혹은 책의 주요 쟁점에 대해 논할 때, 지은이의 의견과 비평자의 의견, 전문가의 의견을 구분하여 서술하였는가?
- 자료와 주장에 대한 지은이의 해석은 합리적인가?
- 어떤 문제에 대한 해결책이 제시되어 있다면, 그 해결책은 얼마나 유효한가?
- 이 근거 혹은 자료가 최근의 사건이나 사례, 연구자료, 통계자료 등과 비교했을 때 다시 논쟁거리가 될 가능성은 없는가?
- 비평 대상과 관련 있는 다른 자료와 적절히 비교해 가면서 논의를 진행했는가?

### 16.5.3 마무리 쓰기

마무리(conclusion)는 본문에서 다각도로 비평한 것을 종합하고 정리하는 부분으로 독자들에게 강한 인상을 주면서 공감대를 형성할 수 있도록 해야 한다. 마무리는 비평의 대상이 되는 자료나 책의 특성에 따라 달라질 수 있기는 하지만, 특히 비평은 비평 대상의 '가치'를 '평가'하는 양식의 글임을 감안하여 공정(公正)하고 균형(均衡) 있는 시각으로 비평을 마무리 짓는 것이 중요하다.

마무리는 들머리와 본문을 종합적으로 함께 검토하면서 작성하되, 아래와 같은 점을 유의해야 한다.

- 비평 대상인 자료나 책의 가치(價値)를 제대로 평가했는가?
- 비평 대상인 자료나 책에서 가장 중요하게 다루어진 것들에 대해 비평했는가?
- 자세하고 확실하게 비평했는가?
- 비평한 내용에 오류(誤謬)는 없는가?
- 개인적 감정을 실어서 비평하지 않았는가?

- 반론(反論)을 고려하면서 비평했는가?
- 비평자에게 특히 유용했던 점은 무엇인가?
- 현재의 지식체계의 발전에 어떤 도움을 줄 수 있는가?
- 앞으로의 발전 방향에 대한 적절한 제안을 했는가?
- 이 자료 혹은 책의 내용을 비평하지 않고 단순히 요약하거나 설명하지 않았는가?

PART

4

# 과학 글쓰기와 책임

chapter 17

# 과학 글쓰기와 연구 윤리

## 17.1 학문 활동의 목적과 윤리

학문 활동을 하는 가장 큰 목적은 진리(眞理)를 탐구하는 데 있다. 특히 과학 글쓰기는 자연 질서 속에 내재되어 있는 규칙을 찾아내서 논문과 보고서 형태로 써 가는 것이기 때문에 무엇보다 정직하고 성실하게 그 규칙을 찾아내야 하며, 이것을 효과적으로 서술해 가야 한다. 만약 그렇지 않을 경우, 표절(剽竊), 변조(變造), 위조(僞造) 등의 시비에 휘말릴 것이며, 결국에는 학술적 연구자로서의 자리를 잃게 됨과 동시에 학문 발전에 심각한 악영향을 주게 될 것이다.

따라서 학부 시절부터 학문을 탐구하는 바른 자세를 배우고, 연구결과를 정직하게 발표함으로써 학문 발전에 기여할 뿐만 아니라, 나아가 연구자로서의 보람을 한껏 느낄 수 있도록 해야 할 것이다. "세 살 버릇 여든까지 간다."는 속담이 있듯이 학부 시절의 잘못된 연구 습관이 연구자 본인의 인생에 커다란 흠집을 낼 수 있음을 깊이 인식할 필요가 있다.

## 17.2 비윤리적 연구행위의 갈래

비윤리적 연구행위에는 표절과 위조, 그리고 변조 등이 있는데 이들에 대해 자세히 살펴보기로 한다.

### 17.2.1 표절

'표절(剽竊, plagiarism)이란, 다른 사람의 저작물을 아무 인용표지 없이 가져다 쓰는 것을 말한다. 『표준국어대사전』(p.6623)에는 "시나 글, 노래 따위를 지을 때에 남의 작품 일부를 몰래 따다 씀"이라고 뜻매김이 되어 있는데, 과학 글쓰기의 경우에도 이와 같은 행위는 매우 부정직한 행위라 할 수 있다. 과학 글쓰기에서의 표절은 출처를 밝히지 않고, 남의 아이디어나 정보, 도표, 그래프, 자료, 실험결과 등을 무단으로 사용하는 것인데, 결국 이것은 남의 논저를 도둑질하는 아주 나쁜 행위이다. 그러면, 과학 글쓰기에서 가장 흔히 일어나는 표절행위에는 어떤 것이 있는지 알아보자.

- 첫째, 다른 연구자가 쓴 논저의 내용을 출처를 표시하지 않고 쓰는 경우

다른 연구자의 논저를 이용하고자 할 때는 반드시 인용(引用) 표시를 해야 한다. 인용 표시를 하지 않고 사용하면 이유 여하를 막론하고 연구윤리를 위반하는 행위가 된다. 인용이란 주(註, footnote)를 달아서 그 출처를 정확하게 밝혀 놓는 것을 말하는데, 그렇게 함으로써 다른 사람이 애써 연구해 놓은 결과를 인정해 주고, 나아가 나의 연구에 대한 신뢰도(信賴度)를 높일 수 있다.

인용을 하는 방법에는 직접인용과 간접인용의 두 가지가 있다. 직접인용은 다른 연구자의 논저를 원문 그대로 따와서 쓰는 방식이고, 간접인용은 원문의 내용은 살리되 그 내용을 요약(summarizing)하거나 환언(換言, paraphrase)하

는 방식으로 따오는 것을 말하는데, 대부분의 자연과학 및 공학논문은 간접인용 방식을 따르고 있다. 왜냐하면 간접인용 방식이란 다른 연구자의 논저의 내용을 충분히 이해를 하고 그것을 자신의 관점에서 자신의 언어로 표현하는 것이어서, 인용한 내용을 자신이 논증하고자 하는 방향으로 이끌어 갈 수 있을 뿐 아니라, 글의 지면도 많이 줄일 수 있는 장점이 있기 때문이다.

그러나 표절의 기준이 무엇인가에 대한 명확한 규정은 아직 없다. 하지만 서양의 학술지들은 대략 40단어 이상을 원문 그대로 사용하는 경우에는 반드시 인용 표시를 하도록 하고 있다.

아무튼 다른 사람의 저작물을 사용하고자 할 때는 반드시 인용을 하고, 그에 따른 주(註, footnote)를 달아야 하며, 또 그것을 참고문헌에 정확하게 기입하여 오해의 여지가 없도록 해야 한다.

• 둘째, 다른 연구자가 만든 그림, 도표, 그래프, 데이터 등을 출처를 표시하지 않고 쓰는 경우

다른 연구자가 써 놓은 글뿐만 아니라, 그림, 도표, 그래프, 데이터, 슬라이드, 조사자료, 통계자료 등도 인용 표시 없이 사용하면 표절에 해당된다. 위와 같은 자료들은 연구자들의 주장을 뒷받침하는 중요한 근거가 되기 때문에, 연구자들은 이러한 자료를 만드는 데 많은 시간과 노력을 들이기 마련이다. 따라서 이런 것은 모두 그 연구자의 지적 재산(intellectual property)이기 때문에 당연히 보호를 해 주어야 하며, 이러한 자료를 사용할 때는 반드시 인용표시를 정확하게 해 주어야 한다.

그러나 본인의 연구를 위해서는 가능한 한 다른 이들이 만들어 놓은 자료를 사용하지 말고 연구자 본인이 직접 필요한 자료를 개발하여 사용하는 것이 가장 바람직하다. 왜냐하면 어떤 자료든 그 자료는 그 연구자의 필요에 의하여 만들어진 것이어서 어느 정도의 주관성이 개입되어 있을 가능성이 크기 때문이다.

다른 연구자의 자료를 이용할 때는 자료를 만든 이의 이름, 자료가 만들어진 연도, 자료가 수록된 페이지 등을 간단히 명시하고, 이보다 더 자세한 것은 참고문헌에서 확인을 할 수 있도록 해 놓아야 한다. 권세훈 옮김(2007:170~187) 『화학으로 이루어진 세상』에 나와 있는 예를 들면 다음과 같다. 인용한 자료에 따르면, 감자칩과 감자튀김에서 몸에 해로운 아크릴아마이드 성분이 많이 검출된 것으로 나와 있다.

음식은 갈색으로 구워질수록 아크릴아마이드의 함유량이 높아진다. 끓이거나 날 것의 경우에는 아크릴아마이드가 전혀 검출되지 않았다. 이것은 아크릴아마이드의 생성에 조리법이 중요함을 말해준다. 따라서 음식에 아크릴아마이드 과다 함유를 막는 방법은 간단하다. 식품을 좀 더 낮은 온도(최대 섭씨 200도)에서 굽거나 튀겨서 짙은 갈색이 아닌 금빛이 날 정도면 안전한 편이다(독일 소비자보호부의 슬로건이 '숯덩이 대신 금덩이'였다). 물론 가정의 부엌에서 문제가 될 게 없다. 하지만 외식을 할 때나 감자칩, 감자튀김과 같은 인스턴트식품을 먹을 때에는 너무 진한 갈색으로 구워진 것은 가급적 피해야 한다.

**녹말을 함유한 식품 속의 아크릴아마이드 농도**

단위 : 아크릴 아마이드 농도(mg/kg)

| | 중간치 | 최소~최대 | 표본 수 |
|---|---|---|---|
| 감자 칩 | 0.980 | 0.330~2.300 | 10 |
| 감자튀김 | 0.410 | 0.300~1.100 | 6 |
| 비스킷 | 0.280 | <0.030~0.640 | 11 |
| 콘플레이크 | 0.160 | <0.030~1.400 | 15 |
| 간식용 빵 | 0.160 | <0.030~1.900 | 21 |
| 옥수수 칩 | 0.150 | <0.120~0.180 | 3 |
| 흰 빵 | 0.050 | <0.030~0.160 | 21 |
| 구운 식품<br>(피자, 부침개, 와플, 생선구이) | 0.040 | <0.030~0.060 | 9 |

기준일: 2003년 4월 30일, 출처: 키일 소재 유럽 소비자센터

• 셋째, 여러 논저의 내용을 출처를 표시하지 않고 짜깁기를 해서 쓰는 경우

동일한 주제나 비슷한 제목의 자료를 모아서 마치 자기 자신이 독창적으로 만든 것처럼 짜깁기를 하는 경우가 있는데 이것도 명백한 표절에 해당된다. 요즘은 전자저널과 인터넷의 발달로 인해 손쉽게 자료를 구할 수 있기 때문에 이와 같은 유혹에 빠지기 쉽다.

여러 사람의 글을 따와서 필자 나름대로 한 편의 글을 새롭게 만들었다 하더라도 어디서 인용해 왔는지를 모두 표시를 해야 한다.

• 넷째, 연구자 본인의 논저의 내용을 출처를 표시하지 않고 쓰는 경우

연구자 본인이 예전에 쓴 논저의 내용을 출처를 표시하지 않고 사용하는 것도 표절에 해당되며, 특히 이것을 자기표절(self plagiarism)이라고 한다.

자기표절에는 두 가지가 있는데, 먼저 자기가 쓴 논저의 일부를 출처를 밝히지 않고 사용하는 경우, 그리고 본인이 쓴 한 개의 논문을 두 개 이상의 학회지에 투고하는 경우이다. 후자의 경우에는 한 번은 '한글'로 써서 한국에서 발행되는 학회지에 투고를 하고, 또 한 번은 영어를 비롯한 외국어로 써서 외국에서 발간되는 학회지에 투고하는 경우이다. 아무튼 이런 것도 명백한 자기 표절에 해당된다는 것에 유의해야 한다. 하지만 외국의 어떤 학술지는 이와 같은 이중게재를 허용하는 경우가 있는데, 이 경우에도 두 학회지의 편집장에게 이와 같은 사실을 알려서 사전에 허락을 받아야 한다.

### 17.2.2 변조

변조(變造, falsification)란, 다른 연구자의 논저의 내용을 왜곡하거나, 연구 데이터를 조작 혹은 누락시키거나, 연구 방법을 조작하는 경우를 말한다. 『표준국어대사전』(p.2690)에는 변조란 "이미 이루어진 물체 따위를 다

른 모양이나 다른 물건으로 바꾸어 만듦 혹은 권한 없이 기존물의 형상이나 내용에 변경을 가하는 일"이라고 뜻매김이 되어 있으며, 이와 같은 일은 연구자가 원하던 결론을 유도하기 어려울 때 종종 일어난다.

변조의 예로 가장 유명한 것이 미국의 물리학자 로버트 A. 밀리컨 사건이다. 노벨상(1923년) 수상자인 밀리컨은 1910년대에 전자전하량 측정 실험을 해서 140여 개의 측정값을 얻었는데, 이 가운데 자신의 가설을 뒷받침하는 데이터 28개만을 선별해서 논문작성에 사용하고 나머지 112개를 은폐함으로써, 자신이 세운 가설이 실험을 통해 완벽하게 입증이 된 것처럼 거짓으로 꾸몄다고 한다. 그러나 이것은 과학사학자이자 물리학자인 제럴드 홀턴(Gerald Holton)에 의해 거짓으로 밝혀졌고, 지금까지 과학사에 타산지석(他山之石)으로 쓰이고 있다.

과학 논문은 실험한 결과를 기술하고 이에 대해 해석하는 것이 대부분이기 때문에, 특히 실험 데이터를 정확하게 철저히 관리하는 것이 필수적이며, 실험과정을 기록하는 실험노트는 그 어떤 무엇보다 정직하게 작성해야 한다.

### 17.2.3 위조

위조(僞造, fabrication)란, 관찰이나 실험, 설문조사, 시뮬레이션 등을 통해서 얻은 결과물이 없으면서도 마치 있는 것처럼 거짓으로 결과물을 만들어 넣는 행위이다.

『표준국어대사전』(p.4752)에는 위조란 "어떤 물건을 속일 목적으로 꾸며 진짜처럼 만듦"이라고 뜻매김이 되어 있으며, 이와 같은 일은 연구자가 빨리 그리고 최상의 연구결과를 내어 놓아야 하는 압박감에 시달릴 때 일어나는 경우가 많다. 그러나 위조는 존재하지 않는 것을 존재하는 것처럼 거짓으로 꾸미는 행위이기 때문에 매우 심각한 연구 부정행위가 아닐 수 없다.

논문 위조의 가장 대표적인 예가 서울대 황우석 교수 사건이다. 황 교수는

2005년에 맞춤형 인간배아복제 줄기세포 11개를 만들었다고 발표했고, 이것은 전 세계 배아복제 연구의 획기적인 성과로 인정받게 되었다. 그러나 생물학연구정보센터(Biological Research Information Center)의 과학자들이 이에 대한 의문을 제기했고, 서울대 자체조사위원회에서 배아줄기세포 수립 여부에 대해 조사해 본 결과 줄기세포를 한 개도 만들지 못했음이 드러났다. 이로써 2005년에 황우석 교수가 줄기세포 수립과 관련하여 사이언스지(The Science)에 실은 이 논문은 거짓으로 판명이 되었고, 그 이후 이 논문은 사이언스지에서 삭제가 되었다.

그리고 이로 인해 황우석 교수가 2005년 이전에 쓴 논문들도 그 가치를 제대로 인정받지 못하는 결과를 초래하였을 뿐만 아니라 관련 학계에서 추방을 당하고 말았다. 게다가 한국의 학문적 이미지를 아주 나쁘게 만듦으로써 한국의 품격이 현저히 떨어지는 결과를 낳았다.

## 17.3 논문작성 기여도와 저자권

### 17.3.1 저자권의 인정 범위

저자권(著者權, authorship)이란, 논문의 발표자나 학술논문의 저자로 참여하는 권리를 말한다. 이것이 윤리적으로 문제가 되는 것은 논문을 써 가는 데 참여를 하지 않은 사람이 논문의 저자로 이름을 올리는 경우가 있고, 이와 반대로 논문을 써 가는 데 참여를 했음에도 불구하고 이름을 올리지 못하는 경우가 있기 때문이다.

또한 과학 논문은 혼자서 쓰는 경우는 거의 없고, 대부분 실험실을 단위로 공동으로 실험을 하고 논문을 쓰기 때문에, 어떤 원칙에 따라 저자로 이름을 올리고, 또 어떤 순서로 저자의 이름을 배열하며, 또 이와 같은 것을 누가 결정하는가 하는 것은 매우 중요한 일이 아닐 수 없다.

저자권에 대한 명확한 규정은 없으나, 국내외적으로 널리 수용이 되는 것으로는 의학학술지 편집장 국제위원회(ICMJE, International Committee of Medical Journal Editors)에서 발간하는 '의생물학 학술논문집에 투고하는 논문의 통일된 요건(Uniform Requirements for Manuscripts Submitted to Biomedical Journals)을 참고할 만하다. 이를 바탕으로 다음과 같은 몇 가지를 제시한다.

- 첫째, 연구계획서를 만드는 일에 참여해야 한다.

연구의 주제를 잡고 가설을 세우고, 실험을 디자인하거나 실험결과를 분석하는 기법 등을 제안하는 단계에 참여하고 또 이런 것들에 대해 함께 토의하는 단계에 참여해야 저자권을 가질 수 있다. 연구계획서를 만드는 단계에서 좋은 아이디어가 나와야 그 이후에 진행되는 과정이 순조롭게 될 뿐 아니라 완성도 있는 논문을 쓸 수 있기 때문에 저자권을 가지는 사람들은 이 단계부터 필히 참여해야 한다.

- 둘째, 실험에 직접 참여해야 한다.

실제로 실험에 직접 참여하고, 실험결과를 분석하는 단계에 참여해야 한다. 실험은 대부분 연구원들이나 대학원생들이 하기 때문에 이들도 저자권을 가진다. 물론 지도교수와 연구 책임자도 실험을 하는 경우가 있기는 하나 매우 드물다. 하지만 이들은 실험과정을 지시하고, 실험과정에서 나타나는 다양한 변수에 대해 조언을 하며, 때로는 실험 방법을 바꾸는 등 실험이 성공적으로 수행되도록 관리하는 역할을 하므로 이들도 당연히 저자권을 가진다.

- 셋째, 실험결과를 분석하고 해석하는 데 참여해야 한다.

논문을 글로 작성하기 전에 실험결과에 대해 분석하고 해석하는 토론시간을 가지게 되는데, 이 토론(Discussion)이 논문의 승패를 가르는 중요한 요인이 된다. 실험을 통해 얻은 결과에 대해 토의하고, 실험결과가 어떤 의미를 가지는지를 해석하는 것이 바로 이 단계에서 진행되기 때문이다. 저자권을 가지려면 이 단계에도 적극적으로 참여해야 한다.

- 넷째, 논문을 직접 작성하는 과정

그리고 위의 논의를 바탕을 직접 논문 집필을 하게 되는데, 집필은 대표집필자 한 사람이 하는 경우가 많으며, 1차 집필이 완료되면 이 원고를 저자권을 가진 사람들이 함께 검토 및 수정한 뒤, 학회에 논문을 투고하게 된다. 그리고 논문심사를 받는 과정에서 수정을 요구 받은 사항을 고치고, 심사자의 요구에 대한 응답을 하는 과정을 갖게 되는데, 이때도 저자권을 가진 사람들은 적극 참여를 해야 한다.

그러나 다음과 같은 경우에는 저자권을 인정하지 않는다. 첫째 논문의 기획과 작성에 관여하지 않은 지도교수나 상위 직급자의 경우, 둘째 연구장비나 연구비를 제공한 경우, 셋째 실험의 일부만을 수행한 경우, 넷째 연구에 관여하지 않고 단지 논문만을 작성한 경우 등이다. 그러나 논문의 끝에 있는 '감사의 글' 부분에 이들의 공을 인정하는 '사사(謝詞)'를 남겨서 감사를 표하는 것이 일반적이다.

### 17.3.2 저자의 기입 순서

저자가 여러 명일 경우 저자의 기입 순서와 위치도 매우 중요한데, 이는 이 순서와 위치가 논문작성의 기여도를 나타내기 때문이다. 일반적으로 기여도가 제일 높은 사람이 제1저자가 되고 맨 왼쪽에 위치하며, 맨 끝에 연구

책임자 혹은 지도교수인 교신저자(corresponding author)의 이름을 쓴다. 그리고 제2저자, 제3저자 등과 같이 순서대로 이름을 기입하면 된다.

최근에는 『네이처(The Nature)』나 『사이언스(The Science)』 등에서 논문을 쓰는 데 직접 관여한 사람의 이름과 구체적으로 기여한 내용을 하나하나 기록해 줄 것을 요구하고 있다.

# 부 록

부록1 : 연구지침 예시: 서울대학교 연구지침

부록2 : 논문 투고규정 예시 : 대한기계학회

부록3 : 자연과학 논문 예시

부록4 : 공학논문 예시

부록5 : 실험노트 예시

부록6 : 실험보고서 예시

부록 01

# 연구지침 예시 : 서울대학교 연구지침

학문 연구의 질적 · 양적 증가와 더불어 연구자들이 지켜야 할 연구 기준 역시 증가 하고 있으나 이에 대한 뚜렷한 표준이 확립되지 않아 많은 논란을 야기하고 있다. 따라서 본 연구지침은 연구자가 연구 활동을 하는데 있어서 가져야 할 권리와 책임, 의무에 관한 일반적인 사항과 연구윤리에 관한 사항을 규정하여 본교 소속 연구자들의 연구 활동에 도움을 주고자 제정하게 되었다. 본 연구지침의 적용 대상은 「서울대학교 전임교수 및 조교 임용규정」의 전임교수, 「서울대학교 기금교수 운영규정」의 기금교수 「서울대학교 겸임교수 등 임용에 관한 규정」의 비전임 교원 및 연구원(대학원생, 대학원연구생 및 학부생을 포함)이며, 구성은 제1부 「연구일반 지침」과 제2부 「연구윤리 지침」으로 되어 있다.

## 제1부 연구일반 지침

1. **(연구자의 권리)** 연구자는 자유롭게 각자의 연구 주제를 선택하여 연구를 수행할 수 있으며 연구 결론을 도출할 수 있다.

2. **(연구자의 책임과 의무)** 연구자가 연구를 수행함에 있어 지켜야 할 책임과 의무는 다음과 같다.

   ○ 인류의 기본 가치 존중

○ 신분 · 나이 · 성별 · 인종 · 종교 등에 따른 차별 불인정
○ 연구의 진실성과 개방성 유지
○ 연구에 대한 충실성과 엄밀성
○ 공동연구원의 권리 보호
○ 자연 환경 침해 금지
○ 연구실 안전 유지
○ 인간 대상 연구 시 생명윤리 준수
○ 동물 대상 연구 시 동물보호 유의
○ 관련법과 윤리적 규범 준수

3. (대학의 의무)

① 본교는 헌법과 법률이 정한 기준에 따라 연구자의 연구의 자유를 보장하여야 하며, 각 연구자가 연구주제 선택으로 인하여 인사 · 교육 · 연구 · 지원 등의 불이익을 받지 않도록 하여야 한다.

② 본교는 연구자가 원활히 연구를 수행할 수 있는 환경을 조성하여야 하며 대학의 재정이 허락하는 범위 내에서 연구 공간 · 시설 · 자금 등을 지원하여야 한다.

4. (연구의 개방성)

① 연구의 내용과 결과는 본교 연구자들과 해당 학계에 개방 되어야 한다. 다만, 연구 결과의 산업적 가치 및 연구비 지원 기관과의 계약 등에 의하여 비밀리에 수행할 수 있으나, 해당 사유가 소멸될 경우에는 즉시 개방되어야 한다.

② 제1항의 단서와 같은 특별한 사유가 없이 개방성을 갖추지 못한 연구 결과는 인사, 평가, 학위 수여 등에 사용될 수 없다.

5. (연구 결과물의 소유권)

① 교원 및 연구원이 교내에서 공적으로 수행한 연구 결과는 본교에 귀속되며 연구비 등 지원을 받는 경우에 이로부터 수익이 발생하는 경우 해당 교원 및 연구원에게 수익의 일정부분을 보상금으로 지급한다.

② 제1항의 규정에도 불구하고 본교와 연구비 지원기관과의 협의에 의하여 연구결과의 귀속에 관한 사항을 따로 정할 수 있다.

③ 제1항, 제2항에 의한 사항이 「서울대학교지식재산권규정」과 상충될 경우에는 「서울대학교지식재산권규정」을 따른다.

6. (연구과제의 수행)

① 교원 및 연구원이 교내·외 연구과제를 수행하고자 할 경우에는 관련 법령이나 규정에 의해 연구계획서를 작성하는 것을 원칙으로 하되, 연구비가 지급되지 않은 연구과제에 대해서는 연구계획서를 생략할 수 있다.

② 연구수행을 위하여 작성 제출하는 모든 연구계획서는 본교에 사전에 보고되어야  하며, 연구계약은 총장 또는 서울대학교 산학협력단장 명의로 추진되어야 한다. 다만 필요한 경우 총장이 지정하는 자가 계약 당사자가 될 수 있다.

7. (대학 재산의 활용)

① 대학의 모든 재산은 교육, 연구, 봉사 활동을 위해서만 사용되어야 한다. 다만, 사전에 승인을 받아 사용하는 경우에는 예외로 할 수 있다.

② 제1항의 단서에 의해 사전 승인을 받아 대학의 재산을 사용하는 경우 사용자는 사용물에 대한 관리 책임을 진다.

# 제2부 연구윤리 지침

## 제1장 연구책임자(책임교수)의 역할

### 제1절 연구원 지도

1. (정의) 연구원 지도란 교수가 연구원이 독립적으로 연구 주제의 선택, 연구 계획의 수립, 가설의 설정, 논리 과정의 전개, 이론 또는 실험 연구의 수행, 연구 결과의 분석 및 정리, 연구 결과의 보고와 같은 일련의 과정 또는 개별 과정을 수행할 수 있도록 지도하는 것을 말한다.

2. (지도 의무) 교수는 소속 연구원이 윤리적으로 올바른 연구를 수행할 수 있도록 지도하여야 한다.

### 제2절 지도의 내용

1. (공익성 지도) 교수는 연구원이 서울대학교 및 본인이 속한 학계의 이익을 대변할 수 있는 연구를 계획하고 수행할 수 있도록 지도하여야 한다.

2. (연구윤리 지도)
   ① 교수는 연구원에게 연구윤리 기준을 지도하고, 이를 요구하여야 한다.
   ② 교수는 연구원이 교내에서 개설되는 연구윤리 관련 강좌를 이수하도록 지도하여야 한다.
   ③ 지도과정에서 연구결과의 조속한 취득을 위하여 연구원을 독려하는 경우, 연구결과의 위조 또는 변조와 같은 연구윤리 위반사태가 일어날 수 있으므로 교수는 연구원이 필요한 연구 절차를 준수하도록 지도하여야 한다.

### 제3절 평가

교수는 지도받는 연구원의 전반적인 능력을 객관적으로 평가하고, 그 결과를 알려주어야 한다.

## 제2장 연구 데이터 관리

### 제1절 연구 데이터

1. (정의) 연구 데이터란 연구실 또는 실험실에서 연구 수행 결과나 설문조사 등에 의한 통계적 처리 결과로 생성 · 관찰된 일차자료(원자료)와, 일차자료를 분석 · 처리한 이차자료를 통칭하여 말한다.

2. (재현) 연구 데이터는 타인이 동일한 조건 하에서 연구를 반복하는 경우에 재현될 수 있어야 한다.

### 제2절 연구 데이터 기록 및 보관

1. (기록의 신속성) 연구데이터는 생성 · 관찰 또는 분석 · 처리와 동시에 기록되어야 한다.

2. (기록의 의미)
   ① 연구 상황을 재현하거나 또는 고의성이 없는 오류나 잘못된 해석으로 야기된 연구 검증의 요구에 대응하기 위하여, 연구자는 연구 계획부터 연구결과 도출까지의 과정을 정확하고 자세하게 기록하여야 한다.
   ② 인문학 분야, 수학과 같이 순수 이론을 연구하는 분야 등의 경우, 통상적인 기록의 의미가 적용되지 않을 수도 있다.

3. (연구노트)
   ① 실험 연구의 경우, 연구데이터는 연속적인 페이지 수가 미리 기재되어 제본되어진 연구노트에 펜으로 기록하거나 영구보존이 가능한 컴퓨터 파일로 보관하는 것을 원칙으로 한다.
   ② 연구 데이터가 출력물 형태로 얻어진 경우, 적절하게 표식을 붙여 노트에 필사하거나 별첨하여야 한다. 필사나 별첨이 불가능할 경우에는 안전하게 보관하고, 보관 장소를 노트에 기록하도록 한다.
   ③ 연구 노트의 소유권은 서울대학교와 연구책임자에게 있다. 연구 담당자가 학교를 떠나게 되는 경우, 연구 노트는 연구책임자에게 반납하여야 한다.

4. (보관)

① 데이터를 기록하고 보관하는 주책임은 연구책임자(책임교수)에게 있다.

② 데이터의 보관은 동료 연구자 또는 학계의 다른 연구자에 의하여 검증이 예상되는 기간 동안 하여야 한다. 일반적으로 논문이 출간되고 이의가 제기될 수 있는 기간은 최소한 2년이며 경우에 따라 길어질 수 있다.

③ 연구결과를 보관할 때 보안이 필요한 경우, 연구 노트는 일반의 접근이 불가능한 금고에 보관하고, 컴퓨터 파일은 접근 암호가 있는 파일 형태로 보관한다.

④ 보관된 연구 노트나 노트 내 연구 데이터의 의도적 변조 및 고의적 파괴는 연구부정행위에 해당한다.

## 제3장 연구 결과의 발표

### 제1절 연구 결과의 발표

1. (발표 형태) 연구 데이터는 분석.판단.정리된 후, 지식재산권 제출, 학회 발표, 논문 및 저서의 출간 형태로 공개적으로 발표 또는 출간될 수 있다.

2. (발표 의미)

① 연구결과는 공개적인 발표 또는 출간을 통하여 학계와 사회에 유익하고 현격한 기여를 하여야 한다.

② 발표된 연구 결과물은 새로운 발견 혹은 새로운 견해이거나, 기존 연구에 대한 새로운 해석, 혹은 기존 연구에 대한 발전적 이해여야 한다.

3. (발표 내용의 정확성) 연구자는 연구 결과를 신속하고 정확하게 발표 또는 출간하려는 노력을 기울여야 한다.

## 제2절 부적절한 연구결과의 발표

1. (위조와 변조)

① 위조라 함은 존재하지 않는 데이터나 연구 결과를 허위로 만들고 이를 기록하거나 보고하는 행위를 말한다.

② 변조라 함은 연구와 관련된 재료, 장비 및 과정 등을 조작하거나, 설문조사에서 설문자의 의견을 조작하여 연구 데이터 또는 연구 결과를 변경하거나 누락시켜 연구 내용이 진실에 부합하지 않도록 하는 행위를 말한다.

③ 연구자는 원하는 결론을 얻기 위하여 일차자료와 이차자료를 고의적으로 위조 또는 변조하여서는 안 된다. 이는 연구부정행위이며, 실수에 의한 연구 데이터의 오류도 연구부정행위에 해당될 수 있다.

2. (왜곡)

① 왜곡이라 함은 학문의 발전보다 개인적 이익을 위하여 고의적으로 연구 데이터의 일부를 과장하거나 축소하여 진실하지 않은 결론에 도달하게 하는 행위로 연구부적절행위에 해당된다.

② 연구 데이터가 정확하더라도, 연구자 개인의 이익을 위하여 고의적으로 연구결과를 왜곡하는 행위는 연구부적절행위에 해당된다.

3. (표절)

① 이미 발표되거나 출간된 타인의 연구 데이터에서 전부 또는 일부를 정확한 출처를 밝히지 않고 그대로 사용하거나, 다른 형태로 변화시켜 사용하는 경우, 연구 표절로 연구부정행위에 해당한다. 이는 사용언어가 다른 경우에도 해당된다.

② 이미 발표되거나 출간된 타인의 연구결과 중 핵심 개념의 전부 또는 일부를 인용표시 없이 본인의 연구 개념처럼 발표·출간한 경우, 연구 표절로 연구부정행위에 해당한다. 이는 사용언어, 문장, 표현이 다른

경우에도 해당된다.

③ 연구계획서를 작성할 때, 이미 발표된 연구결과 또는 문장을 인용표시 없이 발췌하여 사용한 경우, 연구 표절로 연구부정행위에 해당한다.

④ 통상적으로 타인 논문에서 연속적으로 두 문장 이상을 인용표시 없이 동일하게 발췌·사용하는 경우 연구 표절로 인정한다. 이는 사용언어가 다른 경우에도 해당된다.

⑤ 논문 또는 저서로 출간하는 경우에 타인이 이미 발표한 연구 내용을 발췌하여 사용할 때에도 적절한 인용부호를 사용하여 인용하여야 한다. 단, 학술지에 따라 예외가 있을 수 있다.

⑥ 이미 발표된 타인의 연구 결과가 이미 교과서 또는 공개적으로 출간된 데이터 파일에 게재되어 일반적 지식으로 통용되는 경우에는 인용표시를 하지 않고 연구논문이나 저서에 사용하여도 연구 표절에 해당되지 않는다.

4. (이중게재)

① 연구자 본인의 동일한 연구 결과를 인용표시 없이 동일 언어 또는 다른 언어로 중복하여 출간하는 경우, 이중게재로 연구부적절행위에 해당할 수 있다. 또한, 대부분의 연구데이터가 같고 대부분의 문장이 같은 경우도 이중게재에 해당할 수 있다. 이중게재는 통상적으로 논문의 경우만 해당되나, 학위논문의 경우는 예외로 한다.

② 논문에서 발표된 연구결과들을 모아서 저서로 출간하는 경우는 이중게재에 해당하지 않는다. 단, 이 경우에도 이미 발표된 결과들을 충실히 인용하여야 한다.

③ 학술지에 실었던 내용을 대중서, 교양잡지 등에 쉽게 풀어 쓴 것은 이중게재에 해당하지 않는다.

④ 많은 학술지들의 경우, 짧은 서간 형태(letter, brief communication 등)의 논문을 출간하고 있다. 짧은 서간 논문을 출간한 후 긴 논문을

추가 출간하는 경우나, 연구 데이터를 추가하거나, 해석이 추가되거나, 자세한 연구 수행과정 정보 등이 추가되는 경우는 이중게재에 해당하지 않는다.

⑤ 동일한 연구 결과를 다른 언어로 다른 독자에게 출간할 때 원 논문을 인용할 경우는 이중게재로 간주하지 않는다. 동일한 언어를 사용하여도 독자가 전혀 다른 경우에는 이중게재로 간주하지 않는다.

⑥ 이미 출판된 논문이나 책의 일부가 원저자의 승인 하에 다른 편저자에 의해 선택되고 편집되어 선집(anthology)의 형태로 출판되거나 학술지의 특집호로 게재되는 경우 이중게재로 간주하지 않는다.

⑦ 연구자가 서울대학교를 통하여 연구 결과를 지식재산권으로 등록하는 경우는 이중게재와 무관하다.

5. **(표절 및 이중게재의 판정)** 해당 논문 또는 저서가 표절 또는 이중게재라는 의혹이 제기된 경우, 이에 대한 판정은 학회 등 해당 학계의 전문가들에 의하여 결정하는 것을 원칙으로 한다.

## 제4장 보고의 의무

### 제1절 오류의 시정

고의성이 없이 실수에 의하여 잘못된 연구 결과가 발표된 경우, 연구자는 이를 신속하고 적극적으로 시정할 의무를 갖는다. 이 의무를 고의적으로 지연하거나 방치하는 경우 연구부적절행위에 해당된다.

### 제2절 연구 부정행위 등의 보고

서울대학교 구성원은 연구 부정행위 또는 부적절행위가 행하여졌다고 의심되는 경우에는 그에 대해 제보를 하여야 한다. 만일 부정행위를 묵인, 방조 또는 은폐할 경우, 이는 연구 부적절행위에 해당된다.

## 제5장 저자권

### 제1절 교신저자

1. (정의) 교신저자는 저널 투고의 전 과정을 책임지는 저자를 말한다. 일반적으로 연구책임자는 교신저자가 될 수 있다.

2. (역할)

① 교신저자는 공동저자의 포함여부 및 저자 순서를 결정한다.

② 교신저자는 공동 저자들에게 최종 논문을 회람하여야 하고 투고 사실을 알려 확인 받아야 한다. 또한 논문 심사 후 수정을 해야 하는 경우에도 교신저자는 이를 공동 저자에게 알려서 승인을 받아야 한다.

### 제2절 저자권

1. (저자결정) 연구 결과를 발표할 때 저자 또는 발표자는 연구의 기여도에 따라 결정한다. 단순한 연구 정보의 교환, 연구비 수주에 도움을 준 경우에는 연구 논문을 발표할 때 감사의 글로 표현하는 것이 타당하다.

2. (저자순서) 저자의 순서를 결정하는 원칙에 있어서 학문 분야별 전통과 관행을 인정한다. 많은 학문 분야에서 저자순서는 연구에 참여한 상대적 기여도에 따라 결정하고 있으나, 이 또한 참여한 저자들 간의 합의에 의해 결정되어야 한다.

### 제3절 공동저자

1. (정의) 공동저자 또는 공동발표자란 연구에 참여한 공동 연구원 및 연구 보조원, 연구 수행 중 중요한 연구 정보를 상의하고 결론에 도달하는 데 기여한 자를 말한다.

2. (범위) 공동저자의 포함 범위는 연구의 계획, 개념 확립, 수행, 결과 분석 및 연구 결과의 작성에 현격히 기여한 자이다.

3. (역할) 공동 저자 또는 발표자로 기재된 경우 당해 저자 또는 발표자는 해당 연구결과물에서의 역할을 설명할 수 있어야 한다.

4. (명예저자) 연구의 계획, 수행, 개념 확립, 결과 분석 및 연구 결과의 작성에 전혀 기여하지 아니한 자를 공동저자 또는 발표자에 포함하는 행위나 타인의 발표 또는 논문에 기여 없이 포함되었을 때, 이를 시정하려는 노력을 기울이지 않은 행위는 연구부적절행위에 해당된다.

## 제6장 동료 심사

1. (심사의 공정성) 서울대학교 구성원이 연구논문의 심사나 연구 계획 선정 심사에 관여한 경우, 본인의 이익보다 학계와 사회의 이익을 생각하여 공정하고 객관적으로 심사하여야 한다.

2. (연구비밀 유지 의무) 심사 중 습득한 정보를 본인의 연구 등에 이용하는 행위는 연구부정에 해당된다.

## 제7장 이해관계의 상충

1. (이해관계의 상충) 연구자가 연구를 수행할 때 대학 및 본인이 속한 학계의 이익을 염두에 두어야 한다.

2. (이해관계의 상충) 연구자는 개인의 이익이 대학 또는 당사자가 속한 학계의 이익과 상충될 때는 이를 대학에 미리 보고하고 해결하여야 한다.

## 제8장 연구 대상의 보호

### 제1절 인간 대상 연구

인간을 대상으로 하는 연구를 수행하고자 하는 서울대학교의 모든 연구자는 서울대학교 생명윤리심의위원회에 연구계획서를 제출하여 승인을 받은 후 연구를 시작하여야 한다.

### 제2절 동물 대상 연구

동물을 대상으로 하는 연구를 수행하고자 하는 서울대학교의 모든 연구자는 서울대학교 동물실험윤리위원회에 연구계획서를 제출하여 승인을 받은 후 연구를 시작하여야 한다.

# 논문 투고규정 예시 : 대한기계학회

## 대한기계학회논문집 논문원고 집필요강

대한기계학회논문집(이하 '논문집'이라 함)에 투고할 논문원고는 본 집필요강 및 집필세부요령에 의하여 작성한다.

① 논문집에 투고하고자 하는 자는 대한기계학회 회원임을 원칙으로 한다. 단, 본 학회의 편집위원회에서 특별히 인정한 자는 예외로 한다.

② 투고논문은 대한기계학회논문집 템플릿에 따라 작성한 후 학회 홈페이지(온라인논문심사시스템)에 접속하여 등록 · 제출한다.

③ 투고논문의 접수일은 학회 사무국에서 제출된 논문이 집필세부요령에 따라 제대로 작성되었다고 판단하는 시점으로 한다. 그리고 책임저자는 심사결과를 통보한 날로부터 편집위원이 제시한 기간 (원칙적으로 3주) 내에 수정논문을 제출하지 않으면 그 논문은 채택불가로 판정되며, 심사를 계속 받기 위해서는 재투고를 해야 한다. 다만, 특별한 사유로 인해 담당 편집위원에게서 기간 연장을 허가받은 경우는 예외로 한다.

④ 투고논문의 채택여부는 논문심사 규정에 따라 정한다.

⑤ 저자들은 대한기계학회 논문집 연구윤리규정에 위배되지 않은 연구물을 논문으로 제출해야 한다. 추후라도 연구윤리와 관련된 문제가 발생하면, 대한기계학회 국문논문집 편집위원회는 해당 논문의 게재를 취소 등, 저자들에게 징계조치를 취할 수 있다. 이 경우, 관련 편집인 · 부편집위원 3~6인으로 구성되는 조사위원회에서 조사보고서를 제출하며, 이를 바

탕으로 편집장 · 편집인으로 구성되는 소위원회에서 징계내용을 결정한다.

⑥ 투고논문과 관련된 내용을 지적재산권으로 출원 또는 등록한 경우, 참고문헌 또는 각주 형태로 그 내용을 논문에 표기하는 것을 원칙으로 한다.

⑦ 논문집에 게재되는 논문의 종류는 다음과 같으며, 규정 면수는 공히 8 면(초청논문 제외)이다.

(1) 학술 논문 : 타 학술연구지에 발표되거나 투고되지 않은 논문으로서, 기계공학의발전 학술적으로 기여할 수 있는 독창성과 신뢰성이 있는 논문으로 한다.

(2) 응용 논문 : 타 학술연구지에 발표되거나 투고되지 않은 논문으로서, 기계공학적 응용에 중점을 두어 산업적 기여가 인정되는 논문으로 한다.

(3) 초청 논문 : 특정한 주제에 대한 국내외 연구동향을 정리한 논문으로서 해당분야의 국내 전문가에게 의뢰하여 투고되는 논문으로 한다.

⑧ 저자는 논문집에 게재된 논문(초청논문 제외)의 소정 게재료를 납부해야 한다. 또한 규정면수를 초과한 논문은 소정의 게재료 이외에 초과분에 대한 게재료를 납부해야 한다.

## 대한기계학회논문집 논문원고 집필요령

① 논문원고는 대한기계학회논문집 템플릿에 따라 작성하여 온라인으로 제출한다.

② 논문원고는 한글 전용 또는 한글과 한자 혼용으로 작성하고, 의미의 혼동이 일어날 소지가 있을 경우에는 "( )" 안에 한자 또는 영어를 병기할 수 있으며, 기술용어는 "기계용어집"(대한기계학회 편)을 따른다.

③ 제목, 성명, 소속, 기술용어(Keyword), 초록은 모두 국문과 영문으로 병기한다. 논문의 제목은 되도록 10단어 범위 내에서 간결하게 표시한다.

④ 국문초록은 Template 내에서 8줄 이내(400자 내외)로, 영문초록 역시 8줄 이내(150 단어 내외)로 작성한다. 도표나 그림은 초록에 포함하지 않는다.

⑤ 표와 그림 그리고 사진 등은 본문에 나오는 순서대로 번호를 매기고 번호 순서에따라 본문에 배열하되, 원칙적으로 본문에서 중 그것을 인용·설명한 페이지 상단 또는 하단에 놓는다. 설명은 모두 영어로 하되, 그림·사진의 경우 그 아래에, 표의 경우 그 위에 둔다. 그림은 Fig. 1 형식으로 표는 Table 1 형식으로 설명을 시작한다. 표와 그림 그리고 선의 굵기 글자 및 기호 등의 크기는 직접 인쇄 시 축소 촬영하더라도 선명하게 나타날 수 있도록 상태가 좋은 원본을 사용한다.

⑥ 숫자는 아라비아 숫자로 작성하며, 수량 단위는 SI 단위의 사용을 원칙으로 한다.

⑦ 참고문헌은 본문 말미에 영문으로 나열하되 (국문문헌도 모두 영문으로 작성) 본문에서 참고문헌이 처음 인용되는 순서로 번호를 매기고 인용되는 곳에서 괄호가 있는 숫자로 상첨자 형태로 표기한다. 참고문헌 표기는 다음의 방식을 따른다. 정기간행지의 경우는 저자명, 발간년, 제목명, 지명, 권·호번호, 페이지번호의 순으로 하고, 단행본의 경우는 저자명, 발간년, 서명, 권번호, 출판사명, 출판사 소재지명, 페이지번호 순으로 기재한다.

(1) Goldenberg, A. A. and Bezerghi, A., 1985, "A Preview Approach to Force Control of Robot Manipulators," Mechanism and Machine Theory, Vol. 20, No. 5, pp. 449~464.

(2) White, F. M., 1974, Viscous Fluid Flow, McGraw-Hill, New York, pp.163~189.

(3) Suh, S. H., Choi, Y., Roh, H. W. and Doh, H., 1999, "Flow Analysis in the Bifurcated Duct with PIV System and Computer Simulation," Trans. of the KSME (B), Vol. 23, No. 1, pp. 123~180.

⑧ 논문심사 신청의 접수는 저자 본인이 온라인논문심사시스템에 접속하여 연락처 등 온라인논문심사 신청서의 제반 항목을 작성하여야 완료된다.
⑨ 공저의 경우 책임저자를 표기하여야 하며, 책임저자는 논문원고의 보완 및 교정, 게재료 납부 등 제출논문의 제반사항에 대하여 책임을 진다.

## 자연과학 논문 예시

# 음이온성 지질을 포함한 지질나노입자의 제조 및 물리적 특성

이정은 · 김은혜 · 임덕휘 · 정석현 · 정규성[†] · 신병철
한국화학연구원 신약기반기술연구센터
[†]연세대학교 화학과
(2008. 2. 2 접수)

**Preparation of Anionic Lipid Nanoparticles : Physical Properties and Stability**

Jung Eun Lee, Eun Hye Kim, Deok Hwi Lim, Suk Hyun Jung,
Kyu-Sung Jeong[†], and Byung Cheol Shin
*Center for Drug discovery technologies, Korea Research Institute of Chemical Technology,*
*100 Jang Dong, Yuseong, Deajeon 305-343, Korea*
[†]*Yonsei University 134 Sinchon-dong, Seodaemun-gu, Seoul 120-749, Korea*
(Received February 2, 2008)

**요 약.** 지질나노입자는 난용성 물질을 봉입할 수 있는 지질로 이루어진 입자성 약물전달체이다. 나노입자는 인지질, 콜레스테롤, 다양한 음이온성 지질 그리고 PEG함유 인지질을 사용하여 자발 유화 용매확산법으로 제조하였으며, 모델 약물로는 난용성약물인 파클리탁셀을 사용하였다. 이렇게 제조된 지질나노입자 수용액의 입자크기 및 표면전하는 전기영동 광산란측정기를 이용하여 물리적 특성을 측정하였고, 파클리탁셀의 봉입효율은 HPLC로 정량하였다. 입자의 크기는 약 110 nm였으며 약물의 봉입효율은 70% 이상이었다. 특히, 음이온성 지질인 DPPA를 사용한 경우 80% 이상의 높은 봉입효율을 보였으며, DPPA가 첨가됨으로써 입자간의 반발력을 유도하여 입자가 안정화되었다. 또한 콜레스테롤의 비율이 증가됨에 따라 입자크기는 비례하였고, 봉입효율은 반비례하였다. 그리고 세포독성 실험을 통하여 나노입자의 세포독성이 낮다는 것을 관찰할 수 있었다. 이와 같이 음이온성 지질로 구성된 지질나노입

자는 난용성 약물을 가용화할 수 있는 시스템으로 응용이 가능하다.

주제어: 인지질, 나노입자, 약물전달, 난용성

**ABSTRACT.** Anionic lipid nanoparticles (LNPs) are a lipid-based encapsulation system for poorly water-soluble compounds. Paclitaxel-loaded lipid nanoparticles were prepared by spontaneous emulsification and solvent evaporation(SESE) method with phospholipid, cholesterol, anionic lipids and pacltiaxel. The stability of anionic LNPs was enhanced after lyophilization. Mean particle size and zeta potential of anionic LNPs were measured by electrophoretic light scattering spectrophotometer and drug loading efficiency was evaluated by HPLC. The mean particle size was about 110 nm and loading efficiency was around 70%. DPPA was very efficient for increasing stability because it leads to coulombic repulsive forces of particles. According to cholesterol ratios increased of mean particle size and decreased of drug loading efficiency in the lipid compositions. Also, the low cytotoxicity was observed by MTT assay against B16F10 cells. Anionic LNPs may be a promising drug carrier for the poorly water-soluble drugs.

**Keywords:** Phospholipid, Nanoparticles, Durg Delivery System, Poorly Water-Soluble

## 1. 서 론

입자성 약물전달체는 오일, 지질, 계면활성제 또는 천연 및 합성고분자를 사용하여 제조되는 에멀전, 리포솜, 마이크로 및 나노입자 형태의 구조체로서 지금까지 입자성 약물전달체의 제조, 특성 규명, 약물봉입에 관한 수많은 연구가 이루어져 약물 전달체로서의 가능성이 충분히 입증되어왔다. 대표적인 예로서 리포솜(liposome)과 폴리머솜(polymersome)이 가장 많이 사용되고 있다.[1] 리포솜은 양친매성 지질이 수상에 분산될 때 지질과 물의 비율에 따라 물속에서 다양한 구조의 이중막을 형성시키는 소포체를 말한다. 리포솜은 제법이 간편하며 수용성 및 지용성 약물을 운반할 수 있으므로 약물 수송체로서 활용이 가능하다. 그리고 폴리머솜은 생체막과 유사한 고분자 이중층을 가지는

polymer vesicle이다. 친수성과 소수성 블록이 특정 비율로 결합된 양친매성 고분자를 합성하여 수용액상에서 자가 조립하여 미셀을 형성한다. 미셀을 이룬 블록 공중합체들의 내부는 소수성의 성질을 가지고 있어 난용성 약물을 손쉽게 포획할 수 있고, 표면은 친수성의 성질을 가지므로 난용성 제제의 가용화, 약물 전달 운반체 등에 사용된다. 그 외에 나노에멀젼, 고형지질 나노입자 그리고 초가변형 나노입자 등이 있다.[2] 최근 이러한 입자성 약물전달체 중 새로운 구조체로서 지질나노입자의 연구가 활발히 진행 중이다. 지질 나노입자는 상온에서 지질을 약물과 혼합하여 균일한 상을 제조하고 이를 수용액에 분산시켜 약물이 지질 결정사이에 고체 용액상으로 존재하는 구조체를 말한다.[3,4] 지질나 노입자는 생체 내에 존재하는 물질인 인지질, 지질 그리고 콜레스테롤 등을 사용하기 때문에 생체 이용률 및 친화도가 높으며, 약물의 방출 및 제어가 가능하며 효소 등에 의한 분해에 대해서 높은 안정성을 가지는 입자성 약물전달체이다. 그러나 지질나노입자는 혈류 내의 이온 흡착에 의해 구조적으로 불안정할 수 있으며, 대식세포의 식작용에 의한 손실 등의 단점을 가지고 있다.[5] 이러한 문제를 해결하기 위하여 생체 친화성이 우수한 친수성 고분자인 폴리에틸렌 글리콜(PEG)을 표면에 수식하여 이러한 단점을 극복할 수 있다. PEG는 생체에 부작용이 없으며 쉽게 지질나노입자 및 그 밖에 약물 전달체에 적용하기가 용이하여 가장 대표적으로 사용된다.[6] 그리고 지질나노입자는 수용액상에서 봉입약물이 쉽게 가수분해 되는 경우가 있어서 이를 보완하기 위하여 동결 건조를 통하여 지질나노입자 내 약물의 안정성을 높이는 많은 연구가 진행되고 있다.

본 연구에서는 지질나노입자의 난용성 약물인 파클리탁셀을 가용화 하기 위하여 인지질, 콜레스테롤, 음이온성 지질 그리고 PEG함유 인지질을 사용하여 자발 유화 용매확산법에 의해 나노입자를 제조하였고, 파클리탁셀이 봉입된 나노입자의 입자크기를 안정화하기 위하여 동결 건조하였다. 다양한 음이온성 지질의 종류와 콜레스테롤 및 지질의 함량에 따른 봉입효율, 입자크기 그리고 표면전하 등의 물리적 특성을 고찰하였으며, 또한 이온성 지질의 유무에 따른 입자형성과의 관계를 고찰하였다. 그리고 세포독성 실험을 통하여 나노입자의 독성을 평가하였다.

## 2. 실 험

### 2.1 시약

지질나노입자를 제조하기 위한 L-a-phosphatidylcholine (hydrogenated-Soy) (HSPC), 1, 2-dipalmitoyl-sn-glycero-3-phosphate (DPPA), 1, 2-dimyristoyl-sn-glycero-3-phosphate (DMPA), 1, 2-distearoyl-sn-glycero-3-[phospho-L-serine] (DSPS), 1, 2-distearoyl-sn- glycero-3-[phospho-rac-(1-glycerol)] (DSPG), 1, 2-dimyristoyl-sn-glycero-3- phosphoethanol- amine-N-[methoxy (polyethyleneglycol)-2000] (DSPEmPEG2000) 그리고 cholesterol (CHOL)은 Avanti Polar Lipids사 (Alabaster, AL, 미국)에서 구입하여 사용하였고, 파클리탁셀은 삼양사(한국)에서 구입하여 사용하였으며, 수클로오스는 Sigma Aldrich사 (Milwaukee, 미국)에서 구매하였고, 그 밖에 실험에 사용한 모든 용매는 일급 및 특급시약을 그대로 사용하였다.

### 2.2 지질나노입자의 제조

지질나노입자는 자발 유화 용매확산법을 이용하여 다음과 같은 방법으로 제조하였다. 인지질, 콜레스테롤 그리고 음이온성 지질을 질량비로 이용하여 제조 하였다. 인지질은 HSPC를 사용하였고, 음이온성 지질인 DPPA, DMPA, DSPG 그리고 DSPS를 사용하였다. 파클리탁셀을 메탄올 7 ml에 10.0 mg/ml 농도가 되도록 용해하여 약물용액을 제조하고, HSPC는 3~7 (w/v), CHOL은 1~7 (w/v), DPPA는 1~7 (w/v) 그리고 DSPE-mPEG2000은 0.5~4 (w/v)의 조건에서 클로로포름 3 ml에 용해하여 지질용액을 제조하였다. 약물용액과 지질용액을 혼합한 10 ml의 약물-지질 혼합용액을 고강도 초음파발생기 (Ultrasonicator, Model 500, Fisher scientific, 미국)를 사용하여 초음파를 조사하면서, 25 ml의 3차 증류수를 25 ml/min의 속도로 23게이지 주사기를 이용하여 약물-지질 혼합용액에 분산하였다. 이때 고강도 초음파발생기는 50와트의 출력조건에서 1분간 용액을 초음파 처리하고, 30초간 용액을 방치하는 작동을 7회 반복하여 약물-지질혼합용액이 수용액 내에 고르게 분산된 분산용액을 제조하였다. 그리고 회전 증발 응축기(Rotary Evaporation, BUCHI, 스위스)를 이용하여 혼합용액의 유기용매를 제거함으로써 파클리탁셀이 그 구조내에 봉입된 나노입자 수용액을 제조하였다. 상기 제조된 용액은 0.2 ㎛의 기공 크기를 갖는 주사기 필터(Syringe filter, cellulose, 일본)로 여과하여 입자형성에 참여하지 않은 지질과 파클리탁셀을 제거하였다. 파클리탁셀이 봉입된 나노입자 수용액에 응집방지제로서 20(w/v)%의 수크로오스를 첨가하여 완전히 용해한 후, 입자의 동결을 위해 초저온 냉동기(deep-freezer, DF8514, Ilshin Lab, 한국)를 이용하여 -72~-77℃의 온도에서 12 hr 동안 동결 후 동결 건조기(Freeze-drying, FD5505S, Ilshin Lab, 한국)에서 -40 ~ -45℃의 온도와 5 Pa의 압력을 유지하면서 48hr 이상 건조하였다. 8-10 파클리탁셀이 봉입 된 나노입자 분말은 3차 증류수에 재분산하였다.

### 2.3 입자 크기와 표면전하 측정

지질나노입자의 크기와 표면전하는 전기영동 광산란측정기(Electrophoretic light scattering spectrophotometer, model ELS-Z, Osuka Electronics, 일본)를 사용하여 나노입자 분산용액 0.2ml를 3차 증류수로 15배 희석한 용액으로 입자의 크기를 관찰하였다. 또한 표면전하는 나노입자 용액 2ml를 분취하여 25℃, pH7에서 관찰하였다.

### 2.4 파클리탁셀의 봉입효율 측정

지질나노입자에 봉입된 파클리탁셀의 봉입효율은 HPLC system (NS-3000i Futecs Co. Ltd., 한국)로 측정하였다. Column은 reverse-phase column (㎛bondapack™, 3.9mm × 300 mm, Waters, 아일랜드)을 사용하였으며, 이동상은 아세토나이트릴 : 탈이온수(55 : 45, v/v)를 사용하였고, 유속은 1.0 ml/min 조건하에 측정하였다. 외부표준물질법[11]을 이용하여 파클리탁셀의 0.125, 0.25 그리고 0.5 mg/ml의 농도별로 검량선을 작성 후 제조된 나노입자는 클로로포름 : 메탄올을 1 : 4 비율로 혼합된 용액에 녹인 다음 최대흡수파장인 230 nm에서 측정하고 미리 작성한 검량선과 비교하여 파클리탁셀의 농도를 환산하였다. 파클리탁셀의 봉입효율은 다음 식에 의해 계산하였다.

$$\text{봉입효율(\%)} = \frac{\text{지질나노입자에 포함 된 파클리탁셀의 양}}{\text{약물용약제조시 사용 된 파클리탁셀의 양}} \times 100$$

### 2.5 지질나노입자의 세포독성 평가

제조된 지질나노입자의세포독성 및 항암효과를 평가하기 위해 MTT assay를 하였다. Murine melanoma cells, B16F10을 5× $10^3$ cells/well로 24-well plates에서 37℃, 5%의 $CO_2$ 조건하에 배양하였다. 24시간 후, 약물이 봉입되지 않은 나노입자 수용액을 50 ㎕로 각각의 well에 첨가 하였고, 약물이 봉입된 나노입자수용액은 약물농도가 각각 10, 100 ㎍/ml의 농도를 50 ㎕로 각각의 well에 첨가하여 24 그리고 48 시간 동안 배양한 후, 5 mg/ml의 MTT 시약 [3-(4, 5-dimethylthiazol-2-yl)-2, 5-diphenyl- tetrazolium bromide]을 20 ㎕/well씩 추가하였다. 그리고 4시간 동안 $CO_2$ 배양기에 배양하여 상층액 190 ㎕ 제거한 후 용액에 DMSO를 150 ㎕씩 첨가하여 blue formazan 결정을 용해 한 후 microplate reader (SpectraMax 190, Molecular Device, 미국)로 590 nm에서 흡광도를 측정하였다.[14]

## 3. 결과 및 고찰

### 3.1 지질의 종류에 따른 물리적 특성

음이온성 지질인 DPPA, DMPA, DSPS 그리고 DSPG를 사용하여 음이온성 지질나노입자를 제조하고 그 물리적 특성을 조사하였다. Table 1과 같이 음이온성 지질이 함유되지 않을 경우 입자 형성이 되지 않는 반면 이온성 지질이 함유된 경우 지질나노입자의 형성이 용이한 것을 관찰하였다. 이온성 지질을 이용한 나노입자의 형성은 입자간의 정전기적 반발력에 의하여 안정화된다고 보고되어져 왔다.[12,13] 이온성 지질이 함유되지 않은 중성의 나노입자의 경우 입자형성 시 수십 마이크로의 거대 입자가 형성되거나 지질간의 반데르발스 인력 및 소수성 결합에 의하여 침전이 발생하는 것으로 보여 진다. 그리고 입자의 표면에 강한 전기적 전하를 띄게 될 경우 입자 간의 강한 정전기적반발력이 작용하여 입자형성 및 유지에 용이한 것으로 생각된다. 특히, 음이온성지질 중 DPPA를 사용한 지질나노입자가 가장 높은 봉입효율을 보였다. 그리고 표면전하 값이 -66.18 ± 7.2로 가장 큰 DSPG는 입자형성이 용이하나 약물의 봉입효율이 현저히 떨어지는 것으로 보아 입자표면의 강한 음전하적 특성이 약물의 봉입에 영향을 주는 것으로 생각된다. 따라서 HSPC, CHOL 그리고 DPPA를 사용한 나노입자의 경우 88.2 ± 6.8%의 파클리탁셀 봉입효율을 보여주며 입자크기도 118.5 ± 0.8 nm로 최적의 나노입자가 형성됨을 알 수 있었다.

*Table* 1. Physical properties of various anionic lipid nanoparticles

| Lipid composition* | Anionic lipid | Mean particle size (nm) | Zeta potential (mV) | Loading efficiency (%) |
|---|---|---|---|---|
| HSPC : CHOL | **- | - | - | - |
| | DPPA | 118.5 ± 0.8 | -40.39 ± 1.9 | 88.2 ± 6.8 |
| | DMPA | 102.5 ± 5.5 | -36.18 ± 3.2 | 56.5 ± 2.3 |
| | DSPS | 140.7 ± 12.5 | -56.18 ± 3.5 | 45.5 ± 1.5 |
| | DSPG | 137.5 ± 2.5 | -66.18 ± 7.2 | 21.5 ± 2.8 |

*The lipid composition was composed of HSPC : CHOL at a mass ratio of 7 : 3. The data is shown as mean ± S.D. (n=3)
**Physical properties could not be characterized because of formation of lipid aggregates.

### 3.2 음이온성 지질의 함량 변화

음이온성 지질의 함량에 따른 나노입자의 크기변화와 봉입효율을 *Fig.* 1(a)와 (b)에 나타내었다. 인지질과 콜레스테롤의 비율을 7 : 3으로 일정하게 유지한 후 음이온성 지질인 DPPA의 함량을 변화시켜 관찰하였다. (a)와 같이 DPPA의 함량이 증가함에 따라서 큰 입자크기의 변화는 관찰되지 않았다. 이는 이온성 지질의 함량이 증가하더라도 정전기적 반발력에 의한 입자간의 안정성을 유지 시켜 입자 크기 변화 및 형성에 영향을 주지 않기 때문이다. 그러나 (b)에서 봉입효율을 살펴보면 DPPA 함량이 질량비율 1이하로 포함되거나 5이상 포함될 경우 낮은 봉입효율을 보였다. 음이온성 지질의 함량이 질량비율 1이하인 낮은 함량에서는 입자간 반발력에 의한 입자의 안정성을 유도하지 못하며, 질량비율 5이상의 함량에서는 음이온성 지질이 과량 포함되게 되어 입자 내음이온성 지질간의 반발력이 증가하여 약물의 봉입을 저해하기 때문이다. 따라서 음이온성이 질량비율 3에서 5의 함량이 최적임을 알 수 있었다.

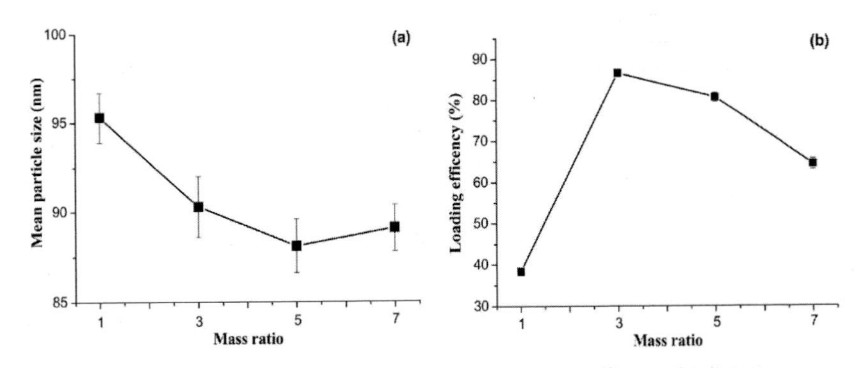


*Fig.* 1. Effect of DPPA ratios on the mean particle size (a) and drug loading efficiency (b) of paclitaxel loaded lipid nanoparticles. Lipid nanoparticles were composed of HSPC : CHOL. Mass ratio of HSPC : CHOL was set to 7 : 3. At 1 to 7 mass ratio of DPPA. The data is shown as mean ± S.D. (n=3).

### 3.3 콜레스테롤의 함량 변화

콜레스테롤의 함량에 따른 나노입자의 크기변화와 봉입효율을 *Fig.* 2(a)와

(b)에 나타내었다. 인지질과 음이온성 지질을 7 : 3으로 일정하게 유지한 후 콜레스테롤의 함량을 변화시켜서 관찰하였다. 콜레스테롤은 소수성물질로서 입자 형성시 지질간의 지방쇄 부분에 위치하여 입자내의 소수성결합을 더욱 강하게 유지시켜 주는 역할을 한다고 알려져 있다.[15] (a)와 같이 콜레스테롤의 함량이 질량비율 3까지는 입자크기에 변화를 미치지 않으나 질량비율 5일 때 급격하게 입자크기가 증가하는 것을 알 수 있었다. 이는 콜레스테롤의 질량비율이 5 이상으로 증가함에 따라서 입자 내 지질의 지방쇄에 콜레스테롤이 고르게 분포하지 않음으로서 콜레스테롤의 중첩 및 뭉침에 의한 소수성 영역의 밀도가 증가하여 지질의 자가 배열에 장애를 유발하여 입자형성 시 입자크기를 증가하게 만드는 요인으로 작용한 것으로 생각된다. (b)의 봉입효율에서 또한 콜레스테롤 비율이 3까지 증가할 때 비례적으로 봉입효율이 증가하나 3이상이 함유되면 약물의 봉입에 저해된다는 것을 관찰하였다. 이는 콜레스테롤이 입자크기에 미치는 영향과 같이 소수성영역의 급격한 밀도 증가 때문에 약물이 입자의 소수성 부분에 위치할 수 있는 공간이 작아짐으로서 파클리탁셀의 함유가 저해되며 또한, 파클리탁셀의 분자크기가 콜레스테롤의 분자크기 보다 더 크기 때문에 입체적으로도 파클리탁셀이 소수성 영역에 고농도로 봉입되기가 어려울 수 있다고 생각된다.

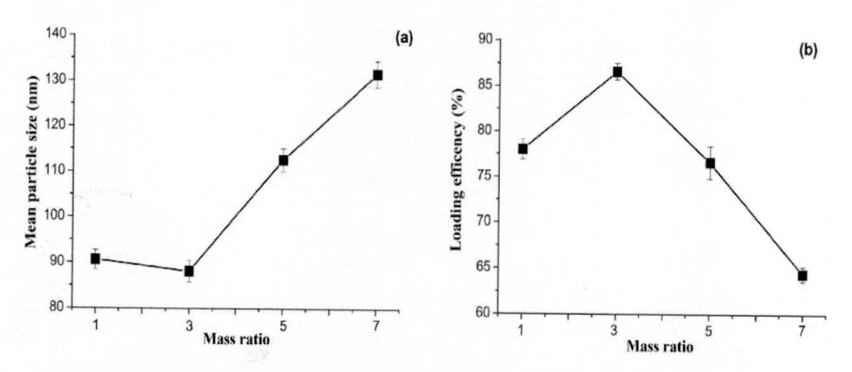


*Fig.* 2. Effect of cholesterol ratios on the mean particle size (a) and drug loading efficiency (b) of paclitaxel loaded lipid nanoparticles. Lipid nanoparticles were composed of HSPC : DPPA. Mass ratio of HSPC : DPPA was set to 7 : 3. At 1 to 7 mass ratio of cholesterol. The data is shown as mean ±S.D. (n=3).

### 3.4 DSPE-mPEG2000의 함량 변화

혈중에 존재하는 혈중단백질에 의한 옵소닌화 및 혈중의 이온흡착에 의한 지질나노입자의 혈중 내에서 빠른 손실이 발생되는 것을 극복하고 혈중 내 안정성을 증가하기 위하여 대표적으로 사용되는 생체 적합성 고분자인 PEG[16,17]를 함유한 인지질인 DSPEmPEG2000을 지질나노입자 표면에 수식하여 *Fig.* 3과 같이 실험하였다. 나노입자 겉 표면에 수식되어 있는 PEG 함유 인지질인 DSPE-mPEG2000을 함유한 입자의 평균 크기는 107.0 ± 4.9 nm이고 봉입효율은 77.1 ± 2.9%로서 Table 1과 같이 고분자를 포함하지 않는 지질나노입자와 유사한 결과를 얻었다. 이는 PEG를 함유한 인지질이 질량비율이 2이하로 첨가되어도 입자크기에는 영향을 미치지 않는다는 것을 나타낸다. 그러나 질량비율이 4이상 증가하면 입자의 크기가 약 180 nm로 증가하는 것을 알 수 있었다. 고분자인 PEG 함량이 과량 함유되면 친수성막이 두꺼워지며 DSPE의 함량의 증가로 총 지질함량이 증가하여 입자크기가 커진다고 알려져 있으며[18] 또한, 낮은 함량의 PEG가 입자의 표면에 수식 될 때 mushroom 모양으로 입자 크기에 영향을 미치지 않으나, 높은 함량의 PEG가 수식 될 때에는 brush 모양으로 PEG 분자의 입체적인 거동이 변화[19]되므로 DSPE-mPEG의 질량비율이 2 이상으로 증가하면 PEG의 함량의 증가로 입자 크기가 증가되는 것을 알 수 있었다.

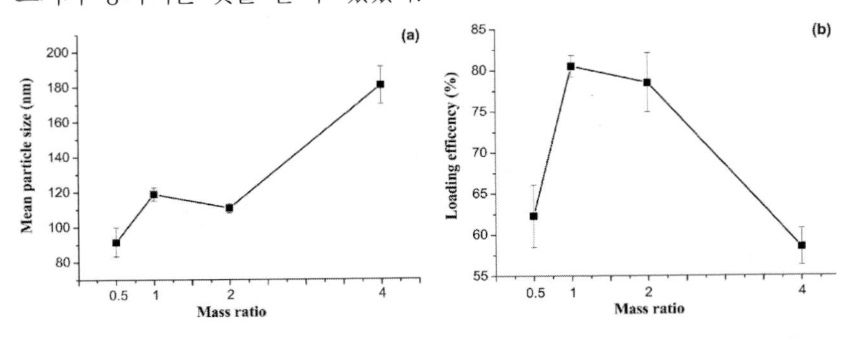

Fig. 3. Effect of DSPE-mPEG2000 ratios on the mean particle size (a) and drug loading efficiency (b) of paclitaxel loaded lipid nanoparticles. Lipid nanoparticles were composed of HSPC : CHOL : DPPA. Mass ratio of HSPC : CHOL : DPPA was set to 7 : 3 : 3. At 0.5 to 4 mass ratio of cholesterol. The data is shown as mean ± S.D. (n=3).

### 3.5 약물과 지질비율에 따른 입자크기 및 봉입효율

약물과 지질의 비율변화에 따른 봉입효율과 입자 크기 변화를 Table 2에 나타내었다. 파클리탁셀과 지질의 비율이 10 : 1 일 때 봉입효율이 85% 이상으로 가장 높았으나, 입자크기 또한 봉입효율에 비례하여 커짐을 알 수 있었다. 이는 파클리탁셀의 함량비율이 높을 경우 난용성약물인 파클리탁셀이 위치할 수 있는 지질의 소수성영역의 공간적 한계 때문에 봉입효율이 감소하는 것으로 생각된다. 반면, 파클리탁셀의 함량비율이 적을 경우 난용성 약물인 파클리탁셀에 의한 입자내 소수성결합이 감소하게 되고 이로 인하여 입자 형성시 안정도가 감소하여 봉입효율이 상대적으로 감소된다고 생각된다. 그러므로 파클리탁셀에 인지질이 포화농도 이상으로 첨가될 경우 분산용액 내에 다량의 침전이 발생하고 봉입이 되지 않음을 알 수 있었다.

Table 2.
Physical properties of the lipid nanoparticles according to the ratio of lipid with drug

| *Total lipid:Drug (mass ratio) | 3 : 1 | 5 : 1 | 10 : 1 | 30 : 1 | 50 : 1 |
|---|---|---|---|---|---|
| Mean particle size (nm) | 83.95 ± 5.5 | 88.55 ± 6.9 | 101.6 ± 7.8 | 102.5 ± 8.3 | 86.2 ± 10.5 |
| Zeta potential (mV) | -43.39 ± 2.3 | -40.39 ± 1.9 | -47.39 ± 4.5 | -48.39 ± 2.2 | -53.39 ± 6.2 |
| Loading efficiency (%) | 63.0 ± 1.9 | 65.7 ± 0.5 | 88.6 ± 0.9 | 78.5 ± 1.1 | 64.4 ± 2.8 |

*Total lipid was composed of HSPC, CHOL and DPPA. Mass ratio of HSPC : CHOL : DPPA was set to 7 : 3 : 3. The data is shown as mean ± S.D. (n=3)

### 3.6 지질나노입자의 세포독성

지질나노입자의 세포독성을 평가하기 위하여 B16F10세포를 이용하여 *Fig.* 4와 같이 MTT assay를 하였다. 약물이 봉입되지 않은 free LNP군의 경우

control군과 비교하여 큰 변화를 보이지 않았다. 이것은 HSPC, 콜레스테롤 그리고 DPPA로 구성된 지질나노입자가 낮은 세포독성을 가진다는 것을 나타낸다. 지질나노입자가 낮은 세포 독성을 갖는 이유는 생체 내 존재하는 인지질 및 콜레스테롤을 이용하여 제조되었기 때문이다. 한편, 100 μg/ml로 파클리탁셀이 봉입된 H100과 10 μg/ml로 파클리탁셀이 봉입된 H10의 경우 약물의 농도에 의존하여 세포독성 효과의 차이를 나타내었다. H100의 경우 24시간과 48시간 모두에서 50%이하의 낮은 세포 생존율을 보인 반면 H10의 경우 모두 50% 이상의 세포 생존율을 관찰함으로써 세포 생존율이 지질나노입자에 봉입된 파클리탁셀의 농도에 반비례함을 관찰 할 수 있었다. 이는 파클리탁셀이 봉입된 나노입자가 endocytosis에 의해 세포이입 후 세포내 대사 작용에 의해 약물이 세포 내로 방출되며 농도에 비례하여 세포독성을 유발시킨 것으로 생각된다. 이와 같이 제조된 음이온성 지질나노입자는 입자성 약물전달시스템으로써의 가능성을 제시한다.

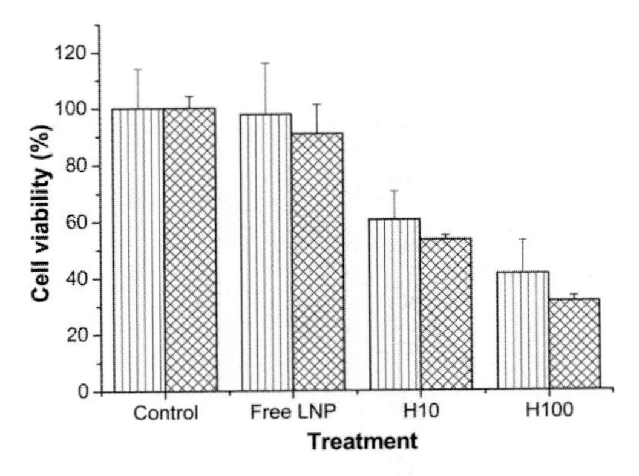


Fig. 4. Cytotoxicity study of lipid nanoparticles. Cell viability was determined by MTT assay after 24 and 48 hr, incubation at 37oC. Free LNP was composed of HSPC : CHOL : DPPA at a mass ratio of 7 : 3 : 3. H10 and H100 were composed of HSPC : CHOL : DPPA : Paclitaxel at a mass ratio of 7 : 3 : 3 : 1.3 and concentrations of paclitaxel are 10 and 100 μg/ml. Data are expressed as mean ± S.D (n=3). (▥) 24 hr, (▩) 48 hr.

## 4. 결 론

자발 유화 용매확산법을 이용하여 인지질, 콜레스테롤, 다양한 음이온성 지질 그리고 PEG함유 인지질을 사용하여 지질나노입자를 제조하였고, 콜레스테롤의 함량 그리고 음이온성 지질의 종류 및 함량에 따라 나노입자의 특성과 봉입효율에 미치는 영향을 고찰하였다. 음이온성 지질 중 DPPA를 이용하여 제조 시 80% 이상의 높은 봉입효율을 보였으며, 콜레스테롤의 비율이 증가하면 콜레스테롤이 고르게 분포하지 못하여 입자 크기는 증가하고 봉입효율은 감소함을 알 수 있었다. 또한 사용된 총 지질의 양과 파클리탁셀의 비율을 달리하여 입자를 제조한 결과 지질의 양이 증가하면 약물의 봉입효율은 낮아지는 것을 알았다. 그리고 음이온성 지질나노입자의 세포독성 실험을 통하여 나노입자 자체의 독성은 낮으며, 봉입된 약물의 농도와 비례하여 세포독성을 나타내었다. 이렇게 제조되어진 음이온성 지질나노입자는 파클리탁셀과 같은 난용성 약물을 안정하게 가용화할 수 있는 시스템으로 응용이 가능하다.

## 참 고 문 헌


1. Wissing, S. A.; Kayser, O.; Muller, R. H. *Adv. Drug. Deliver. Rev.* 2004, *56*, 1257.
2. Schmitt-Sody, M.; Strieth, S.; Krasnici, S. *Clin. Cancer. Res.* 2003, *6*, 23351.
3. Lundberg, B. B. *J. Control. Release.* 2001, *72*, 191.
4. Kan, P.; Chen, Z. B.; Lee C. J.; Chu, I. M. *J. Control. Res.* 1999, *58,* 271.
5. Junzo Seki; Satoru Sonoke; Akira Saheki; Hiroshi Fukui; Hideki Sasaki; Tadanori Mayumi, *Int. J. Pharm.* 2003, *273*, 75.

6. Litzinger, D. C.; Buiting, J. N. *Biochim. Biophys. Acta.* 1994, *1190*, 99.
7. Allen Zhang J.; Gopal Anyarambhatla.; Lan Ma.; Sydney Ugwu.; Tong Xuan.; Tommaso Sardone.; Imran Ahmad. Euro. *J. Pharma. Biopharm.* 2005, *59*, 177.
8. Tamilvanan, S. *Pro. Lipid. Res.* 2004, *43*, 489.
9. Tetsuya Suzuki,; Hiroaki Komatsu,; Koichiro Miyajima,; *Biochim. Biophys. Acta.* 1996, *1278*, 176.
10. Ozaki, K.; Hayashi, M. *Int. J. Pharm.* 1998, *160*, 219.
11. Wei Guo. Jenifer L.; Johnson. Sumsullah Khan. Ateeq Ahmad. Imran Ahmad, *Analyti. Biochem.* 2005, *336*, 213.
12. Tharwat Tadros. Izquierdo, P.; Esquena, J.; Solans, C.; Advan. *Colloid. Interface Sci.* **2004**, *303*, 108.
13. Monica Cristina De Oliveira. Valerie Boutet. Dlias Fattal, *Life. Sciences.* 2000, *67*, 1625.
14. Wong-beringer. Jacobs A.; Guglielmo, R. A and B. J. *Clin. Infect. Dis.* 1998, *27*, 603.
15. Henna Ohvo-rekila. Bodil Ramstedt. Petra Leppimaki, J. *Pro. Lipid. Res.* 2002, *41*, 66.
16. Litzinger, D. C.; Buiting, A. M. J.; Van Rooijen, N.; Huang, L. *Biochim. Biophys. Acta,* 1994, *1190*, 99.
17. Tao Yang. Fu-De Cui. Min-Koo Choi. Jei-Won Cho, *Int. J. Pharm.*, 2007, *338*, 317.
18. Yong Hu. Jingwei Xie. Yen Wah Tong.; Chi-Hwa Wang, *J. Control. Res.* 2007, *118*, 7.
19. Moghimi, S. M.; Szebeni, J. J. *Pro. Lipid. Res.* 2003, *42*, 463.

# 공학논문 예시

## 수소극 Dead-End 모드 고분자 전해질 연료전지의 실험적 연구§

지상훈* · 황용신** · 최종원** · 이대영*** · 박준호** · 장재혁**** · 김민수** · 차석원**†
* 서울대학교 지능형융합시스템학과, ** 서울대학교 기계항공공학부,
*** 한국과학기술연구원 에너지메카닉스센터, **** 삼성전기 중앙연구소

**Experimental Study of Performance of PEMFC Operated in Dead-End Mode**

Sanghoon Ji*, Yong-Sheen Hwang**, Jong Won Choi**, Dae-Young Lee***, Joonho Park**,
Jae Hyuk Jang****, Min Soo Kim** and Suk Won Cha**†
* Dept. of Intelligent Convergence systems, Seoul Nat' Univ.,
** School of Mechanical and Aerospace Engineering, Seoul Nat' Univ.,
*** Energy Mechanics Center, Korea Institute of Science and Technology,
**** Corporate R&D Institute, Samsung Electro-Mechanics

(Received January 7, 2010 ; Revised March 31, 2010; Accepted April 5, 2010)

**Key Words**: PEMFC(고분자 전해질 연료전지), Dead-end(데드앤드), Anode(수소극), Cathode(공기극), Purging(퍼징)

**초록**: 출구부가 폐쇄된 데드앤드 모드 운전은 연료이용률이 높고, 부가장치 소모동력이 작기 때문에 소형 연료전지 분야에 널리 적용되고 있다. 하지만 수증기나 질소등과 같은 불순물의 축적으로 인해 성능이 저하되는 단점을 가지고 있다. 본 논문에서는 이러한 성능 저하의 요인 중 수분 축적의 영향을 알아보기 위해 부하 방식에 따른 거동, 퍼징 전후 분극 성능, 수분 축적 분포, 공기극 상대습도에 따른 성능을

§ 이 논문은 대한기계학회 2009 년도 추계학술대회(2009. 11. 4.~6., 용평리조트) 발표논문임

† Corresponding Author, swcha@snu.ac.kr

알아보았다. 본 실험에 적용된 운전 조건에서의 성능 거동은 정전압 부하(0.4V)보다 정전류밀도 (600mA/cm$^2$) 부하에서 보다 안정적으로 나타났다. 가시화 창을 통해 수소극에 축적된 대부분의 수분은 출구부에 가까운 부분에 분포함을 알 수 있었다. 또한 공기극 상대습도(0.15, 0.4, 0.75 RH)가 높아질수록 성능 유지 시간은 감소한 반면 성능 감소율은 증가하였다. 특히, 상대습도 0.15 에서의 성능 기준으로 평균출력밀도는 51% 증가하였고, 평균성능유지시간은 25% 감소하였다.

**Abstract:** Portable fuel cells are commonly operated in the dead-end mode because of such as high fuel utilization. However, the performance of such systems deteriorates continuously with an increase in the amount of by-products such as water vapor and nitrogen. In this study, to verify the effect of water vapor on Proton Exchange Membrane Fuel Cells (PEMFCs), constantload experiments were carried out for a current density of 600 mA/cm2 and a voltage of 0.4 V, respectively. The performance of the cell was more stable under constant voltage conditions than under constant current density conditions. Condensed water accumulated in the anode channel near the cell outlet. The experimental results show how the relative humidity (RH = 0.15, 0.4 and 0.75) of air at the cathode side affect the performance of PEMFCs with dead-end anode. At RH values higher than 0.15, the mean power density increased by up to 51% and the mean purge duration decreased by up to 25% compared to the corresponding initial values

## 1. 서 론

최근 전인류가 당면한 화석에너지 고갈문제는 신재생에너지 연구개발의 필요성을 높이고 있다. 이들 중 고효율이며 친환경적 특성을 모두 갖춘 수소연료전지 분야는 다양한 곳에 적용이 가능한 기술로써 현재의 화석에너지 체계를 대신할 만한 유력한 후보로 여겨지고 있다. 이들 중 작동 온도가 상온에 가깝고, 시동 시간이 짧은 고분자 전해질 연료전지는 자동차와 같은 이동 기기의 동력원으로 각광 받고 있다.[1] 하지만 연료전지 시스템을 이동 기기에 탑재하기 위해선 별도의 연료 저장 장치를 싣고 다녀야 하는 단점이 있다. 이에 따라 연료이용률이 높은 연료전지 운전 모드에 대한 연구의 필요성이 높아지고 있는 실정이다. 연료전지 운전 방식은 채널 출구부의 형태에 따라 flow-through 모드와 dead-end 모드로 나뉘어질 수 있다.[2] 채널 출구부가 개방된 flow-through 모드는 수소이용률이 1보다 크기 때문에 반응하지 못한 수소는 그대로 배출된다. 이에 비해 출구부가 폐쇄된 dead-end 모드에서는 수소이용률이 1에 가깝기 때문에 공급된 수소는 모두 반응에 이용된다. 따라서 이동 기기에 적용되는 연료전지 시스템에는 연료이용률이 높고, 부가장치 소모동력이 작은 deadend 모드 운전을 할 필요가 있다.[3,4]

Dead-end 모드 운전에서는 시간이 경과함에 따라 연료전지 내부에 불순물이 축적되어 성능 악화가 발생하게 된다. 특히 수소극 dead-end 모드 운전에서의 성능 악화 요인으로는 공급 공기로부터의 질소크로스오버(Nitrogen Crossover), 가습 수분과 역확산(Back Diffusion)에 의한 수분 축적 등이 있다.[5,6] 이러한 불순물 축적에 의한 성능 악화는 수소극 퍼징을 통해 완화될 수 있지만 빈번한 퍼징을 통해 발생되는 연료이용률 악화는 시스템 효율을 저하시키는 요인이 될 수 있다.

## 2. 실험 장치 및 방법

Fig. 1은 본 연구에 사용된 실험 장치의 구성을 나타내고 있다. 셀 온도는 카트리지히터, 열전쌍 그리고 AC 팬을 통해 조절하였다. 수소극 퍼징을 위한 솔레노이드 밸브 개폐는 셀 전압 또는 전류 신호를 통해 자동으로 조절된다. Dead-end 모드 운전시 수소극 압력은 아날로그 압력 레귤레이터를 통해 조절하였다. Fig. 2는 실험에 사용된 단위셀을 나타내고 있으며, 활성 면적은 25cm$^2$, 무게는 1.3kg 이다. 수소극 유로는 1 열 serpentine, 공기극 유로는 2 열 serpentine 구조로 이루어져 있다. 수소극 앤드플레이트는 폴리카보네이트 가시화창을 적용하였다.[7] MEA는 3M 7-layer 를 사용하였고, 세부 디자인 파라미터는 Table 1에 제시하였다. 연료는 고순도 수소와 공기를 공급하였고, 버블러타입 가습기를 통해 가습 해주었다. 전자부하기는 Agilent 사의

N3300A 시리즈를 사용하였다. 실험은 셀의 상태를 정상화하기 위해 성능 측정에 앞서서 30 분 동안의 flow-through 모드예비 운전을 실행해 주었다. Dead-end 모드 운전 시 정전류부하에서는 600mA/cm$^2$ (Purging @ 400mA/cm$^2$)의 전류밀도, 정전압 부하에서는 0.4V(Purging @ 0.3V)의 전압을 인가하였다. 퍼징밸브는 수소극 출구부에 설치하였고, 퍼징 기준 신호 이하에서 5초 동안 열려있도록 프로그래밍하였다.

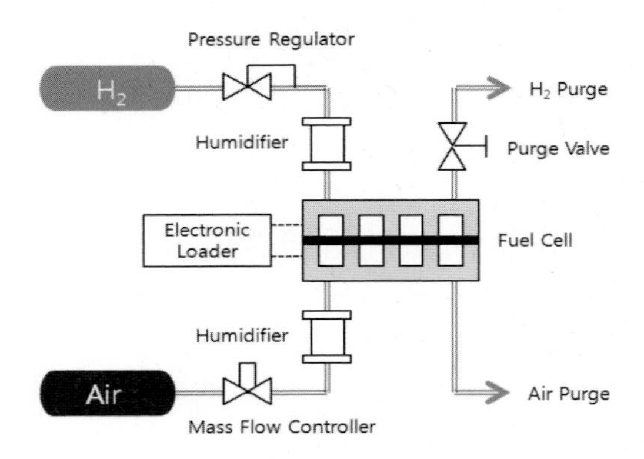


**Fig. 1** Schematic of experimental setup

**Fig. 2** Transparent unit cell

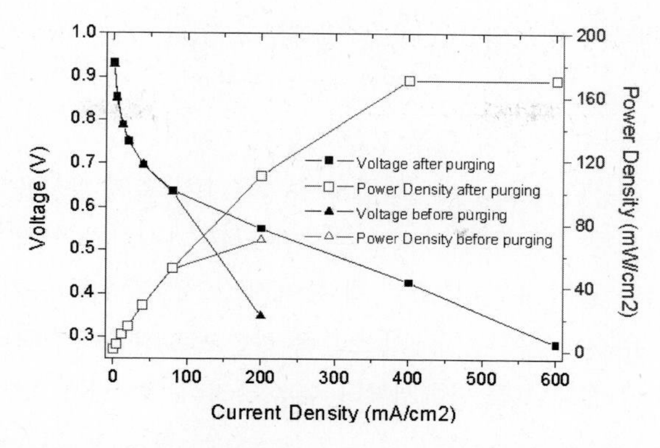


**Fig. 3** Comparison of polarization performance before and after anode purging

# 3. 실험결과및 토의

## 3.1 Dead-end 모드 운전 특성

### 3.1.1 퍼징 전후 분극 성능

연료전지 운전 모드 중 flow-through 모드에서는 물이나 질소와 같은 불순물이 출구를 통해 배출되게 된다. 이에 따라 셀 성능은 지속 시간에 관계없이 대게 일정하게 나타난다. 이에 비해 dead-end 모드 운전 성능은 연료전지 내부에 불순 물이 축적되어 시간이 지남에 따라 변화하는 특성을 가진다. 본 절에서는 분극 곡선을 통해 dead-end 모드 퍼징 전후의 성능 차이를 알아보았다. Dead-end 모드 운전 시 셀 온도는 55℃로 조절하였고, 수소/공기는 RH 0.75/0.75 로 공급해 주었다. Fig. 3은 정전압 0.4V dead-end 모드 운전시 퍼징 전후의 전압과 출력밀도 성능을 나타내고 있다. 전류밀도 0~80mA/$cm^2$에서의 퍼징 전후 성능은 크게 차이가 없다. 하지만 전류밀도 200mA/$cm^2$에서의 전압(출력밀도)은 퍼징 후 성능 기준으로 0.15V(40.6mW/$cm^2$) 감소하였다. 최대출력밀도는 퍼징 후의 그것과 비교해 40% (69.7/170.9mW/$cm^2$) 밖에 되지 않음을 알 수 있다. 이러한 결과는 통해 dead-end 모드 운전 시 시간이 경과함에 따라 물질 전달 성능을 악화시키는 환경이 셀 내부에 형성되고 있음을 말해주고 있다.

### 3.1.2 수소극 수분 축적 분포

본 실험에 적용된 수소극 가시화창은 수소극 수분 축적 양상을 살펴보았다. 수분은 셀의 다른 부분들에 비교해 온도가 낮은 가시화창의 벽면에 응결된다.[8,9] Fig. 4와 같이 수분 분포는 채널 아래쪽으로 갈수록 증가함을 알 수 있으며 이는 유동이 왼쪽 상단에서 오른쪽 하단으로 진행되기 때문이다. 반응이 진행됨에 따라 채널 끝 단에서부터 수분 축적이 일어남을 확인할 수 있었다.[10]

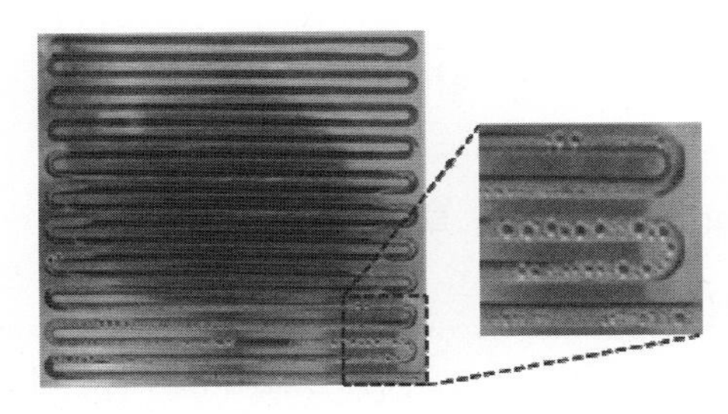

**Fig. 4** Water accumulation in the anode side

### 3.1.3 부하 방식에 따른 운전 성능

셀 성능은 작동 환경이 비정상 상태인 경우 부하 방식에 따라 거동의 차이를 보이게 된다.[11] 이는 불순물 축적으로 인해 시간에 따라 내부 환경이 변화하는 dead-end 모드 운전에서도 나타나게 된다. Fig. 5는 수소극 퍼징 후 30분 동안의 출력 밀도를 나타내고 있다. 셀 온도는 50℃로 조절하였고, 수소/공기는 RH 0.75/0.75로 공급하였다. 초기 출력 밀도가 200mW/cm$^2$인 구간에서의 성능 비교를 위해 정전류/정전압 부하에서 각 각 600mA/cm$^2$ 전류밀도, 0.4V 전압을 인가해 주었다. 두 가지 부하 방식 중 상대적으로 높은 전류밀도가 인가된 정전류 부하에서(정전압 부하 시30분 동안 약 400mA/cm$^2$ 인가됨) 성능 거동이 불안정하게 나타났다. 최대-최소 출력밀도 차이는 정전류, 정전압 부하에서 각각 56mW/cm2(최대: 238, 최소: 182), 8mW/cm2(최대: 203,

최소: 195) 이었다.

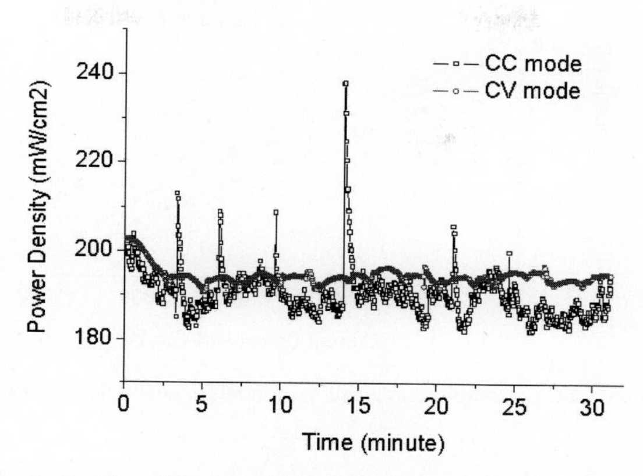


**Fig. 5** Power density with respect to time under different load conditions

## 3.2 공기극 상대습도에 따른 운전 모드별 성능

### 3.2.1 Flow-through 모드 운전에서의 공기극 상대습도에 따른 성능

Fig. 6은 flow-through 모드 운전 시 공기극 상대습도에 따른 전류밀도-전압 성능을 나타내고 있다. 수소와 공기는 셀이 최고의 성능을 보였던 유량으로(수소/공기 당량비: 1A/cm2 기준 1.5, 6.2) 공급해 주었다. 공기극 습도가 높을수록 전반적으로 성능이 향상되는데 이는 전해질 내 수분 함유량이 증가해 이온전도저항(ohmic loss)이 감소되었기 때문이다.[12] 800mA/$cm^2$ 이상의 전류밀도 영역에서는 플러딩 발생으로 인해 RH 1.0에서와 RH 0.7의 성능은 큰 차이를 보이지 않는다.

유량으로(수소/공기 당량비: 1A/cm2 기준 1.5, 6.2) 공급해 주었다. 공기극 습도가 높을수록 전반적으로 성능이 향상되는데 이는 전해질 내 수분 함유량이 증가해 이온전도저항(ohmic loss)이 감소되었기 때문이다.[12] 800mA/$cm^2$이상의 전류밀도 영역에서는 플러딩 발생으로 인해 RH 1.0에서와 RH 0.7의 성능은 큰 차이를 보이지 않는다.

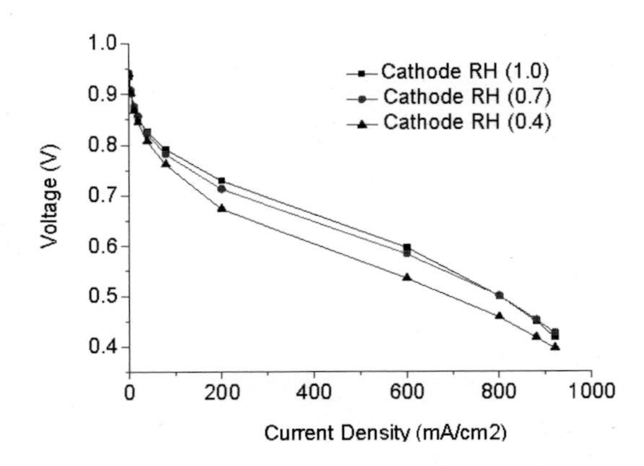


**Fig. 6** Effect of cathode humidification conditions with flow-through mode

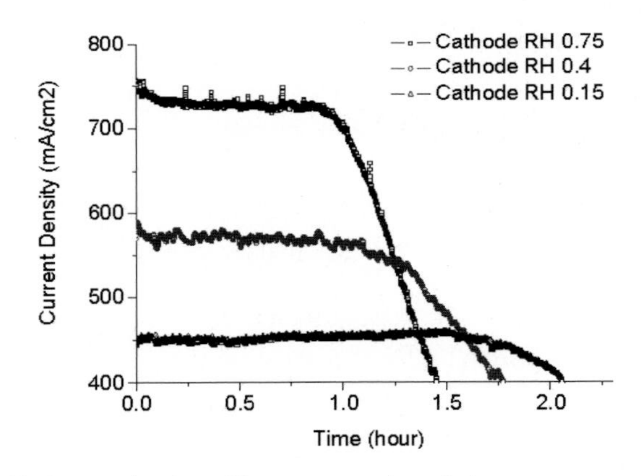


**Fig. 7** Current density with respect to time during one purge cycle

### 3.2.2 Dead-end 모드 운전에서의 공기극 상대습도에 따른 성능

Fig. 7은 정전압 0.4V dead-end 모드 운전 시 공기극 상대습도에 따른 전류밀도 성능을 (Purging@ 400mA/$cm^2$) 나타내고 있다. 실험 조건은 Table. 1에 제시하였다.

3.1절의 flow-through 모드 운전에서와 같이 공기극 상대습도가 높을수록 초기 성능은 향상된다. 하지만 임의의 시점부터 전류밀도 가 급격히 감소하며

상대습도가 높아도 성능이 낮아지는 구간이 존재하게 된다. 또한 상대습도가 높아짐에 따라 성능 초기 성능 유지 시간이 짧아지고, 성능 감소율은 증가함을 알 수 있다.

**Table 1** Experimental conditions and MEA design parameters

| Parameter | Anode | Cathode |
|---|---|---|
| Fuel composition | $H_2$ | Air |
| Inlet pressure (kPa) | 20 | 10 |
| Relative Humidity (RH) | 0.75 | 0.15<br>0.4<br>0.75 |
| Stoichiometric Factor | - | 2.5 |
| Cell temperature (℃) | 55 | |
| Load voltage (V) | 0.4 | |
| Purging time (s) | 5 | |
| Membrane thickness (mm) | 0.03 | |
| Catalyst loading ($mg/cm^2$) | 0.6<br>Pt-Ru | 0.4<br>Pt |

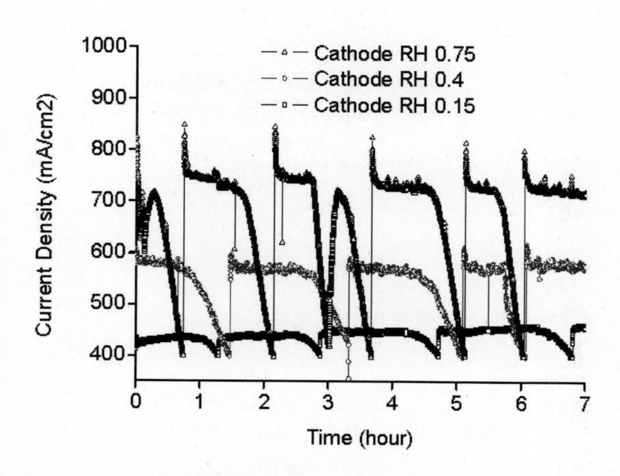


**Fig. 8** Effect of cathode humidification conditions with dead-end mode during 7 hours

Fig. 8은 7시간 동안의 주기 데이터를 나타낸 것이다. RH 0.75에서는 첫 번째와 세 번째 사이클에서 다소 불안정한 전류밀도 거동을 보인다. 이를 통해 공기극 상대습도가 높아짐에 따라 수분에 의한 플러딩[13]의 영향이 커짐을 알 수 있다. 본 실험 결과를 통해 알 수 있듯이 flow-through 모드와 마찬가지로 dead-end 모드에서도 공기극 습도가 높아질수록 막의 이온전도저항이 감소해 초기 성능이 향상된다는 것을 알 수 있다. 하지만 반응이 활발히 진행(전류밀도가 높은)됨에 따라 셀 내부의 수분 축적 속도가 빨라져 성능 악화율이 증가됨을 알 수 있다. Fig. 9는 데드앤드 모드 운전 시 평균출력밀도와 평균퍼징주기를 나타내고 있다. 공기극 습도가 높을수록 평균출력밀도는 향상되고, 평균퍼징주기는 짧아짐을 알 수 있다. RH 0.15 성능 기준으로 평균출력밀도는 각각 23%, 51% 증가하였다. 이는 고출력밀도가 요구될 시 공기극 연료의 충분한 가습이 필요함을 의미하는 것이다. 평균퍼징주기는 각각 2%, 25% 감소하였다. 특히 RH 0.4와 비교해 RH 0.7에서의 평균퍼징주기는 급격히 빨라짐을 알 수 있다. 이는 상대습도가 높게 운전될 시 잦은 퍼징으로 인해 연료이용률 악화가 발생됨을 있음을 의미하는 것이다.

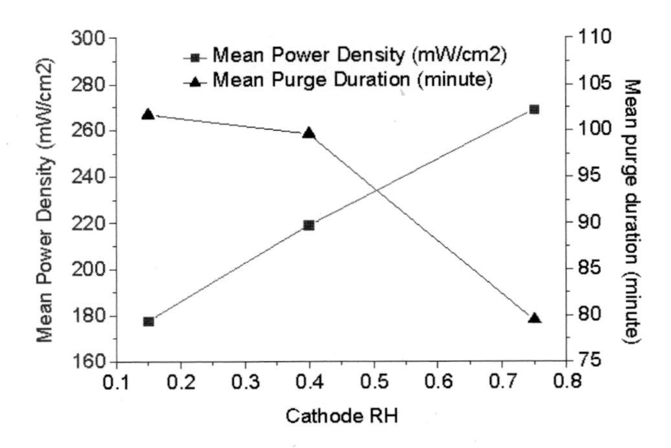


**Fig. 9** Comparison between mean power density and mean purge duration on cathode humidification conditions

## 4. 결 론

본 연구에서는 dead-end 모드 운전 시 수분 축적의 영향을 퍼징 전후 분극 성능, 수소극 가시화, 부하 방식에 따른 성능 거동을 통해 살펴보았다. 또한 공기극 상대습도에 따른 성능을 flowthrough와 dead-end 모드 운전에서 비교해 보았다.

(1) Dead-end 모드 운전 시 고전류밀도 영역 성능은 물질 전달 악화 발생으로 인해 퍼징 전후에 있어서 상당한 차이가 발생한다.

(2) Dead-end 모드 운전 시 부하 방식에 따라 거동의 차이를 보였고, 본 실험에 적용된 운전 조건에서 정전압 부하에 비해 정전류 부하 방식에서 불안정한 성능을 보인다.

(3) Flow-through 모드 운전 시 공기극 상대습도가 높을수록 이온전도저항이 감소해 성능이 전반적으로 향상된다.

(4) Dead-end 모드 운전 시 공기극 상대습도가 높을수록 따라 이온전도저항이 감소해 초기 성능이 향상된다. 하지만 수분 축적 속도 또한 빨라져 성능 감소율은 증가한다.

(5) Dead-end 모드 운전 시 공기극 상대습도가 높을수록 평균출력밀도는 증가하는 반면 평균퍼징주기는 감소한다.

## 후 기

본 논문은 지식경제부 지원 차세대 신기술 개발사업의 일환으로 수행되었으며 이에 감사 드립니다.

# 참고문헌


(1) Dönitz, W., 1998, "Fuel Cells for Mobile Applications, Status, Requirements and Future Application Potential," *International Journal of Hydrogen Energy*, Vol. 23, No. 7, pp 611~615.

(2) Barbir, F., 2005, *PEM fuel cells: Theory and practice*, Elsevier Academic Press, New York

(3) Larminie, J. and Dicks, A., 2002, *Fuel Cell Systems Explained*, Wiley, Chichester

(4) Cacciola, G., Antonucci, V., Freni, S., 2001, "Technology up Date and New Strategies on Fuel Cells," *Journal of Power Sources*, Vol. 100, pp 67~79.

(5) Dumercy, L., Péra, M. C., Glises, R., Hissel, D., Hamandi, S., Badin, F., Kauffmann, J. M., 2004, "PEFC Stack Operating in Anodic Dead End Mode," *Fuel Cells*, Vol. 4, No. 4, pp 352~357.

(6) Himanen, O., Hottinen, T., Tuurala, S., 2007, "Operation of a Planar Free-Breathing PEMFC in Dead-End Mode," *Electrochemistry Communications*, Vol. 9, pp 891~894.

(7) Spernjak, D., Prasad, A. K., Advani, S. G., 2007, "Experimental Investigation of Liquid Water Formation and Transport in a Transparent Single-Serpentine PEM Fuel Cell," *Journal of Power Sources*, Vol. 170, pp 334~344.

(8) Kim. H. I., Nam. J. H., Shin. D. H., Chung. T. Y. and Kim. Y. G., 2009, "Experimental and Numerical Assessment of Liquid Water Exhaust Performance of Flow Channels in PEM Fuel Cells," *Trans. of the KSME(B)*, Vol. 33, No. 2, pp. 85~92

(9) Ge, S., Wang, C. Y., 2004, "Liquid Water Formation and Transport in the PEFC Anode," *Journal of the Electrochemical Society*, Vol.

154, No. 10, pp B998~B1005.

(10) Siegel, J. B., McKay, D. A., Stefanopoulou, A. G., Hussey, D. S., Jacobson, D. L., 2008, "Measurement of Liquid Water Accumulation in a PEMFC with Dead-Ended Anode ," *Journal of the Electrochemical Society*, Vol. 155, No. 11, pp 1168~1178.

(11) O'Hayre, R., Cha, S. W., Colella, W., Prinz, F. B., 2005, "Fuel Cell Fundamentals," *Wiley*, New York

(12) Lim, C and Wang, C. Y., 2004, "Effects of Hydrophobic Polymer Content in GDL on Power," *Electrochimica Acta*, Vol. 49, pp 4149~4156.

(13) Kim. H. S. and Min. K. D., 2006, "Effect of Main Operating Conditions on Cathode Flooding Characteristics in a PEM Unit Fuel Cell," *Trans. of the KSME(B)*, Vol. 30, No. 5, pp. 489~495.

# 실험노트 예시

2010년 3월 10일

KH-2010-03-10

**제목**: 2-bromohexane의 합성

**반응**: $CH_2{=}CHCH_2CH_2CH_2CH_3 + HBr \rightarrow CH_3CHBrCH_2CH_2CH_2CH_3$

**시약**: HBr(Aldrich, 99.99%), 1-hexene(Aldrich, 99.99%)

**방법**:

1) 250 mL용량의 둥근 플라스크를 Flame dry 한 후 실온으로 냉각한다.
2) 100 mL의 THF를 주사기를 사용하여 첨가한다.
3) 1 몰의 1-hexene을 둥근 플라스크에 넣고, -78℃를 유지하도록 아세톤과 드라이아이스에 넣는다.
2) 반응 용액을 10분간 잘 섞어준다. 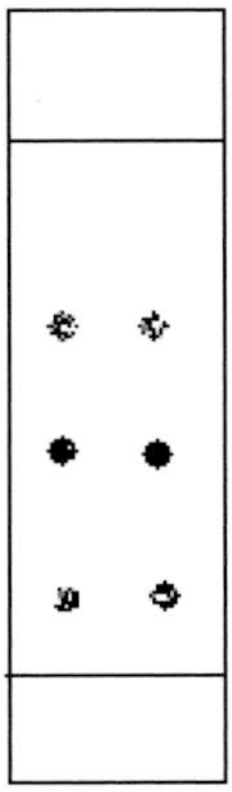
3) 1.1 몰의 HBr을 cannula를 통해 공기의 접촉을 피한 상태로 위의 용액에 더해준다.
4) 반응의 종결 여부는 TLC(ethyl acetate: Hexane, 3:1)를 통해 관찰 하였다 (아래에 첨부하였음).
5) 위의 TLC 결과에 의하면 반응은 20분 만에 끝이 났다.
6) 반응 혼합물에 물을 가하여 반응을 정지 시켰다.
7) Separation funnel에 반응물을 옮긴 후, 100mL의 Hexane를 첨가하였다.
8) 혼합물을 잘 섞은 후 층분리한다.

9) 상등액(유기층)만을 모은 후, brine을 첨가하고 다시 잘 섞는다 (washing). 다시 상등액을 모은 후 brine을 첨가하여 수분을 제거한다.

10) 유기층에 $MgSO_4$를 첨가하여 남아 있는 수분을 완전히 제거한다.

11) silica gel 컬럼(ethylacetate: hexane, 3:1)을 통해 최종 산물을 분리한다.

12) TLC를 통해 확인 한 후, 모든 분액을 모은 후 rota evaporator를 통해 용애등 제거한다. 펌프에 걸어 수분 및 용매를 완전히 제거한다.

13) 최종 산물은 노란색의 액체였으며, 수율은 78%이다.

14) 최종 산물에 대한 분광학적 자료(NMR, FTIR, Mass)를 정리하였으며, 그 결과는 다음과 같다;

$^{1}$HNMR(GE600):....

$^{13}$CNMR(GE600):....

Mass(PerkinElmer):.......

FTIR(Shimazu):........

**결과**: 생성물은 노란색 액체로 2-bromohexane이다.
이 물질의 분광학적 자료 파일은 다음과 같다.

$^{1}$HNMR is KH-2009-03-10-HNMR

$^{13}$CNMR is KH-2009-03-10-CNMR,,,,,,

이 모든 자료들은 folder명 KH-2009-03-10에 보관되어 있다.

## 실험보고서 예시

# 면역학 실습 실험보고서

2010-Spring 면역학 실습
6조 20500345 김영수

실험제목: Measurement of Antibody titer

목적: 항체의 형성을 관찰하고 항체 형성에 미치는 영향을 조사한다.

배경(서론): 항원에 대한 항체 형성은 동물이 외부의 병원균으로부터 자신의 몸을 보호하는 중요한 방어기능이다. 즉 동물의 몸에 이물질(항원)이 주입되면 이 항원에 대한 항원 특이적인 물질(항체)을 분비하여 이후에 들어오는 같은 물질에 대해 방어기능을 갖추게 되는데, 이를 면역체계라고 부른다. 이러한 면역 반응은 동물의 몸에 항체를 형성하는 것으로 알려진 물질을 체내에 투입 한 후, 체내(특히 혈액)에 형성되는 항원 특이적인 물질(항체)의 형성 정도를 조사함을 통해서 관찰 할 수 있다. 본 실험에서는 쥐에 면역 자극 물질(항원에 붙어서 면역기능 강화-항체 생성)을 주입하여 이에 대한 항체가 형성되는지를 연구 관찰하는 실험이다

3/28 : 0 Week (1st injection)

- **Materials & Apparatus**

- KLH (Keyhole Limpet Hemocyanin ) : 1 mg/ml
- FCA (Freud;s complete adjuvant), liguid
- PBS (Phosphate buffered saline)

- 7주 된 BALB/c 수컷 5마리
- 70% Alcohol
- Double-hub needle

• **Protocol**

Sample preparation

| 실험 | 샘플 | | | 비율 | 총량 | 주입경로 |
|---|---|---|---|---|---|---|
| | PBS (control) | KLH | FCA | | μ l/mouse | |
| 1 | • | | | 1 : 0 : 0 | 200 | 복강주사 |
| 2 | • | • | | 1 : 9 : 0 | 200 | 복강주사 |
| 3 | • | • | • | 1 : 4 : 5 | 200 | 복강주사 |

실험1

- PBS 200 μl → 1개 (control)

실험2

- KLH 100 μl과 PBS 900 μl을 섞는다. → 200 μl씩 2개

실험3

- KLH 100 μl과 PBS 400 μl을 섞는다. → 20% KLH
- 이 20% KLH를 FCA 500 μl과 섞는다 → 200 μl씩 1개
- 이때 Double-hub needle의 한 쪽 주사기에는 KLH와 PBS를 섞은 샘플 500 μl을 넣고 다른 쪽에는 FCA 500ul을 넣는다. 양쪽 주사기를 한번씩 번갈아 눌러야 하며 이때 압력에 의해 주사기가 터지지 않도록 주의한다. Thick emulsion이 될 때까지 오래 섞는다. (20-30분)

Injection

1. 1번 쥐 : 실험 1의 PBS 샘플

   2, 3번 쥐 : 실험 2의 KLH 100 μl & PBS 900 μl mixture 샘플

4, 5번 쥐 : 실험 3의 KLH 100 $\mu l$ & PBS 400 $\mu l$ & FCA 500 $\mu l$ mixture 샘플

→ 각각 200 $\mu l$ 씩 주사한다.

2. 각각 복강 주사 하는데 그림과 같이 쥐의 복부를 6등분했을 때 색칠한 부분이 organ이 없기 때문에 이 위치에 주사한다. 주사하기 전에 주사할 부분을 70% alcohol로 소독하고 주사바늘은 세워서 전체 길이의 2/3정도가 복강에 들어가도록 찌른다.
3. 주사 후 에는 1-5번 쥐를 표시하기 위해 귀에 펀치로 구멍을 뚫는다.

## 4/11: 2 Week (2nd injection)

- **Materials & Apparatus**

- KLH(Keyhole Limpet Hemocyanin)
- FIA(Freud's incomplete adjuvant), liguid
- PBS(Phosphate buffered saline)
- 1st injection했던 BALB/c 수컷 5마리
- 70% alcohol
- Double-hub needle

- **Protocol**

Sample preparation

| 실험 | 샘플 | | | 비율 | 총량 | 주입경로 |
|---|---|---|---|---|---|---|
| | PBS (control) | KLH | FIA | | $\mu$ l /mouse | |
| 1 | • | | | 1 : 0 : 0 | 200 | 복강주사 |
| 2 | • | • | | 1 : 9 : 0 | 200 | 복강주사 |
| 3 | • | • | • | 1 : 4 : 5 | 200 | 복강주사 |

실험1

- PBS 200 $\mu l$ → 1개(control)

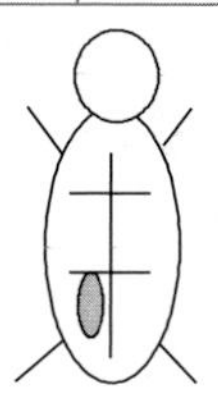

실험2

- KLH 100 ㎕ 과 PBS 900 ㎕을 섞는다. → 200 ㎕ 씩 2개

실험3

- KLH 100 ㎕ 과 PBS 400 ㎕ 을 섞는다. → 20% KLH
- 이 20% KLH를 FIA 500 ㎕ 과 섞는다 → 200 ㎕ 씩 1개
- 이때 Double-hub needle의 한 쪽 주사기에는 KLH와 PBS를 섞은 샘플 500 ㎕ 을 넣고 다른 쪽에는 FIA 500 ㎕ 을 넣는다. 양쪽 주사기를 한번씩 번갈아 눌러야 하며 이때 압력에 의해 주사기가 터지지 않도록 주의한다. Thick emulsion이 될 때까지 오래 섞는다. (20-30분)

Injection

1. 1번 쥐 : 실험 1의 PBS 샘플
   2, 3번 쥐 : 실험 2의 KLH 100 ㎕ & PBS 900 ㎕ mixture 샘플
   4, 5번 쥐 : 실험 3의 KLH 100 ㎕ & PBS 400 ㎕ & FIA 500 ㎕ mixture 샘플
   → 각각 200 ㎕ 씩 주사한다.
2. 주사하는 방법은 1st injection시 사용한 방법과 동일하다.

4/26 : 3-4Week (Sacrifice)

- **Materials**

- Coating buffer : 50 mM of $Na_2CO_3$, 50 mM of $NaHCO_3$, pH9.6
- PBS-T (PBS + Tween20)
- 5% Skim milk
- TMB (3, 3', 5, 5'-tetramethylbenzidine)
- 2 N $H_2SO_4$ (Sulfuric acid)

- **Protocol**

1st antibody coating

1. Coating buffer를 KLH stock solution과 섞어 20 ug/ml 농도를 만든다.

2. 각 well당 100 ㎕ 씩 loading한다. 이때 pipette 끝이 well에 닿지 않도록 주의하며 동일한 양의 항체를 loading 해야 하므로 모든 well에 동일한 방법을 사용한다.
3. 37℃, 1h incubation

Eye bleeding & Dilution

1. 왼손 손바닥으로 쥐가 움직이지 못하게 제압하고 손가락으로 머리를 잡아 눈이 튀어나오도록 한다.
2. 쥐의 눈을 밀면서 눈과 피부 사이의 틈으로 bleeding tube를 돌리면서 넣는다.

   이때 tube의 heparin이 묻어져 있지 않는 쪽 끝을 사용한다.

   이유 - Heparin도 단백질이기 때문에 실험결과에 영향을 미치는 것을 방지하기 위한 것.

   - 추출하자마자 PBS에 넣어서 centrifuge하여 혈구는 제외하고 혈청만 사용한다.
3. 30 ㎕ 의 피를 추출해 E-tube의 570 ㎕ PBS에 넣는다. → **1/20 dilution**
4. 12,000 RPM, 10 m centrifugation → **1/40** (혈청:혈구비율이 55:45로 거의 1:1이기 때문에 혈청과 혈구를 분리하면 2배 희석된다.)
5. 혈청 30 ㎕ + PBS 570 ㎕ → **1/800**
6. 이 600 ㎕의 sample 중 300 ㎕을 300 ㎕ PBS와 serial dilution → **1/1600**

Washing plate

1. PBS-T(PBS와 detergent인 Tween20의 mixture)로 coating된 KLH를 씻어낸다.
2. Washing하는 방법은 먼저 plate를 한번에 세게 떨쳐 버린다.
3. Well에서 넘쳐 다른 well로 가지 않게 PBS-T를 넣는다.
4. 모든 well에 넣은 후 plate의 네 면을 손가락으로 50번 이상 쳐주어

물리적 충격에 의해 washing이 일어나게 한 후 PBS-T를 털어내고 물방울이 보이지 않을 때까지 휴지에 대고 세게 친다.

5. 5번 이상 washing한다. → 확실한 washing 이 중요하다.

### Blocking

1. Well 당 200 ㎕의 5% skim milk를 loading한다. → 항체도 단백질이기 때문에 wall의 빈 부분에 달라붙는 것을 방지하기 위한 것
2. 37℃, 2 h incubation

### Washing plate

- 위와 같은 방법으로 PBS-T를 이용해 washing한다.

### Sample loading

1. 7개의 E-tube에 $2^{-1}$~ $2^{-7}$로 각각 labeling 한다.
2. 각 e-tube에 PBS 300ul를 넣는다.
3. Eye bleeding & Dilution 단계에서 1/800으로 희석된 sample 300 ㎕를 $2^{-1}$ e-tube에 넣고 30번 이상 pipetting하여 섞어준다..
4. $2^{-1}$ e-tube에서 300 ㎕를 취해 $2^{-2}$ e-tube에 넣고 동일한 방법으로 섞는다
5. $2^{-7}$ 까지 동일한 방법으로 serial dilution한다.
6. 각 e-tube에서 100 ㎕ 씩 취해 well의 밑에서부터 위로 저농도에서 고농도로 loading한다.
7. 37℃, 1 h incubation

### Washing plate

- 위와 같은 방법으로 PBS-T를 이용해 10회 이상 washing한다.

### 2nd antibody loadin

1. 1/5000 anti-goat anti-mouse IgG 100 ㎕를 PBS 900 ㎕와 섞는다.

이때 2 ㎕의 항체가 필요한데 이는 너무 적은 양이므로 100배희석 x 50배 희석을 따로 한다.

2. Well당 100 ㎕ 씩 loading한다.
3. 37℃, 1 h incubation

Washing plate

- 위와 같은 방법으로 PBS-T를 이용해 10회 이상 washing한다.

TMB treatment

1. 각 Well 당 100 ㎕ TMB loading
2. pipette 끝이 sample이나 well에 절대 닿지 않게 주의한다.
3. 저농도에서 고농도 순서로 loading. 이때 TMB는 빛에 약해 빛에 노출되면 파란색으로 쉽게 바뀌기 때문에 호일에 싸놓은 상태로 신속하게 loading한다.
4. 빛이 없는 곳에서 상온, 30 m 보관

Stop solution treatment

1. Well 당 2 N $H_2SO_4$ 100 ㎕ loading → 시간이 많이 지나서 농도와 관계없이 반응이 많아지는 것을 막기 위한 것.

Detection

- 450 nm에서 OD값 측정, 결과값 얻는다.

• **Principle**

Materials & Apparatus

- **KLH(Keyhole Limpet Hemocyanin)**

  → Marine mollusc keyhole limpet에서 추출한 천연 단백질. KLH는 immunogenecity가 높은 carrier protein이다. 분자량이 크고 T lymphocyte에 대한 많은 epitope을 갖고 있어 항원에 화학적으로

결합해 많은 항체를 생산하게 한다.

- **FCA(Freud;s complete adjuvant)**

  → 죽은 mycobacteria나 tuberculosis bacteria(inactivated되어 독성이 없다.)가 들어있는 water-in-oil emulsion of antigen. Cell-mediated immunity와 humoral immunity 모두를 자극하며 항원을 감싸 천천히 노출되도록 하여 immunogenecity가 약한 항원에 대한 면역반응을 크게 높여주지만, 항원과 섞기가 어려우며 injection site의 조직에 괴사를 일으킬 수 있다는 단점이 있다.

- **FIA(Freud's incomplete adjuvant)**

  → FCA와 같은 adjuvant이지만 mycobacterium component가 들어있지 않다. 2차 injection부터 사용한다.

- **PBS(Phosphate buffered saline)**

  → NaCl, KCl이 들어있어 9% 생리삼투압을 갖는데 이는 이온세기를 맞춰주어 cell이 lysis 되거나 수축하는 것(osmotic shock)을 방지한다. 또한 monobasic phosphate와 dibasic phosphate($Na_2HPO_4$, $KH_{2PO4)}$가 들어있어 pH를 일정하게 유지하는 완충용액으로서의 역할을 한다.

- **Coating buffer**

  → ELISA 96 well 안쪽 벽에 antibody가 잘 코팅되도록 한다.

- **PBS-T(PBS + Tween20)**

  → PBS에 detergent인 Tween20을 넣은 것. 주로 washing step에서 사용한다.

- **5% Skim milk**

→ Antibody와의 반응이 낮아 단백질이 transfer되지 않은 부분을 block 하여 non-specific band가 생기는 것을 방지한다.

- **TMB(3, 3', 5, 5'-tetramethylbenzidine)**

→ HRP (horseradish peroxide)의 substrate로 반응하면 파장 655 nm의 파란색 product를 만들어 OD값을 측정할 수 있다.

- **BALB/c 수컷**

→ 가장 많이 사용되는 inbred strain의 nude mouse로서 같은 어미에서 20세대 이상 교배하여 생산되며 99.9%의 유전자가 같다. 특히 암이나 면역반응에 대한 실험에서 많이 사용되며 monoclonal antibody를 만들 때도 사용된다.

→ 수컷을 사용하는 이유 : 암컷보다 호르몬의 복잡성이 덜해서 antibody titer에 미치는 영향이 적다.

### ELISA (Enzyme-Linked ImmunoSorbent Assay)

- ELISA는 항원-항체의 특이성을 이용한다. Sample안에 있는 양을 정확히 알 수 없는 항원을 다른 항체를 이용하여 solid support (주로 polystyrene microtiter plate)에 고정시킨다. 이 후에 항원에 대한 detection antibody를 처리하면 고정된 항원과 complex를 형성하게 된다. Detection antibody는 효소와 공유적으로 결합되어 있는 2차 항체에 의해 검출 된다. 각 단계 사이마다 mild detergent 용액으로 plate를 씻어내어 특이적이지 않게 결합하는 단백질이나 항체들을 제거해 내야 한다. 마지막으로 씻어낸 후에 plate에 visible signal을 생성하는 enzymatic substrate를 첨가시킨다. Visible signal은 sample안의 항원의 양을 나타내게 된다.

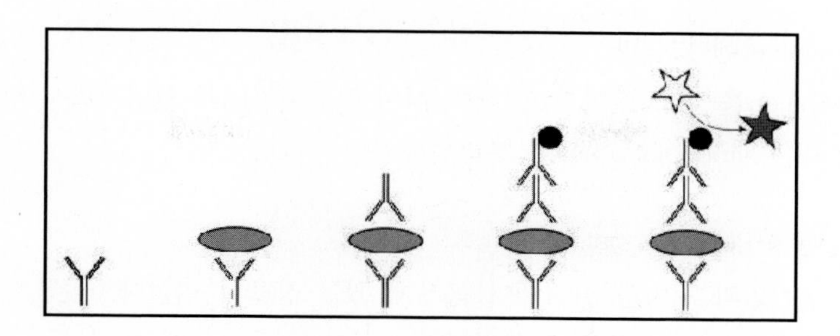

## Isolation of lymphoid tissues

- **Materials & Apparatus**

- 4주 된 ICR mouse 5마리
- Incomplete media (RPMI 1640)
- Cell strainer (170 nm)
- Operating scissor
- Tissue culture plate

- **Protocol**

### Mice sacrifice

1. 쥐의 두개골 뒷부분을 누른 뒤, 다른 손으로 쥐의 꼬리를 천천히 세게 잡아 당긴다. 경추가 탈골되어 다른 방법에 비해 고통을 덜 느끼고 빠르게 죽는다.

### Cutting skin and inner membrane of mice

1. 쥐에게 alcohol을 뿌린다.
2. 겉가죽을 핀셋으로 들어서 가위로 조금 자른 다음 양손으로 잡아 당기면 쉽게 벗겨진다.

### Finding spleen

1. 복부의 오른쪽에 있는 spleen을 찾는다. (7-8 mm 크기의 붉은색 organ)
2. 주위의 지방을 잘라내고 spleen을 분리한다. Media에 넣어 둔 cell

strainer에 넣는다.

3. Spleen을 넣고 갈면 빨간 색이 서서히 옅어지면서 없어지면서 뿌옇게 나온 lymphoid cell들이 분리된다.

Finding Peyer' s patch

1. 장간막과 지방을 잘라내어 복부에 있는 장을 분리한다.
2. 대장을 잘라내 소장만 분리한다.
3. 소장 벽에 하얗게 튀어 나온 Peyer's patch를 찾아 가위로 도려낸다. (5-10개 정도 존재)

Collecting Nasal wash samples

1. 가위로 쥐의 목을 자르고 입을 벌려 턱 아랫부분을 모두 제거한다.
2. 머리 가죽을 벗기고 nasal passage를 찾아 주사기로 PBS를 넣는다.
3. Nasal passage를 통과하여 코로 나오는 PBS를 채취한다.

- **Principle**

Reagent & Apparatus

- **ICR mouse**

  → Institute of Cancer Research에서 육성. 10세대 정도 교배되며 발육이 좋고 얌전하여 취급하기 쉽다. BALB/c에 비해 크기가 커서 lymphoid tissue를 추출하기에 좋다.

- **Incomplete media(RPMI 1640)**

  → 혈구세포를 *in vitro*에서 보관하기 위한 붉은색을 띠는 media. RPMI 1630에서 아미노산과 비타민 조성을 변화시킨 것.

Adjuvant

- Adjuvant의 원리는 tumor necrosis factor의 생산을 증가시키는 것이라고 알려져 있다.

또한 항원을 둘러 싸 항원이 면역세포에 천천히 노출되게 하여 면역반응을 증가시킨다.

Water-in-oil에 mycobaterium을 넣은 것이며 인간에게는 alumsalt (aluminium phosphate)를 사용한다.

Mucosal immunity

- 우리 몸의 internal wall 은 400 $m^2$ 를 차지하며 그 중 IgA가 2/3 이상을 차지한다. 이러한 mucosal layer의 림프구들을 activation시키면 systemic immune response까지 모두 activation되기 때문에 보다 효과적인 면역반응을 일으킬 수 있다.
- 또한 mucosal immune은 항원이 가장 먼저 만나는 defense system이다. 점막의 lymph node에서 혈관을 따라 감염부위까지 한곳의 mucosal에 면역반응이 일어나면 다른 mucosal에도 면역반응이 일어나며 broad한 면역반응이 일어나지만 특히 바이러스에 대한 반응이 뛰어나다.
- 이러한 mucosal immune sample은 nasal wash, vagina wash, fecal wash등에 의해 채취할 수 있다.

HRP(horseradish peroxidase)

- 2차 항체에 conjugated protein으로 사용되는 효소. ELISA 마지막 단계에서 기질인 TMB (3,3',5,5'-Tetramethylbenzidine: chromogenic substrate)와 $H_2O_2$를 첨가하면 $H_2O$와 O · (radical)이 생성되어 생성된 radical은 TMB를 무색에서 파란색으로 바꾸게 된다. 시간이 지나 농도와 관계없이 효소가 많은 양의 기질과 반응해 색이 진해지는 것을 막기 위해 $H_2SO_4$를 넣어서 반응을 끊어 준다. 결과적으로 $H_2O$가 생성되게 되고 색은 파란색에서 노란색으로 바뀌게 된다.

- **Result**

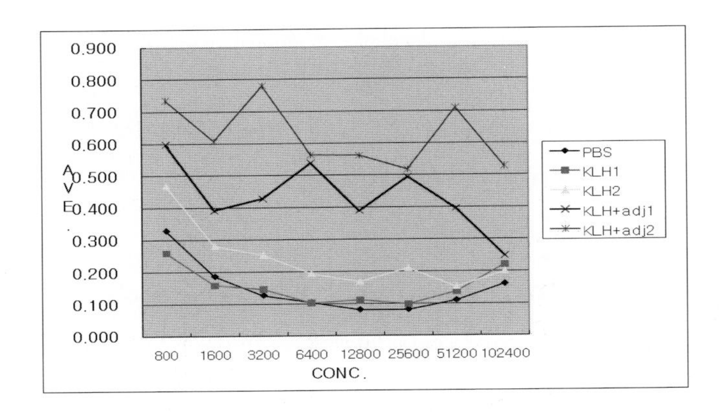


〈PBS〉

| CONC. | OD1 | OD2 | AVE. | STDEV |
|---|---|---|---|---|
| 800 | 0.254 | 0.403 | 0.329 | 0.105 |
| 1600 | 0.191 | 0.183 | 0.187 | 0.006 |
| 3200 | 0.122 | 0.133 | 0.128 | 0.008 |
| 6400 | 0.087 | 0.122 | 0.105 | 0.025 |
| 12800 | 0.072 | 0.090 | 0.081 | 0.013 |
| 25600 | 0.079 | 0.084 | 0.082 | 0.004 |
| 51200 | 0.110 | 0.110 | 0.110 | 0.000 |
| 102400 | 0.160 | 0.162 | 0.161 | 0.001 |

〈KLH1〉

| CONC. | OD1 | OD2 | AVE. | STDEV |
|---|---|---|---|---|
| 800 | 0.232 | 0.288 | 0.260 | 0.040 |
| 1600 | 0.167 | 0.151 | 0.159 | 0.011 |
| 3200 | 0.166 | 0.127 | 0.147 | 0.028 |
| 6400 | 0.124 | 0.080 | 0.102 | 0.031 |
| 12800 | 0.129 | 0.091 | 0.110 | 0.027 |
| 25600 | 0.103 | 0.093 | 0.098 | 0.007 |
| 51200 | 0.186 | 0.086 | 0.136 | 0.071 |
| 102400 | 0.236 | 0.208 | 0.222 | 0.020 |

〈KLH2〉

| CONC. | OD1 | OD2 | AVE. | STDEV |
|---|---|---|---|---|
| 800 | 0.403 | 0.536 | 0.470 | 0.094 |
| 1600 | 0.160 | 0.404 | 0.282 | 0.173 |
| 3200 | 0.211 | 0.296 | 0.254 | 0.060 |
| 6400 | 0.108 | 0.282 | 0.195 | 0.123 |
| 12800 | 0.119 | 0.220 | 0.170 | 0.071 |
| 25600 | 0.133 | 0.289 | 0.211 | 0.110 |
| 51200 | 0.143 | 0.163 | 0.153 | 0.014 |
| 102400 | 0.205 | 0.198 | 0.202 | 0.005 |

〈KLH+adj1〉

| CONC. | OD1 | OD2 | AVE. | STDEV |
|---|---|---|---|---|
| 800 | 0.539 | 0.656 | 0.598 | 0.083 |
| 1600 | 0.336 | 0.445 | 0.391 | 0.077 |
| 3200 | 0.327 | 0.527 | 0.427 | 0.141 |
| 6400 | 0.435 | 0.642 | 0.539 | 0.146 |
| 12800 | 0.504 | 0.272 | 0.388 | 0.164 |
| 25600 | 0.452 | 0.535 | 0.494 | 0.059 |
| 51200 | 0.317 | 0.474 | 0.396 | 0.111 |
| 102400 | 0.295 | 0.203 | 0.249 | 0.065 |

〈KLH+adj2〉

| CONC. | OD1 | OD2 | AVE. | STDEV |
|---|---|---|---|---|
| 800 | 0.790 | 0.681 | 0.736 | 0.077 |
| 1600 | 0.388 | 0.827 | 0.608 | 0.310 |
| 3200 | 0.545 | 1.016 | 0.781 | 0.333 |
| 6400 | 0.516 | 0.613 | 0.565 | 0.069 |
| 12800 | 0.520 | 0.603 | 0.562 | 0.059 |
| 25600 | 0.586 | 0.449 | 0.518 | 0.097 |
| 51200 | 0.608 | 0.812 | 0.710 | 0.144 |
| 102400 | 0.411 | 0.644 | 0.528 | 0.165 |

- **Discussion**

Standard Deviation(STDEV)

- STDEV(표준편차)는 평균과 평균을 이루는 값 사이의 차이가 얼마나 나는지를 나타내는 값이다. 평균에 비교한 STDEV값이 중요한데 그 값이 클수록 데이터는 신뢰도가 떨어진다.
- 우리 조의 결과에서 STDEV/AVERAGE 값이 0~63%까지 다양하게 존재한다.
- 같은 E-tube의 샘플에서 두 줄의 well을 loading했기 때문에 정확히 실험을 했다면 원래 모든 STDEV값은 0이 나와야 한다.

* <u>오차의 원인</u>

1. Dilution이 잘 되지 않았다.
   - STDEV값이 크다는 것은 dilution 한 tube내 샘플의 농도가 위치 균일하지 않았다고 해석될 수 있다.
2. Well에 이물질이 들어갔거나, well의 바닥에 지문 등이 묻었다.
   - OD값에 영향을 미쳤을 수 있다.

Graph

정상data는 오른쪽과 같은 모양의 그래프가 나와야 한다.

* 왜 그래프 모양이 잘못 나왔을까?

1. Frozen antibody의 저장기간이 너무 길어지거나 재사용한 antibody일 경우 target antigen과의 결합력이 약해져서 신뢰할 수 없는 결과값이 형성될 수 가 있다.
2. Antibody를 가지고 실험을 할 때에는 정량의 필요와 pipetting할 수 있는 농도의 한계 등의 이유로 serial dilution을 해야 한다. 이러한 antibody나 antigen의 serial dilution에 있어서 부분적으로만 희석이 되었을 경우, 연쇄적으로 dilution을 하기 때문에 한가지 결과뿐 아니라 전체 결과 값에 영향을 미치게 된다.
3. 실험자간의 테크닉, 실험방식의 차이에 따라 결과가 다를 수 있다. 모든 조원들의 pipetting을 과정이나 힘, 실험의 방식이 같을 수 없다. 따라서 조별 실습의 경우에 여러 사람의 손을 거치면서 책임소재가 불분명해지고 실험 과정의 일관성이 결여될 여지가 있다. 또한 pipetting은 하나의 기술이기 때문에 경험이 많지 않은 경우에 정량과 mixing등에 있어서 효과적이지 못할 수 있다.

## 토의 및 결론

### 문제1

✔ PBS에서 1/800 과 1/102400의 dose에서 유효한 value가 검출 되었다.

1. PBS는 항원을 넣지 않은 control이었기 때문에 유효하지 않은 value, 즉 거의 0에 가까운 value가 나와야 함에도 불구하고 1/800, 1/102400에서 높은 수치의 value가 나타났다.
2. Dose-dependant manner를 어긋난 수치가 나타났다. 1/102400에서는 가장 낮은 value가 검출되어야 하는데 높은 dose의 subject에서보다 더 높은 value가 검출되었다.

### 가설

1. Washing이 제대로 되지 않아 ELISA plate에 붙어있던 물질들이 씻겨 나오지 않아 OD값이 높게 나왔을 가능성이 있다.
2. Antigen, antibody, reagent, 침 등에 의해서 contamination이 되었을 경우에 이러한 오류가 생길 수 있다.

해석

1. Washing의 문제였다면 전체적으로 모든 x축에 대해서 유효한 value가 검출되어야 하는데 result에서는 3구간에서만 유효한 value가 나타났다. 따라서 washing의 문제일 가능성은 적다고 생각된다. 만약 washing이 잘못된 것이라면 plate well에서 부분적인 washing의 부재라고 보여진다. Washing이 모든 plate에 골고루 잘 되어야 하는데 washing이 잘 된 부분, 잘 되지 않은 부분이 각자 따로따로 존재하였다고 추측 할 수 있다.
2. Contamination일 경우 antibody와 antigen, 그리고 OD값을 측정하기 위해 사용된 reagent의 contamination으로 구분 할 수 있는데 antibody와 antigen은 순수 분리 정제된 후 E-tube에 담겨 있던 것을 사용했기 때문에 contamination의 위험이 적다. 따라서 contamination이 원인이라면 reagent의 contamination이 원인이라고 추측할 수 있다.
   우리의 실험에서는 특히 OD값을 측정하기 직전에 넣어주었던 $H_2O_2$, peroxidase에서 contamination이 발견 되었다. 반응이 일어나지 않은 peroxidase는 무색이었으나 우리 조가 사용한 후의 50ml falcon tube 속의 peroxidase는 파란색으로 변해 있었다. 따라서 이러한 peroxidase의 contamination에 의해서 control에 유효한 value가 나타났다고 예상 할 수 있다. 이 contamination은 전체가 아닌 부분적으로 이상값을 그리는 그래프를

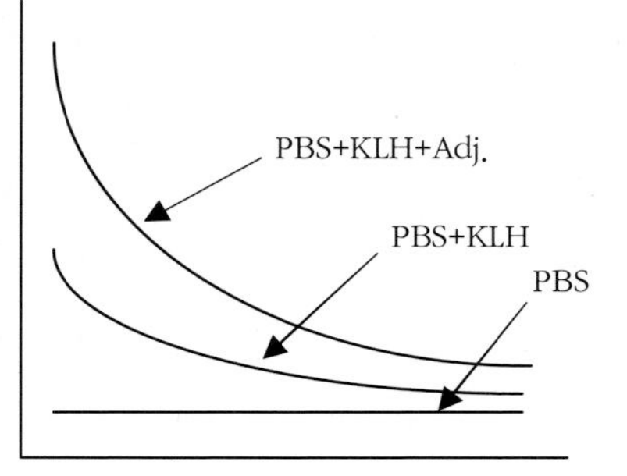

설명할 수 있었다.

문제2

✔ KLH + adjuvant의 subject에서 불규칙한, dose-dependant manner를 어긋나는 결과가 나타났다.

가설

- 앞의 문제와 같은 이유로 옳지 못한 결과가 나왔다고 생각해봤지만, 이는 dose-dependant manner를 벗어난 점에 대해서는 contamination이나 washing이 타당한 근거를 제시하지 못했다.
- 여러 이유에 대하여 토의해 보았는데 가장 유력하였던 것이 serial dilution의 문제였다. ELISA의 정량을 위해서는 pipette의 영역보다 더 작은 용량을 정량 해야 하기 때문에 높은 비율의 serial dilution이 필수적이다. 따라서 이러한 serial dilution이 잘못되었을 경우에 예상과 다른 결과값을 얻을 수 있다. 우리가 사용한 protocol에 의하면 이러한 dilution은 연쇄적으로 결과값에 대한 영향을 행사하기 때문에 dilution의 문제, 즉 pipetting의 문제라고 생각하고 discussion을 진행하였다. 따라서 serial dilution의 문제는 2가지로 예측 할 수 있었다.

1. 연속적인 pipetting에 있어 용량의 차이가 생겨 오류가 발생했다.
2. Pipetting후 Pipette을 사용하여 섞는 과정에서 오류가 생겨 같은 E-tube 안이라도 부분적으로 농도가 다른 현상이 나타나서 serial dilution할 때 오류가 확대되어 발생하였다.

해석

1. 한 사람이 각자 자신의 것들을 했기 때문에 pipetting의 문제일 확률은 적다고 파악되었다.
2. Pipette으로 섞어주는 과정은 well의 밑바닥 쪽에서 빨아들이고 윗부분에서 내뿜는 방법으로 이루어 지는데 그 과정이 쉽지 않았다. 따라서

이러한 문제로 인하여 dilution시에 고루 섞이지 않아서 serial dilution시에 불규칙한 결과값의 주요 원인이 되었을 가능성이 농후하다고 결론 내렸다.

문제3

✔ 정확도와 신뢰도의 향상을 위해서 duplication을 하였는데 duplication 간의 표준편차가 신뢰도 얻지 못할 결과값으로 크게 나타났다.

가설

1. 부분적인 washing으로 인해서 결과값의 차이가 나타났다.
2. Reagent의 contamination에 의해 결과값에 오류가 나타났다.
3. Dilution의 오류로 인한 partial한 농도의 차이로 인하여 차이점이 나타났다.

해석

1. Washing의 문제에 있어서는 duplication의 두 well이 서로 붙어있기 때문에 washing의 원인은 아니라고 파악되었다.
2. Reagent의 contamination이라도 두 subject 둘 다 모두에게 동등한 영향을 미치기 때문에 역시 두 줄의 well에서 결과가 다르게 나오는 오류를 설명하기에는 부족하였다.

   Serial dilution시에 pipette으로 섞어주는 과정에서의 오류가 이러한 결과값에 대한 타당한 원인이라고 결론 내렸다. 만일 같은 tube나 같은 well안에 있었더라도 그 속의 물질이 균일하게 섞여있지 않다면 pipetting을 어느 부분에서 하는가에 따라서 농도가 달라지게 된다.

문제4

✔ 같은 샘플을 넣은 두 쥐에서 결과의 차이가 현저하다.

가설 및 해석

- 같은 샘플을 넣은 쥐라도 각 쥐의 면역시스템에 차이가 있을 수 있기 때문에 항체의 생성에도 차이가 있을 수 있다.(예- MHC발현의 차이, Ag-Ab binding의 차이)

〈2 N 95% $H_2SO_4$ 만드는 법〉

원리

- $H_2SO_4$ 의 분자량 = 98 g/mol
- 95% $H_2SO_4$의 밀도 = 1.834 g/mL
- N*가수 = 1 M

  $H_2SO_4$는 $H_2$로서 2가 산이므로 2 N=1 M
- 공식 : MiVi(묽히기 전의 몰수) = MrVr(묽힌 후의 몰수)

  (initial 몰 농도)(initial 부피) = (희석한 몰 농도)(희석한 부피)

과정

- 95*1.834 g/mL*1000mL/L*1 mol/98g = 17.8 M

3. 95% $H_2SO_4$의 몰 농도 (Mi) = 17.8

- MiVi=MrVr

4. 17.8*Vi = 2N*1L (2 N=1 M)
5. 17.8*Vi=1
6. Vi = 0.05622L = 56.22 mL
7. 물 945.78 mL에 56.11 mL $H_2SO_4$을 넣으면 2 N 95% $H_2SO_4$ 만들어진다.

# 참고문헌

강명구 외(2008), 『과학기술 글쓰기』, 서울대학교출판부.

강호정(2007), 『과학 글쓰기를 잘하려면 기승전결을 버려라』, 이음.

국립국어연구원(1999), 『표준국어대사전』, 두산동아.

김성수 옮김(2006), 『과학 글쓰기 핸드북』, 기노시타 고레오(1981) 저, (주) 사이언스북스.

김오식 외(2006), 『이공계 글쓰기 노하우』, 홍문관.

김종록(2011), "자연과학계 논문 문장의 사용 실태와 그 개선 방안", 『어문학』 111집, 한국어문학회.

김종록(2013), "자연과학계 논문 문장 표현에 대한 연구", 『어문학』122집, 한국어문학회.

김종록(2014), "자연과학계 논문 텍스트의 연결성 분석", 『어문학』124집, 한국어문학회.

나은미(2010), "대학 글쓰기 교육 연구 검토 및 제언", 『대학작문』창간호, 한성어문학회.

박선양(2010), "이공계 글쓰기 교육의 효과적 교수 방안 연구", 『국어문학』49집, 국어문학회.

손동현 외(2007), 『학술적 글쓰기』, 개정판, 성균관대학교출판부.

손화철 외(2010), 『이공계 대학원생을 위한 좋은 연구 Q&A』, 연구윤리정보센터.

신선경(2008), "과학기술자를 위한 글쓰기 교육의 새로운 방향", 『작문연구』7집, 한국작문학회.

신형기 외(2006), 『모든 사람을 위한 과학 글쓰기』, ㈜사이언스북스.

옥현진(2010), “외국 대학 작문교육 실태 조사 연구”, 『대학작문』창간호, 대학작문학회.
원만희(2005), “대학에서의 글쓰기 교육의 위상과 ‘학술적 글쓰기’ 모델”, 『철학과 현실』65집, 철학문화연구소.
원진숙(1999), “대학생들의 글쓰기 실태와 지도 방안”, 『새국어생활』제9권4호, 국립국어연구원.
원진숙 · 황정현 옮김(2000), 『글쓰기의 문제해결 전략』, 동문선.
이상태(2010), 『사고력 함양을 위한 국어교육 설계』, 박이정.
이상태 · 김종록(2007), 『독서와 작문의 길잡이』제3판, 형설출판사.
이희정(2009), “한국대학에서의 이공계계열 글쓰기 교육의 현황과 과제”, 『한민족문화연구』31집, 한민족문화학회.
임재춘(2003), 『한국의 이공계는 글쓰기가 두렵다』, 마이넌.
임지룡 외(2020), 『학교문법과 문법교육(개정판)』, 박이정.
전혜영 외(1998), 『현대국어의 사용 실태 연구』, 태학사.
정희모 외(2005), 『글쓰기 전략』, 들녘.
정희모(2010), “대학 글쓰기의 교육 목표와 글쓰기 교재”, 『대학작문』창간호, 대학작문학회.
최재천 · 장대익 옮김(2005), 『지식의 대통합 통섭』, 사이언스북스.
허철구(1999), “한국인의 글쓰기에 나타나는 단어와 문장의 오류”, 『새국어생활』제9권 4호, 국립국어연구원.
장경희(1999), “바른 글쓰기”, 『새국어생활』제9권 4호, 국립국어연구원.
Davis M.(2002), *Scientific Papers and Presentations*, Academic Press.
James G. Paradis, Muriel L. Zimmerman(2002), *The MIT Guide to Science and Engineering Communication*, Second Edition, The MIT Press.
Judith S. Vanalstyne, Merrill D. Tritt(2002), *Professional & Technical Writing Strategies*, Fifth edition, Prentice Hall.

Matthews J. R. and Brown J. M and Matthews R. W.(2000), *Successful Scientific Writing : A Step-By-Step Guide for Biological and Medical Science*, Second edition, Cambridge University Press.

Olsen L. A. & Huckin T. N. (1991), *Technical Writing and Professional Communication For Nonnative Speakers of English*, Second edition, McGraw-Hill, Inc.

Rubins P.(2001), *Science & Technical Writing : A Manual Style, Second edition*, Routledge.

Victoria E. McMillan(2006), *Writing Papers in the Biological Sciences*, Forth edition, Bedford/St. Martin's.

# 찾아보기